肖川教育随笔 三

教育的使命与责任

THE MISSION AND RESPONSIBILITY OF EDUCATION

肖川 著

岳麓书社

目 录

有高度的教育

我的教学主张

在路上

心会看见

序：肖川先生来看我

许锡良

9月的北京依然热浪袭人。终于在石先生的硕士与博士们的亲切引导下很迅速地就办好了一切的报名与住宿手续。石先生的学生真是热情周到，令人一下子仿佛来到的不再是北京了。心想，还是学校好，还是学生亲切。

来之前，我在肖川先生的博客上留了一句话："我要去北京师大参加一个会议，到时想见见您，希望能够有一点时间见见面聊聊。"我想这句话肖川先生也不一定能够看见，因为他实在是太忙了，经常外出作报告，也是一个著名的空中飞人。再说，我们其实并不互相熟悉的。虽然肖川好几次来广东教育学院讲学，我们也在一起吃过几次饭，但是互相交谈并不多。他对我的印象也不会很深。但是，没有想到肖川先生他看到了。虽然没有给我回话，但是他却来看我了。

我办好了一切的报名手续与住宿手续后就住进了同春园饭店。刚把行李放下来不到两分钟，就有人来敲门。我打开门，很熟悉的身影，这不是肖川先生吗！他一进门就叫喊道："锡良，我来看你了。"一只手提着一袋刚刚拿到的会议资料，另一只手拿着一本红皮的书，然后坐下来，掏出一支签字笔，在扉页上写上"请锡良兄指正。肖川。2006.9"，把他最近出版的《教育的智慧与真情》一书送给我。我们谈了一会儿学问上的问题。他说一个学者应该有一个学者的节操，不应该见风使舵，这是一个学者起码的要求。我们又说到博客，我说我几乎每天都会上他的博客去看看，但是他发的文章还是少了一些，对别人的评点反应几乎没有。肖川先生说："我这个人有一个缺点，就是不懂电脑技术。这个博客全靠文质帮助我，我把文章发给他，再由他发出来的。"我笑了，说："这个不需要什么电脑技术的，就像你拿筷子夹菜一样容易。"肖川先生说："既然这样容易，你等下就教教我吧。"

吃完晚饭，我和铁芳先生一起到肖川先生家去教他"电脑技术"。这是一个简单得不能再简单的家，很是狭窄，但是很整洁。小孩也在家，很是漂亮的一个小男孩，今年才8岁，胖乎乎的样子。铁芳说，肖夫人很漂亮，儿子就像肖夫人。我对肖川先生说："幸亏不像你啊。"肖川先生笑而不答，其实心里明白，如果像他就有点惨了。说句不客气的话，肖川先生的长相实在是不敢恭维的。但是，他有一个充实而灵秀的丰富的心灵世界，有一个睿智的头脑，他才华横溢，风流倜傥，是一个国内远近闻名的教育学者。

我们直接去电脑房，也就是他的书房兼卧室。打开电脑极其地慢，看速度也就可能是比486的配置稍好一些而已，没有多久就死机了，很久才进入了博客，而且是拨号上网。我们俩几乎是手把手教给他怎样打开管理，然后怎样上传文章。他又亲自操作了一遍，还不放心，又拿来一张白纸要我把操作流程写上，并把这个流程小心地保存起来。看到他那个样子真是好笑。然后他长长舒了一口气，说："我这个人有一个缺点，就是不懂电脑技术，以后就好办了，不再依靠文质了。"我提醒他，这不叫电脑技术，以后不要再这样说了，人家会笑话你的。他说，他的文章几乎全是靠笔写出来的，然后再找一个打字快的学生帮忙输入电脑。他只会用拼音艰难地打几个字，而且是东敲敲，西敲敲，毫无章法，速度是出奇地慢。但是，他内心里的精神世界就像涓涓细流，有着总也流不完的精神与智慧。我说我可以闭着眼盲打，每分钟可以打上60到70个字，而且包括修改，直接在博客上写文章。肖川先生惊讶地说："你可以用电脑直接写作，直接在上面写文章？"他简直把这样的技术叫神了。

会议中，我们坐在一起吃自助午餐。我们一边吃一边聊着上午讨论的关于教育公平的话题。他一边吃一边滔滔不绝地讲着话。我也边吃边听他即兴谈话。突然他中断了谈话，我抬头一看，对面有一个漂亮的女研究生也在一边吃饭一边摆出洗耳恭听的样子听我们的谈话。肖川先生对那个漂亮的女孩说："对面那个小姑娘是从哪里来的？"小姑娘说："我是首都师大来的。""你的导师是哪个啊？"肖川先生追问道。小姑娘答了是某某某。然后肖川先生没有话了，又闷头吃自己的饭。我问："你认识她的导师吗。"肖川先生说："不认识。"肖川先生经常说一个学者的品格中应该"风流蕴藉"，我对"风流"的理解很清楚，但是"蕴藉"是什么一直不是很清楚。也许，这就是"风流蕴藉"吧。

晚上见到陆有铨先生。陆先生大约比肖川先生要大二十来岁，但是每次陆先生见了肖川先生总要叫："老肖，近来怎样？胖了一点啊。"然后递给肖川先生一支烟。肖川先生接了，然后说："我这里有火机。"我说："你怎么专带着火机等人家来送烟，也从来没有看见你主动送人家烟啊。"肖川先生此时就会不好意思地笑笑，他说他抽烟不多，就经常忘记带烟出来。

在肖川先生面前我也充满自信，因为我可以与他比电脑技术，比打字速度，比身高，比普通话，还可以比比相貌。一个那么睿智而灵秀的头脑就长在这样一个身躯上。一个大胆直言的肖川先生就是这个样子。与肖川先生在一起，你很快就会觉得他是一个非常有情趣的人，他像儿童一样率真，也像吃了豹子胆一样大胆直言。他的表述有时简直可以用酣畅淋漓来形容。他表达时那种毫无顾忌的大胆放言，能够表现出来一种独特的人格魅力。有人形容电影明星章子怡的演技是"她是那样引人注目地毫无魅力"。套用这个话来形容肖川先生，就是"他是那样充满魅力地不引人注目"。

肖川先生说：一个良好的社会要有一批不怕死的学者敢于直言，而一个良好的社会却能够保证他们总也死不了。我想肖川先生正是这个敢于直言中的一个。我常想：北师大为什么有魅力？就因为有过鲁迅这样的硬骨头在这里传播下的精神的种子。他的《纪念刘和珍君》正是纪念着北师大的学生。肖川先生有魅力在于他敢于按照一个学者的思想品格与道德良知酣畅淋漓地说出自己想说的话。而正是北师大培养了肖川先生，也包容了肖川先生，这正是北师大作为百年老校的魅力所在。

2006年9月11日

自序：为何写作

自古以来，文章乃“经国之大业，不朽之盛事”。看似把文学抬到了一个极高地位，然而在一个没有思想自由和言论自由的社会，所谓“大业”和“盛事”，都只是帝王的业和事。而在一个民主、自由和人道的社会中，写作是源于一种生命觉醒，源于苏醒的心灵对世界、对人的惊喜和感悟，源于对自身经验、自身情感的一种珍惜。对我而言，写作是源于分享的需要，表达和自我表现的需要，是为了呼吁、呐喊以引起世人对某一问题的关注，比如要遏制“能者多捞”的现象；对我而言，写作是为了诱导、劝说、鼓舞和激励更多的人朝着在我看来更正确、更光明、更人道的方向共同努力。

对于真正有学问的人，我是敬重有加的。常常看一些札记随笔类的文章，作者谈天说地，顺手拈来，皆成妙趣，使我心生羡慕。没有很好的学问，是断不可以挥洒自如的。但也不是能写书的人就有学问。很多的书，在当今中国，是没有什么真学问的，不过是拼凑的产物，连作者自己也不知道究竟要表达什么，有什么新的卓见，不过是“天下文章一大抄”。所以我经常建议我的学生不要读那些拼凑的书，那些没有灵魂的书。

没有灵魂的书就是出版垃圾。出版垃圾是由心灵的垃圾转化而来的。由于我们人是由动物进化而来的，本能与欲望会不断地催生心灵的垃圾。警惕心灵垃圾转化为文字垃圾，进而转化为出版垃圾，这就需要我们提高趣味，从自恋、自大中摆脱出来，以谦卑的姿态面对读者。书香是与铜臭相对峙的——这背后虽不乏读书人的清高乃至穷酸,但写作是应该有精神的追求的。

一家在全国非常有影响的杂志的资深编辑在我面前慨叹了好几次:“肖川的文章并没有什么出格的。”我想他这慨叹背后一定有更多的苦衷和委曲。我作为一个受过高等教育的人,我的言说,不论是文章、著作,还是报告,都非常自觉地谨守言论自由的底线。如果要说“格”的话,言论自由的底线——在法律的框架内,这就是“格”。其实这个“格”已内化于我的头脑中。有些人缺乏言论自由的观念,他们头脑中的“格”太小,或者这个“格”是有问题的。一个不能充分意识到自己权利的人,也特别容易侵犯别人的权利。

也许我讲过一些错话——不那么客观，有些武断和偏激的话;也许这些话也产生了一定的不良影响,伤害了一些同仁。但从主观动机来讲,我没有丝毫的恶意。我们的民族是一个饱经忧患、苦难深重的民族。为了祖国的强盛和人民的幸福,任何时候都需要一些铁肩担道义的人——“苟利国家生死以,岂因祸福避趋之”(林则徐)。思想自由的空间需要我们去争取、去拓展,禁锢心智的冰山需要我们用生命的热力去融化。如果我们总是躲避冰山,离它远远的,冰山就会变得越来越坚硬,越来越庞大。

《人民教育》从2003年第21期开始，主动为我开了一个专栏——《肖川教育随笔》,在目录和发表文章的版面上都有《肖川教育随笔》的标牌。这当然是对我的极大的鼓励和鞭策,到2004年第一期还是这样。但这一期上我的《如何培育民族精神》一文,由于比较尖锐,触动了某些人敏感而脆弱的神经,就有人给《人民教育》施压,《人民教育》就只好中止了《肖川教育随笔》专栏,并不再更多地刊用我的文章。

给《人民教育》施压的人究竟为什么当然我不得而知,可没有任何一个人来和我探讨文章中的观点。其实开不开专栏,对我来说并不很重要。这正如我们欣赏佳丽,我们看重的是对方的气质、仪态、颜容和身材，至于她是不是戴帽子，是一个无关紧要的细节。

走到全国许多地方，总有老师和校长告诉我，非常喜欢我的书。一方面我有些受宠若惊，另一方面觉得很惭愧。我要练就的可能就是犀利下面的温厚，率真之内的境界。我经常提醒自己，不要以为自己有了点小名气，就以为什么文字都可以变成书籍出版，毕竟人心不可欺。文字只有承载深刻独到的见解，表达纯美的情怀，给人以启迪、鼓励和感动时，它才真正有价值。

两年前，朱永新先生拟主编一本名为《中国教育家讲演录》的书，向我约稿。我回复朱先生，向他对我的鼓励表示感谢，但“教育家”这个称号是神圣而崇高的，我受之有愧。尽管我对教育有非常系统的思考，逐渐形成了我对教育的一些理解和主张，但离教育家的境界还有相当的距离。我需要向刘可钦、窦桂梅、任勇、廖文胜、卢志文、赵翠娟、任小艾等既具有教育理想又具有实践智慧的名师学习。我一直希望我有机会去一所学校担任负责校本培训和校本教研的副校长，以便我对一所学校是怎样实际运作的有更为细致、丰富和深切的体验。我想这是我成长为一个对教育思想有所建树的读书人的必经之路。

我们的前辈意识到：“精神到处文章老，学问深时意气平。”(清代进士巩建丰)当我们秉持着“写作是通过自我对于社会生活的观察和体验而记录一个时代”这样的信念时，我们的欢笑和失落、我们的迷惘和困惑，就都会成为无比美好的记忆，正如普希金(Pushkin，1799—1837)在一首诗中所说的：“那过去的，都会染上莫名的相思。”不是吗？

人最本质的是精神与意义的存在。努力去影响别人，使人们拥有更宁静的心绪和更充实、更温暖的感觉，这是我所能想到的人生最重要的价值。在人生的某一时期，需要不计后果地做某件你喜欢的事情，不论成功还是失败，它都一定会带给你生命的成长。“浴不必江海，要之去垢；马不必骐骥，要之善走。”（司马迁：《史记·卷四十九·外戚世家第十九》）好文章不在长短，重要的是有道义和真情。我保证决不媚俗，我保证我的笔底永远有热血在涌动，我保证“我以我血荐轩辕”。

教育是对人的成全

理解“教育”的关键词

用概括出“关键词”来梳理出一个学术领域的基本样貌，是当今国际学术界一个比较流行的做法。它的可取之处是可以做到纲举目张、以简驭繁。当然，它也的确有冒顾此失彼、挂一漏万的危险的可能。况且，哪些词可以作为关键词，不同的学者会有不同的理解。但不管怎样，这一学术探索和表达的方式仍然是有着无可争辩的价值的。

基于我的教育探索，基于我对教育的理想与信念，如下一些词应该是理解“教育”的关键词：学习领域，学生的发展，生命教育，公民教育，经验课程，有效教学，课堂互动，知识建构，教师成长，学校文化。

学习领域　学习是对学生来说“有意义的活动”的精蕴。今天年轻一代究竟该学些什么？学习内容的性质又是怎样的？这是教育者不可回避的问题。人类纷繁复杂的学习活动，从其性质来说，无外乎这六大领域：语言、数学、科学与技术、艺术、历史与社会(包括社会实践)、体育与健康。任何学习，从其内容来说，都可涵括在这六大领域之内。这六大学习领域的划分，有助于我们对学习内容与人类生活之间关联的认识，亦即根据学习领域所建构的课程学习的意义。

与“学习领域”相关联的是“学习主题”。每一个学习领域都有不同层级、不同谱系的学习主题。认识到这一点，对于我们教师建构知识的系统框架，从而自觉地帮助学生建构出知识的系统框架，有着很重要的价值。过去，广大中小学教师只有关于“课”的观念，一节一节地上课，却很少思考或清晰地意识到“课”的知识内容是如何组织起来的，这也是教师课程意识缺失的一个表现。

学生的发展 从教育活动的绩效来看，我们的目的就是促进学生的发展。至于“促进学生的发展又究竟为了什么”，这是一个更高的、带有教育终极价值关怀的问题。

学生是有着发展需要和丰富的发展潜力的一类人。“发展”又究竟意味着什么呢?怎样的变化可称之为发展呢?这有一个“发展观”的问题。首先是我们将学生发展的关注点放在哪里?我们又如何来检测学生的发展?在我看来，学生理想的发展应该是“自主的发展，和谐的发展，有特色的发展和可持续的发展”。从“认识、情感、态度(价值观)、技能”这四个维度来关注和检测学生的发展是实现学生理想发展的概念框架和实践策略。这个概念框架较之于“德智体美”或“德智体美劳”要合理得多。

生命教育 生命教育是当今国际教育界的一面旗帜，原因就在于：只有能够关注生命、促进生命成长并进而成全生命的教育，才是真正具有“善的目的”的教育。对于当今中国来说，教育领域的小敲小打、缝缝补补的改革虽然对教育的发展能够有所助益，但是也必须认识到这样一个事实——教育原有的根本性东西并没有真正被触及，具体个人的生命状况仍然并不乐观。我们的教育无助于学生生命尊严的提升，而有愧于学生生命尊严的失落。

我理解的生命教育有三个层次：生命教育作为教育的价值追求——我们的教育——真正人道的教育，不仅要对学生的升学考试负责，更要对学生一生的生命质量负责，要为学生的幸福人生奠基。这是生命教育的第一个层次。

生命教育的第二个层次是作为教育的存在形态——它关注学生当下的生命状态，努力创造生命化的校园，生命化的课堂。让课堂充满关注生命的气息，让生命的活力充分地涌流，让智慧之花尽情绽放，是生命教育视域中教学的自觉追求。

生命教育是一个有着明确的价值追求而又涵括着多重主题的教育实践领域，因而是地方课程与学校校本课程开发与建设的重要主题和领域。这些领域和主题包括：安全教育，信仰教育，感恩教育，死亡教育，人权教育，和平教育。这是生命教育的第三个层次。

公民教育　教育、个人、社会，这三者的繁复关系是我们理解教育的最基本结构。教育要服务于个人，因而我们强调生命教育，强调教育要为学生的幸福人生奠基；教育也需要服务于社会，所以我们强调公民教育，强调教育要为自由社会培养合格的公民。

用英国经济学家马歇尔（T.H.Marshall）的话说，公民身份（citizenship）是指个人作为一个主权国家或民族国家普通的成员，享有与他人同等权利和待遇的资格。他还认为，公民权利至少包含三类权利：民权，包括与个人自由相关的一些基本权利；政治权，具体说就是选举权和被选举权；社会权利，即公民享有国家提供的经济保障、教育、基本的生活和文明条件等的权利。这些权利在某种程度上呈层层递进的关系，民权的实现有利于促进选举权，选举权的完善有利于促进各项社会权利。

一个真正的公民，他既不是唯命是从、逆来顺受的草民，也不是明火执仗、以暴制暴的暴民。公民对于自己的权利和义务，不仅具有认同意识，而且还有自觉意识。一个真正的公民，应该将自由、平等、博爱、和谐、幸福、人权、民主、宪政、法治、和平这些人类共同创造的普世性价值看做是自己的个人目标并正确理解之。

中国过去的政治挂帅、空话连篇的说教，其实是一种精神奴役。在公民社会远远没有充分发育的环境里，我们需要真正的公民教育，通过“立人”而“立国”。人类的文明史充分证明：所有已经实现了现代化的国家，莫不以保护人民的自由与公民权利为第一任务。历史也已经证明：只有人民最自由的国家才能成为最稳定、最繁荣、最和谐、最强盛的国家。

经验课程 “理想的课程,文本的课程,感悟的课程,运作的课程,经验的课程”是美国课程专家古德莱德(J.I. Goodlad)提出的一个概念框架。它要描述和解释的无非是:假如存在于我们头脑中的“理想的课程”,它的确是代表着人性、正义的课程,那怎么样变成学生“经验的课程”,落实在学生真切的发展上呢?这首先取决于课程标准、教材是否编得好;其次取决于教师的素质是否足够的高,能否很好地领悟文本;再次取决于学校教学的条件以及教师的“怎么教”;最后还取决于学生的素质,而学生的素质又取决于社会文明的发展程度,取决于家庭及所在社区的文化水准。只有当我们所有的教育追求和努力真正变成学生的生命经历和体验时,我们良好的教育理想才不是“画饼”,因为从学生的需要出发,从学生已有的知识背景和经验背景出发,我们的追求才有了一个正确的起点。

有效教学 “有效教学”这一概念首先意味着并不是所有的教学都是有意义和有价值的,它可能是低效的、无效的,甚至可能是负效的。何种教学就可称为“有效教学”,也就是说,满足何种条件或具备哪些特征就可算作“有效教学”?基于自主学习的观念,有效教学应具备以下几方面的特征:学生非常明确学习的意义;有明确的学习主题和任务;对于教学过程学生有实质性的参与;新知识的学习是基于学生已有的经验背景;将认知策略和学习策略作为学生发展的一个重要的关注点。

美国密苏里州的教育目标:知识+表现=成功。这个公式对于我们理解什么是“有效教学”是有帮助的——“通过在实践中整合和运用基础知识和技能,以及使用各种办法通过所有的训练,学生将会对经验学习更有兴趣和动力。这种学习在考试过后仍长久地留在学生的脑海中,作为超越课堂直至成功的一块跳板。”“表现性目标”就是提出需要学生从事的活动,它描述的是学生的心理感受、体验和明确安排学生表现的机会。

“有效教学”，对教师来说，意味着精神享受，意味着尊严的获得与提升，意味着生命价值的实现。而对学生来说，意味着智力的愉悦、情感的陶冶、心灵的净化和道德的升华。

课堂互动 今天我们课堂在很大程度上仍是教师的“讲堂”。造成这一现象的原因很多，其中“传统习惯”所塑造的我们的性格是重要原因。我们的个性普遍缺乏表现力，我们大多过于内敛，过于拘谨，而缺乏奔放的、洋溢的生命活力。这也是为什么我要将“课堂互动”特别强调的一个原因。学生的课堂生活影响着学生性格的形成。如果学生没有足够的参与课堂和表现自我的机会，那么，久而久之就会形成过于内向、拘谨的不良性格。

乐于表达内心真实的想法，乐于心平气和、客观理性地一起辩论，是民主社会的建设者的重要品质，我们要特别注重培养我们未来社会的建设者通过商谈来解决冲突、分歧而达成共识的思想意识和行为习惯，这是我特别强调“课堂互动”的第二个原因。

“课堂互动”也是实现学生知识建构的重要形式和过程——这是一个产生想法和发展想法的过程：你的思想会点燃我的思想，而我的思想又可能丰富、深化或修正你的思想。当我们对一个问题理解和意见一致时，我们就有可能实现由“知”到“信”的转变；当我们理解和意见不一致时，则有可能开阔我们的思路，实现对问题的多元理解。

知识建构 20世纪的美国诗人佛罗斯特（Robert Frost）有一名言：“双目合，视乃得。”（My two eyes make one in sight.）这句诗包涵着建构主义的一个重要思想：学习者是在自己已有知识与经验的基础上来建构对世界的认识的。孟子讲“万物皆备于我矣。反身而诚，乐莫大焉”（《孟子·尽心上》），陆九渊提出“吾心即是宇宙，宇宙即是吾心”，王守仁讲的“心即理”“心外无理；心外无物”，其实都是强调我们“看”（认识、理解）世界，主要不是凭肉眼，更多的是凭“心眼”，即我们头脑中的认识结构、我们的信念、价值观、兴趣与需要以及已有的知识和经验。

知识建构也意味着教学不是一个“客观知识”的“授—受”的过程，学生的头脑也不是一个容器，知识只能由学生自主建构。教师是学生知识建构的促进者。教师如何促进学生知识的建构呢？通过创设真实的学习情境，通过提供必要的学习资源，通过必要的强化和反馈来实现。

教师成长　凭经验我们就可以认同：在学校教育情境中，影响学生发展水平的最重要因素是教师。实践证明，通过校本培训来促进教师成长，是一条有效的途径。校本教研的真正目的是将先进的教育理念转变为教师的教育素养，所以是校本培训的一种实践策略。

今天，学者们概括出的“专家引领，自我反思，同伴互助”的教师成长模式，其可取之处就在于：在社会分工越来越专业化的现时代，教育专家作为“术业有专攻”的人，他们是能够给广大教师以专业引领的。这可以通过专家深入学校的合作研究，专家的学术报告和教师仔细阅读专家著作来实现。对自我经验的反思，是教师提升教育智慧的不二法门，但自我反思有个前提就是理论的学习。英国学者波斯纳（G.J.Posner，1989）提出的“经验+反思=成长”的公式，应该修正为“理论学习+对经验的反思=成长”。没有理论武装的反思必定是缺乏深度的、低效的，甚至可能是“瞎琢磨”。“同伴互助”创造着一种学习与探索的精神氛围，一个“心理场”。同伴之间的相互切磋、相互砥砺、相互提醒和相互借鉴，能够有效地整体提高一个团队的教育素养。

学校文化　学校是一种社会机构，任何机构都有其文化。作为学校文化，有三个基本元素：使命（mission）、愿景（vision）和核心价值（core value）。所谓“使命”就是学校要为一个什么样的社会培养什么样的人，这背后就蕴涵着社会理想，特别是政治信念。

“愿景”就是一个团队的成员共同认可的,并愿意为之付出努力的富有感召力的前景和目标。学校的明天是一幅怎样的图景?我们在向着一个怎样的目标努力?为了培育学校的“愿景”,就需要系统地规划学校,尤其是要给学校一个合理的定位。而“核心价值”就是全校师生需要共同守护的原则、规范和价值观。核心价值可以体现在学校的校训中,更体现在学校全体师生的思想和行为之中,体现在教风和学风之中。人是文化的产物,也是文化的创造者,同时还是文化的载体。在学校中,每一个人都是学校文化的体现者、创造者和传承者。

教育是一种文化行为

“文化”是一个内涵十分丰富的概念，你难以尽数什么是文化，却很容易指称“非文化”的对象。不同的学者在不同的层次和侧面使用这个词，在“文化”概念谱系的最大一极，即是与“自然”相对。

德国著名文化人类学家恩斯特·卡西尔（Ernst Cassirer 1874—1945）在《人论》中指出：“人不再生活在一个单纯的物理宇宙之中，而是生活在一个符号宇宙之中。语言、神话、艺术和宗教则是这个符号宇宙的各部分。”（[德]恩斯特·卡西尔：《人论》，甘阳译，上海译文出版社，1985年12月版，第33页）人是文化的动物，“文化”是人的世界的基本特征。文化因人而存在，人是文化的目的和依据，文化的本质是它的人性内涵。

文化是一个生态系统，是一个活的有机体，作为人类活动的产物，伴随着活动过程本身，世世代代生长着。文化是人类活动的结果，它与人类如影相随，是漫长的生活经验的积累和行为的总结。“文化其实体现在一个人如何对待他人、对待自己，如何对待自己所处的自然环境。在一个文化厚实深沉的社会里，人懂得尊重自己——他不苟且，因为不苟且所以有品位；人懂得尊重别人——他不霸道，因为不霸道所以有道德；人懂得尊重自然——他不掠夺，因为不掠夺所以有永续的智能。品位、道德、智能，是文化积累的总和。文化不过是代代累积沉淀的习惯和信念，渗透在生活的实践中。”（龙应台：《文化是什么？》，《中国青年报》，2005年

10月19日)任何一种文化都既是人类实践的成果,同时也是人类实践的过程。文化在形塑一个社会的政治和经济行为上,是一个关键元素。文化是蕴涵在社会背后的起综合和体系化作用的价值体系。

教育过程是个体心理遭遇人类文化的历程,是在人类文化的背景中展开个体心理活动的过程。价值取向、思维方式、审美趣味,三者构成一个民族文化心理结构的主要因素。这既是教育要着力去引导的,也是教育过程必然会影响产生的。

社会文化作为个体精神生活与心理活动的重要的环境因素和背景,是影响学生个性成长的十分重要的因素。比如,在中国文化中,人们更易形成谦卑、内敛、不直率等个性品质。还比如,语义的变化、词汇的增加、人们交流方式的变化影响着我们的感知方式、思维方式和行为方式。

文化更深层的东西是看不见、摸不着的,但却对人有强大的影响力。我们可以从下述事实中发现这一点:每一个人都有口音,口音究竟是怎么形成的呢?我们很难清晰地解释,但我们可以肯定的是文化塑造了我们。教育要使人在自我创造、自我实现过程中实现个性的全面、自由与和谐发展,教育要提升人的主体价值与意义、发展人的自主品质与精神、培养人的创造性思维与能力,而这取决于我们对于浸染于其中的文化的理解。

然而,一个生命意义上的人,就必须要把文化纳入自己的发展系统,因为他本质上是社会属性的,是在民族文化中生存的。"人在某种传统中作出尽善尽美的努力时,确实,在他对传统的忠贞里有一种高雅的情操,但另一方面,我们愈是更多地了解并理解我们自身、我们自身的传统以及他人的传统,我们就愈能获得自由。我们关于文化过程的理解愈深,我们发现真善美的概率就愈高,人的自由,是包含了信仰在内的。"

文化作为我们行为的规定性因素,制约和影响着我们的行为——我们如何对待儿童？我们如何对待我们内心的冲动？我们如何解读一个历史文本？这在很大程度上都取决于我们获得的“文化修养”(acculturation)。

意识到教育是一种文化行为，重要的意义就在于教育中的一切都会给予学生潜移默化的影响，而要使这种影响有助于我们教育理想的实现，我们就需要审慎地规划我们的行为。约翰·埃格尔斯顿(John Egglesten)认为：“每个教师总是把自己的价值观念带到课堂中去，他用这种价值观念来阐述所发生的每一种活动，每一个活动。没有一整套发展起来的价值观念便称不上是位教师。”(《八十年代的教育目标》，《世界教育展望》Ⅱ第157页)而价值观是一个民族文化的核心要素。对于个人而言，价值系统的形成也就是内在的自我的建构。

教育的社会责任

“社会”这一概念在内涵上则具有多义性。社会是个总体性概念，一般是指称人类所有关系的总和。它还有其他含义，并与许多概念构成对立范畴：(1)最常用的关系是自然与社会，此社会是指人类社会；(2)社会也作为与政治对立的范畴，如国家与社会、政府与社会；(3) 社会也指一个特定关系以外的所有关系，例如学校、家庭与社会；(4)社会也指一个特定阶层，例如上流社会；(5)社会也指利益关系紧密的一个团体，例如华人社会等。它的具体内涵需要在一定的语境中来确定。

在现代社会中，教育日益成为一个先导性、全局性和基础性的实践领域。教育的先导性意味着教育日益成为引领社会前进的力量，全局性意味着教育与社会的各个系统和部门之间甚至与千家万户有着千丝万缕的密切的关联，而基础性意味着教育是社会各项事业存续和发展的前提与必要条件。无论是从教育与社会关系的意义上，还是从个人与社会的意义上，强调教育的社会责任都是良好教育的应有之义。

从理论上讲，教育具有维护社会稳定，并进而减少愚昧、迷信、贫困、暴力、犯罪、歧视、压迫、不平等、不公正等现象，从而促进社会的繁荣和发展的功能。如果没有基本的读写能力，社会下层民众表达自身需要和参与政治的能力将受到严重的局限，这将直接给他们带来不安全，因为不能充分有效地表达自我的利益诉求，在政治上声音的丧失，将严重地削减他们的影响力和获得公正待遇的可能性。

联合国环境与发展大会最后文件《21世纪议程》指出："教育对于促进可持续发展和提高人们解决环境和发展问题能力极其重要。"早在1896年，梁启超先生（1873—1929）就指出："亡而存之，废而举之，愚而智之，弱而强之，条理万端，皆本于学校。"（梁启超：《学校总论》）大量的研究已经证实，教育是改变生育观念、降低人口出生率、提高全民生活质量、促进社会平等的重要基础，教育也是解决环境问题的根本性的手段之一。

教育不仅仅与人权、人力资源和经济增长有关，更与人类安全密切相关。英国学者维尔斯在他的《世界史纲》中毫不夸张地写下了这样一句话："人类的历史越来越成为一场教育与灾难的较量。"如果我们继续让世界上的大量人口游离于学校教育之外，我们不仅在使这个世界愈加不公平，我们还在使这个世界愈加不安全。

但教育功能发挥得如何，取决于我们对教育所肩负的社会责任的自觉意识的程度，取决于我们的主观努力的程度。如果教育本身是有问题的，不仅积极的社会功能不能充分发挥，而且还可能对社会的发展有负面的影响。比如，中国过去科举制度下的教育就曾成为禁锢思想、阻碍社会进步的力量，德国希特勒时期的法西斯教育、罪恶的日本军国主义教育就曾成为制造战争机器和杀人恶魔的工具。

学校是培养人的场所，它作为社会机构，同时也肩负着一定的社会责任，比如，控制人口、实行计划生育。当然，学校的社会职责的实现也是通过影响学生的生活态度和生活品质来实现的。

而我们当下的"应试教育"淡化甚至漠视教育的社会责任。一切为了考试、一切为了升学的结果是培养出来的人社会责任意识淡薄、唯利是图、见利忘义、心胸狭隘、缺乏公德意识。一些学校为了自身的利益，人为地加重学生的课业负担，为升学的恶性竞争推波助澜。更有甚者，为扩大学校的知名度，搞形式主义，制造所谓的轰动效应，攀附权贵，严重违背诚信与公平的原则。比如一些高校，争先恐后地聘请一些政要担任学校的领导职务，肆意破坏公平竞争的社会环境，加剧了“能者多捞”恶性蔓延。也有一些高校，为了学生的就业率，不惜降低对学生的要求，造成优秀率奇高的不正常现象。

学校，特别是大学，服务社会是其重要的职责。而服务社会不仅是给社会其他部门提供智力支持，更重要的是大学要率先垂范，成为理性与公正的制度建设的典范，成为先进文化的体现者、创造者和传播者。

从教育与社会的关系上看，教育作为现代社会的一个基础性、全局性和先导性的行业和部门，理当成为社会进步的推动力量、思想先导和制度建设的楷模。从个人与社会的关系上看，个人的社会意识、社会责任感是个人自由、和谐发展的一个重要方面。没有一个好的社会，一个公正、和谐、文明的社会，个人的幸福就缺乏最根本的保障，公民的幸福只有在整个社会的大发展中才能更有保障。而一个好社会不会从天上掉下来，它取决于我们中的每一个人的责任承担的意识和能力。公共精神的滋长与公民意识的增强也将有助于解决我们面临的社会难题。

在当前，强调教育的社会责任意识，首先要强调的是通过分享基本的价值观念，实现社会整合，增强一个日益多样化的社会的凝聚力。我们的教育不仅要对学生的升学考试负责，要对学生的终身发展和幸福人生负责，教育也需要为建设一个自由、民主、多元、开放、充满法治和人权精神的社会负责，这就需要我们牢固确立“为自由社会培养人”的教育宗旨。杜威曾经说：“教育是民主的‘接生婆’，它使民主在每一个世代得到更新的社会力量。”但这离不开民主的教育内容和民主的教育过程。教育还要为基本国策的落实——实行计划生育和保护环境贡献力量，要让人口意识和环境意识深入到每一个未来社会的建设者心中。

教育的社会责任其次体现在将追求卓越与维护平等有机结合起来,用知识、智慧和技能武装所有公民以确保国家繁荣昌盛。教育是人的第二张出生证，教育要有助于社会的升迁性流动,为缩小城乡差别,为缩小由于无法选择的出身而导致的起点的不平等做出努力。《达喀尔全民教育行动方案》郑重指出:“教育是人类一项基本的权利。它是国家和国家之间实现可持续发展、和平与稳定的关键。在全球化进程日益冲击各国经济与社会的21世纪,教育更是有效参与社会活动和经济活动的不可或缺的手段。实现全民教育目标时不我待。满足所有人的基本学习要求,作为一项迫切的任务,能够而且必须予以实现。”这就需要教育自身的公平。为此,拥有优质教育资源的学校有责任支持和帮助那些薄弱的学校。当然,这只是实现教育公正的一种努力,更重要的是有关部门要加大对薄弱学校,特别是广大农村地区学校的财政支持力度。教育公平的问题事关社会的公正与和谐,事关社会的可持续发展,事关将公平与正义、人权与博爱的精神的种子播撒到每一个人的心中。

优质教育一定源于善好生活

我们个人的生活有两个评价的尺度:一个是社会伦理道德的尺度,即所谓"善与不善";另一个是个人自我的评价尺度,即所谓"好与不好"。这两个尺度并不总是一致的。符合社会伦理道德的生活,个体自我的内心体验可能并不美好,如传统社会中的"节妇"、"烈女"。今天我们社会中一些见义勇为的"流血之后又流泪"的英雄,因见义勇为而致伤致残,进而导致生活的窘迫与无奈。自我感觉"好"的生活,也可能是"不善"的,譬如一些人吃喝嫖赌,他自己可能会感觉很开心,但却是充满低级趣味的生活,是有悖社会道德的生活,甚至可能是充满罪恶的生活。也有一些"人上人",耀武扬威、风光八面、铺张浪费、劳民伤财,他们的生活也是背离社会良善的伦理道德的,是可耻和肮脏的生活。

善的生活,即体面的、有尊严的、负责任的生活,精神高贵和优越的生活,正直与光明的生活,富于德性的生活,充满了同情与关爱的生活。而好的生活是能够感受到惬意与轻松,感受到内心的充实与和谐,感受到精神与物质的富足,感受到心灵的舒展与个性的张扬。善好生活是一种自我实现的生命历程,是一种"不惑、不忧、不惧"的生活。

而所谓优质教育,一定是能够使学生形成阳光般的心态和健康人格的,是能够提高学生的自尊和自信的,能够使学生内心变得越来越充实和富有力量的。优质教育一定是学校资源的配置富有效率和效益,学校生活中充满了对所有学生的深切关注,没有人被忽视和被遗弃。

优质教育并不是简单的升学率高的教育，因为一所学校升学率的高低，受许多因素的影响，其中非常重要的是生源质量。大量的研究业已表明，影响学生学业成绩的最重要的因素是学生的家庭文化背景，其次才是教师的素质，第三才是学校的课程与硬件设施。

优质教育从其目标追求来说，那就是真正去为学生的幸福人生奠基，为一个好的社会培养好的公民。教育是最应该富有正义感和最应该有良知的事业。教育是最应该充满对于美好人生和美好社会的理想的。假如教育失却理想，我们还能有什么？没有理想的教育也许可以是高效的，但绝不可能是具有精神的高度的。

优质教育从其教育过程的品质来说，是充满关注生命的气息的，是能够让生命的活力充分涌流的，是能够让智慧之花尽情绽放的。教育过程中充满谅解和同情，教师能够帮助学生缓解考试的焦虑和学习的压力；教师在工作中能够做到劳逸结合，更多地给自己积极的心理暗示，团队成员和师生之间相互激励；着力提高课堂教学的效率，真正实现有效教学；在学校的全部生活中能够充满了细节的关怀。

从其效果来看，优质教育一定是能够促进学生自主发展、和谐发展、有个性的发展和可持续发展的教育。许多地方都将考上清华、北大的人数作为评价一所学校办学质量的指标，其导向的错误性是显而易见的。且不说清华、北大是盛名之下，其实难副，问题的关键是会考试不见得会创新。因为考试检测的主要是知识掌握的熟练程度，考试要求一定的回答问题的速度，这个速度往往与熟练程度有关，所谓的“熟能生巧”；而创新并不一定需要思维敏捷性的品质，却很需要原创性和深刻性的品质，而这两种品质是在有时间限制的纸笔相加的考试中不易检测出来的。即使考试试卷设计得很好，更多的也只能检测出解决问题的能力，而不是发现问题的能力。而对于学术和技术创新来说,发现问题的能力是更本质、更重要、也更高级的能力。

教育过程具有怎样的性质是至关重要的,因为目标的实现有赖于过程,学生的人格品质也是在过程中形成的。如果学校生活本身是令人压抑的、枯燥无味的、充满了对人的不信任和不尊重的,那么,即使目标再好,也只能是镜花水月、空中楼阁。也正因为教育过程本身的性质决定着学生的实际发展,优质教育一定建基于师生的善好生活。

善好生活是师生现实的、具体的生活过程的内在特质,而不是宏大的、抽象的伦理道德的训诫。学校是师生生活、工作和学习的世界。学校应该是放飞心灵和舒展个性的地方。可是相当多的学校的师生却有着这样的生命体验:“头脑是满的, 心却是空的;时间是满的,生命是空的。”个别学校热衷于搞花架子,制造轰动效应以吸引社会的眼球,可谓“名声在外”。而实际上教师专业素养长期没有得到真正的提升,学校教育质量低劣,学生在学校的活动既不丰富,又缺乏吸引力。学校真正重视的仍然是学生升学考试的成绩,除了在学校中大量的机械的训练,还把提高学生学业成绩的责任转嫁给家长。

教师的物质待遇、教师的专业的自主权、生源质量、发展机会、学校中的人际关系、教师自身的专业素养、教师职业的稳定感和安全感、劳动强度、心理压力、教师职业的社会声望、学校的物质环境、学校的规章制度、教育行政部门与学校对教师评价的指标体系等都会影响到教师对校园生活的感受,并会使这种感受延展到全部的生活之中。

影响学生校园生活质量的因素包括师生关系、同伴关系、课业负担、教学质量、课外活动的吸引力、校园的物质环境等等。有一句广为流传的富于远见的口号:“再穷不能穷教育,再苦不能苦孩子。”可大家凭经验就能认同:在当今的中国社会最苦最累的恐怕是我们的孩子。他们学业负担过重，睡眠严重不足，他们几乎没有充满童真、童趣的生活。

实际上影响学生校园生活质量的因素中最重要的“师生关系”又是受着教师自身的专业素质和生命质量的影响的。只有当教师心中洋溢着幸福美好的情愫，他（她）的脸上才会有灿烂的阳光并自然地照亮和温暖学生的心房；只有当教师情绪饱满和内心充实，他（她）才会自然地流露出对细节的关注和乐于真诚的分享。着力提高师生校园生活的质量，让师生感受到生活的美好，是我们打造优质教育的首要任务，全社会和我们所有的教师与学生都可以为此作出努力。

优质教育一定源于师生共同的善好生活，也一定为了师生共同的善好生活。

人的可教育性

人的可教育性，即人具有接受教育的天赋素质和潜在能力。人之所以具有可教育性，就在于人具有可塑性。而人的可塑性就表现为人的感觉器官和心理机能是“未特定化”(unspecialization)的。

和动物相比，人在本能方面是贫乏的。自然并没有规定人该做什么或不该做什么。而动物的各种器官大都适应于特殊的生存环境，各种物种的需要，就像一把钥匙开一把锁。动物有着本能行为的先验图式，它指向特定的环境，这种特定化的结果和范围也是动物的本能，它规定了它在各种环境中的行为样式。

而人的器官并不指向某一单一的活动，而是“未特定化”的。如虎的牙齿和消化器官就像是为吃肉而特制的，牛的牙齿和消化器官就像是专为吃草而特制的，而人的牙齿和消化器官并没有被自然所限定只能吃蔬菜或只能吃肉类。人的感官并不指向某一特定的对象，人没有特别固定的栖居地，人能适应广泛的生存环境。而动物由于它的特定化器官和本能而被严格地限制在特定的外在生活条件中，只有这种条件才能使它生存。每一个动物种都有一个生存的空间：草原或湖泊、平地或高原、热带丛林或寒冷的冰川等等。一旦环境发生变化，如气候异常、地貌改变、食物枯竭、天敌产生时，动物常常因不能经受这些变化而灭绝。

人在生物学意义上是“未完成”“未特定化”的生物。人没有像动物那样的天然毛发层或皮肤去对付严寒或是酷热的气候环境，没有锐利的攻击器官(爪、角、齿等)去获取食物,人也没有适应快速奔跑的肌肉组织去逃避意外的伤害等等。人天生有着本能的"匮乏",而正是这种"匮乏",这种"未特定化"为人的通过教育而获得发展敞开了无限多样的可能性。

人的"未特定化",使他能适应环境,人不受特定的生活环境的限制,人为了生存也无须改变自己的生物本性、生物结构,而只需变化自己的外在生活方式、生存环境。人自己决定自己的可能性,自然事物对人来说不再有一种本能的意义,人能运用某一事物为多种目的服务。因为人的器官没有被狭隘地规定在少数的生命功能上,它们可以具有多重作用,具有极大的可塑性。缘此,人的"未特定化"得到了补偿,甚至超出了补偿。

人的"未特定化",是人类在漫长的进化过程中逐渐形成的,是自然对人的限制由于文明的发展而逐渐解除的结果。人类千百万年的实践活动及其产物——文化,对人类的生理组织结构,特别是对心理器官组织的反作用,会以遗传密码——DNA——的形式代代相传。这也就是说,人类体外的文化经过相当时期的积累,有可能使人的天赋素质渗入一些新的因素,从而改变人的遗传基因。这可以视为文化在人类自身自然的内在晶化。

正是文化及其教育,在人类与动物之间掘开了一道动物永远无法逾越的鸿沟。如所有生物中,只有人类是可以不受季节变化影响,在一年中的任何时候都能够发生性关系(人类驯化的家禽如鸡、鸭亦具有这种性功能)。人类这种生理机能的演进,就是人类文明发展的结果。究其原因,就在于只有人类才能够保证生存食物的充足和比较充足,不至于因季节影响食物来源而在一年中时饱时饥,也因为只有人类能够调节生存气温,逃避酷暑与严寒对生命的威胁。

现代生物形态学特别注意是否"特定化"与动物种的生存之间的功能化关系,即"特定化"与动物的存在和发展,"未特定化"

与人类的存在和发展有严格的“上下文”(context)联系。通过这两种不同联系的比较，人的“未特定化”成了人具有无限发展前景、具有可教育性的前提。

可见，人的“未特定化”，是人的可塑性的前提，而可塑性又是人的可教育性的前提。人之所以具有可教育性，还因为人的心身拥有巨大的潜力。人类刚进入20世纪时，美国著名心理学家和哲学家威廉·詹姆斯(William James)就断定：“我毫不怀疑绝大多数人不论在生理上、精神上还是道德上，都只是很有限地利用了他们的潜力……一个所谓‘典型’商人，即一个健康的腓力斯人，只是一个人所能实现的全部潜力的一小部分。我们所拥有的生命宝库是我们连做梦也想不到的。”“与我们应该成为的样子相比，我们只是半睡半醒。我们的希望之火被泼了冷水，我们的蓝图无法展现，我们目前只运用了脑力和体力的一小部分。”詹姆斯不但相信普通人只运用了百分之十的潜力，而且相信这尚未用上的潜力可以通过适当的教育、训练和技术开发出来：“人能通过改变其思想来改变其生活。”

苏联的研究者也指出：“人类学、心理学、逻辑学、生理学的一系列最新成果证明人类的潜在能力是巨大的。当代科学使我们懂得人的大脑结构和工作情况，大脑所储存的能力使我们目瞪口呆。”“在正常情况下工作的人，一般只使用了其思维能力的很小一部分。如果我们能迫使我们的大脑达到其一半的工作能力，我们就可以轻而易举地学会40种语言，将一本苏联大百科全书背得滚瓜烂熟，还能够学完数十所大学的课程。”有的研究者还指出：创造是人类永恒的活动，是人类本性和本质力量的最高表现。创造欲是人类群体最重要、最基本的调节机械之一，是人类特有的一种渴求创造的欲望，是自然系统自组织、自控制、自调节的自然结果。大脑皮质是脑的最重要部分，是心理活动的主要物质基础。大脑皮质的展开面积约为2 200平方厘米，其厚度因脑的部位不同而异，约在13～45毫米之间，体积为600立方厘米左右，包含1 010～1 011个神经元和大量的胶质细胞。众所周知，大脑神经系统是人类的智慧系统。它的结构之复杂，而且作为其元件的神经元数目如此之巨大，足见人类潜能的丰富。

现代科学研究对人类潜能的揭示，为人的可教育性展示了令人欣喜、令人振奋的广阔前景。当然，人的可教育性也是有其极限的。我们所说的人的可教育性，既区别于遗传决定论（或生物预成论），也区别于教育万能论。

教育是对人的成全

人是万物之灵，人不仅具有可教育性，而且有对教育的需要性。教育是对人的成全。捷克著名教育家夸美纽斯就曾指出："有人说，人是一个'可教的动物'，这是一个不坏的定义，实际上，只有受过一种合适的教育之后，人才能成为一个人。"不论是整个人类，还是人类中的个体，都有对教育的需要性。我国古代教育著作《学记》一开篇就强调人对教育的需要性："君子如欲化民成俗，其必由学乎!""玉不琢，不成器；人不学，不知道，是故古之王者建国君民，教学为先。"

作为人类中的个体，之所以有对教育的需要性，就因为人是"合群的动物"，作为个体的人只有在社会中才能生存。由于人类在婴儿期生存本能的匮乏，使得他具有无助性，要得以生存和发展，就必须依赖教育。教育就是帮助儿童获得生存和发展的本领的事业。人是"未完成"的动物，也就是说，个体的儿童期是未成熟的时期，教育能帮助儿童达到成熟，完成社会化的过程。

人是不断生成的，而非预成的。在影响人的发展因素上，遗传只是人发展的生物前提，它只是一个必要的条件，而不是决定的条件，起决定作用的是环境与教育，而二者相比，教育又是起主导作用的。因为教育是一个有目的、有计划、有系统地全面地促进人的发展的过程。众所周知，一个言语器官生来很健全的儿童，如果出生以后，不与人类社会接触，没有成人的影响和教育，就不可能学会说话，甚至不可能形成人的心理。大家知道的"狼孩"，就是一个有说服力的例子。

个体获得生存能力需要教育，要成为一个社会所认可的人，就更需要教育。“人若受过真正的教育，他就是最温良、最神圣的生物；但是他若没受教育，或者是受了错误的教育，他就是一个世间最难驾驭的东西。”(《柏拉图论教育》,《法律篇》,第1卷第6章，郑晓沧译，人民教育出版社，1958年版)“教育确乎是人人所必需的……愚蠢的人需得受教导，好使他们去掉他们的本性中的愚蠢，这是无可怀疑的。其实聪明人更加需要教育……一个活泼的心理如果没有正经的事情可做，它便会被无益的、稀奇的和有害的思想所困扰，会成为自己毁灭的原因。”(夸美纽斯：《大教学论》，傅任敢译，人民教育出版社，1957年2月第1版，第39页)我国伟大的教育家孔子亦曾有言：“好仁不好学，其蔽也愚；好知不好学，其蔽也荡；好信不好学，其蔽也贼；好直不好学，其蔽也绞；好勇不好学，其蔽也乱；好刚不好学，其蔽也狂。”(《论语·阳货篇》)教育使一个生而软弱无助的个体逐渐成长为自立、自强、自尊、自重、自信、自助的个体，因此，教育为任何社会中健全的个体所必需。

人具有十分丰富的潜能，开发人的潜能也离不开教育。现代脑生理学的研究表明，任何一个神经细胞都有一个生长、发展过程，而促进其生长、发展的动力是外部刺激，主要是系统的学习和训练。实验证明，通过系统学习和训练，动物的神经细胞会发生一系列变化。最初非常简单的细胞，随着学习、训练的进展，一根神经纤维上会分出许多侧枝，长出复杂的树突，于是其结构愈来愈复杂，功能也愈来愈丰富和完善。

实践表明，通过科学的教育与训练能大大地发掘人的智慧潜力。如临床心理学家们通过训练之后，往往能够理解人们种种非言语的暗示。一个人走进办公室，在椅子上坐定，虽然他未讲一句话，一个训练有素的心理学家就已经对他有很多了解。在西方国家许多新成立的成长研究中心里，都设有这种感觉能力训练。这种训练能重新唤醒人们的这种感觉能力。而这种能力使人能够采用与现在不同的方式和周围的人与事接触。全球范围内，通过一定的教育和训练，开掘出人巨大的潜能的事例不胜枚举，这从一个角度也证明人对教育的需要性。

不仅人类个体需要教育，人类社会亦需要教育，以维系它的延续与发展。人类社会区别于动物界的根本之处就在于人类拥有文化。人类并非动物中的佼佼者。论善跑，从羚羊到骏马，胜人者颇多；论自卫，人不及犀牛；讲飞升，更愧于鸟类；至于海豚特有的声呐系统，人更是望尘莫及。人类"力不如牛，走不如马，而牛马为人所用者，何也"？答案只有一个，那就是人类拥有文化。文化是人类本质力量的确证与表征，是人类心身能力的延伸。然而，使得文化的保存、延续、发展和丰富成为可能的却正是教育。

在地球上，人类世代交替，生生不息。每当人类一个新的生命诞生后，都要把他加入到社会文化共同体中去过一定的"文化生活"，使他从一个毫无文化内容的自然人，成为一个具有摄取、分享、鉴赏和创造文化财富能力的文化人，显然，这就不能没有教育。而任何人都终不免一死，为使人类能够存续与发展，必须将已有文化传承下去，亦不能没有教育。动物也世代更替，可是因为没有文化——当然也就没有、也不需要有教育，因而各代之间并无差别，进展甚微。

人类因为有文化，有教育，新生一代通过各种形式的教育，十分经济、迅捷、有效地掌握前人所创造的文化财富，并在此基础上进行创造，因而使得人类得以存续和发展。倘若没有教育，每一代都从钻木取火开始，那么人类就永远只能停留在茹毛饮血的蒙昧时代，且不说发展，就连存续都成问题，很可能像那些灭绝了的动物种一样永远从地球上消失了。从某种意义上说，人是文化的动物。尽管"我们同我们的肉、血和头脑都是属于自然界，存在于自然界的”,是自然的一部分,但人却是彻头彻尾地“文化化”了。在人类的生活中,与人的生死相关的生物过程,几乎都具有文化的重要意义。

人类机体由于新陈代谢和内分泌变化会因饥饿感而需要食物,因性欲而要求性交。这本来是对整个生命世界具有普遍意义的生理现象,现在却变成了由文化规则调节的习惯。文化决定着人吃什么样的食物(如由于宗教信仰导致的饮食禁忌),以及进食时有什么样的文化形式;性欲是生物性的,但选择什么样的对象,在什么场合以及用什么方式满足性欲,得相当依赖文化性的学习。自愿的斋戒和独身,是和人的生理需要、自然本能相反的,却是遵从着一定文化规则的结果。

可见,作为文化中的人或者说经过了“文化化”的人,其生理现象不仅为生物功能服务,还为文化的功能服务。任何人类社会,都有一定的文化规则,如信仰、禁忌、价值观、道德规范、语言规则、政治制度、经济制度、法律制度、风俗习惯等等,它是维系社会稳定、存续与发展所必需的,它需要为全体成员所共享、所认同;而对社会成员而言,这些文化规则是不可能通过生物性遗传而获得的,必须通过后天的教育获得。因而,教育便是人类社会系统中一个不可或缺的要素,它与人类共始终。

随着人类社会向更高形态的发展,社会生产和社会生活的日益复杂化和科学化,社会对教育的需要性也就日益迫切。教育的终身化、教育的多样化、教育的社会化和教育的民主化趋势便是现代社会对教育要求日益迫切的必然结果。

主体性教育的旨趣

“主体性教育”曾经一度成为人们津津乐道的话题。它的旨趣究竟何在?这其实是值得作一番考量的。所谓主体性,就是人作为主体的规定性。主体是一个关系的范畴,只有发生了主客体关系的地方,才有主体。人之所以能够成为主体,是在他同自然、社会以及他自身发生的主客体的关系中确立的。

我们谈人的主体性,其用意就在于“把世界还给人,把人还给他自己”。通俗地说,就是以人性的方式和人道的方式认识人、对待人。人是社会关系的产物,但并不就是社会关系的奴隶;人是环境的产物,但人不仅能够改造环境,也能不断赋予环境以新的意义。

我们可以从主体存在的方式这一角度把“主体性”区分为整体主体性(整体主体性又可以分为类主体性与群体主体性)和个体主体性。区分出整体主体性和个体主体性有其重要理论意义与现实意义:主体性作为只有在关系中才具有意义的属性概念,不同的主体所具有主体性的内涵和特征是不同的——整体主体性是类或群体主要在与自然的关系中,表现出理性的、社会的、一体化的特征;而个体主体性是个体主要在与社会的关系中,表现出感性的、具体的、多元的特征。

越是在人类的早期便越是强调整体主体性,强调社会的统一、有序、等级、规范、个体服从群体,这是因为“自然界起初是作为一种完全异己的、有无限威力的和不可制服的力量与人们对立的，人们同它的关系完全像动物同它的关系一样，人们就像牲畜一样服从它的权力”。“交换手段拥有的社会力量越小……把个人互相联结起来的共同体的力量就必定越大——家长制的关系，古代共同体，封建制度和行会制度。”（马克思）在这些社会制度下，个体主体性的实现不能不受到极大的限制。

而越是到近现代便越是强调个体主体性，强调社会的多元、感性、自由、平等、个体的独立性、个体的自主与需要。“人的解放”越来越表现为对于个体的解放。个体主体在历史发展中，从完全依附于群体主体，受群体主体支配逐渐地演化到自主地进行活动。可以说，人类的进步，就是一个个体主体迈向自由主体，个体主体性不断得到高扬的过程。

正如有的学者所指出的：“对个体主体性的重视，是现代哲学中最有力和最持久的一股潮流。若从主体性哲学发展的大线索上考察，它也是使主体性研究从抽象的理论走向人们的现实生活具体的一条十分重要的路径。”整体主体性只有转变为每个人的个体主体性才能产生无穷无尽的创造力，世界才能充满勃勃的生机。

主体性既是属性概念，更是关系概念，是只有在关系中才具有意义的属性概念。在人与人的关系中，是一种“互主体”的关系，而不是一种占有与奴役的关系。占有“意味着，我想为自己获得一切；意味着，不是分享而是占有给我带来乐趣；意味着，我必须越来越贪婪，因为我若以占有为目的，则我占有的越多，我就愈是了不起；它还意味着，他人就是敌人……我永远无餍足。因为我的欲望是个无底之窟”。（［美］弗洛姆：《占有或存在》）

主体性不是动物性本能，而是一种“获得性本能”，是人类通过自我创造而形成的本能（马斯洛称之为“似本能”），具有很大的可塑性、弹性和开放性。这些本能不像动物性本能一样坚固和不可灭绝，它们可以被窒息而又不危及生命，但是另一方面，它们又具有无限发展的可能性。

主体性需要比自然需要更难以得到满足，因为自然需要的满足是吸纳对象于人自身，而人自身的容量是有限的，因此相对来说自然需要较易满足。主体性的发展即主体性需要的满足却是把自身潜能投入到对象中去，表现为对外部世界的驾驭与超越。而对象世界是无限的，因而主体性需要难以得到满足，相反，越是与对象发生深广的关系，主体性需要就越强烈。这也说明，一个人主体性发展的程度决定于和表现为个体与世界关系的丰富与深刻的程度。

个体与世界的关系的维度主要分为：个体与社会和他人；个体与物质世界，特别是自然界；个体与自我。个体主体性主要是个人与社会的关系所要求的和所凸现的，因而，个体主体性的内在规定性为自主性和独立性。主体在与他人、与社会的关系之中表现出自主性；主体在对象性活动中，即与客观物质世界的关系中，表现出能动性；主体在与自我关系中表现出超越性。

主体性教育的旨趣就在于使每一个学生——未来的生活者和建设者——能够独立地面对世界，学会自主判断、自主选择、自主承担。

教育信念确立的基石

相信信念的力量，是人文精神的应有之义，也是心灵力量和教育力量的重要的源泉。按哲学家贺麟的话说：“惟有抽象的观念，乃作为理性动物的人所独具，而为禽兽所无有，故抽象观念实为人之所以异于禽兽最可宝贵的精神力量。”在贺麟看来，承认观念的力量是提倡学术文化的基本信念。否认观念的力量，只承认物质的力量、金钱的力量和武力的力量，是文化的堕落，也是社会趋于无理性的野化、俗化的显著现象。

教育不是简单的操作性行为，而是基于信念的事业。因为真正的教育是精神创生和灵魂的感召。如果教育只是一种简单的操作性行为，那么，我们完全可以用现代化的教学媒体取代教师。正因为人只能由人来建树，心灵只能由心灵来感召，所以，教师将是一个永恒的职业。没有教育信念的教师决不可能成为好的教育者。而教育信念确立的基石就是对于理想社会和理想人生的祈望。

教育作为一项实践活动，从教育目标、课程内容，到教育的途径、手段和方法、教育的评价体系，无不受制于社会的发展水平和需要，受制于个人身心发展的规律。

教育是最深刻地牵涉于社会与个人之间的一项活动。对于理想社会的构想和预设，是形成和确定教育理想的前提和基础。任何社会都是由现实的、具体的个人组成的，而任何个人都必定生活于一定的社会之中。社会无非是人与人之间的相互作用。

对于理想社会的理想，自古及今都不曾缺少过。而理想社会中必须具有哪些要素，这是一个值得认真研究的课题。在我看来，理想社会包括这样四个层面：

个人自由——个人行为享有广泛的可选择性和自主性，个人享有广泛的人权，并获得自由充分的发展。个人自由是衡量社会文明程度的最为重要的尺度。

社会公正——公正意味着为了少数人、个别人的利益而牺牲多数人的利益是不公正的；为了多数人的利益牺牲少数人，甚至是个别人的利益同样是不公正的。每一个具体的个人都能受到公正的对待。

政治民主——社会中每一个有责任能力的个体都能自主地、平等地、充分地参与公共事务的决策与管理，公民享有广泛的知情权，有健全的对于公权的监督机制。

经济繁荣——科学技术的进步与生产力的提高，使得社会的物质财富不断地丰富，从而使每一个人都能享有免于物质匮乏的自由。

而中国传统的社会理想中缺失的恰恰是人权，是民主，是个人自由，缺少对人的自由权利的尊重与信任，近乎严密的宗法等级伦理规范体系与专制制度根本没有体现对个体的人的尊重和信任，个体的人只是作为伦常序列实现的符号、载体、工具。有的只是平均而不是公正的观念，只有民本而没有民主。专制时代的所谓"太平盛世"也不过是"做稳了奴隶的时代"，作为个体的人淹没在"民"之中，盛行的是特权和人身依附，个人成为实现某种意志的工具，专制统治者往往以虚幻的共同体的名义发号施令，以售其奸。

没有理想的社会就没有理想的人生。且不说"宁做太平犬，不做离乱人"是一种凄切的境遇，就是"达则兼济天下，穷则独善其身"也是一种无奈的选择。理想的人生一定应该有主体性的张扬，有对"自由意志、独立人格"的守护，基于平等的人与人之间关系的诚信与互惠的普遍践履。早在一百多年前，章行严先生就指出："中国人之思想，动欲为圣贤，为王者，为天吏，作君，作师，不肯自降其身，仅求为社会之一分子，尽我一分子之义务，与其余分子同心戮力，共齐其家，共治其国，共平天下。"即使是人们津津乐道的《岳阳楼记》中的"先天下之忧而忧，后天下之乐而乐"，其中缺乏的仍然是平等的意识：总是将自己放在普通的民众之外，而不是民众之中。这种心理上的"特权"是与政治上、经济上的特权有着千丝万缕的联系的。

教育信念确立的基石就是对于社会的理想和人生的理想。无论是对于社会的理想，还是对于人生的理想，如果缺乏现代文化精神的价值指向，缺乏自由、民主、平等、人权这些核心的价值，这个"理想"就值得怀疑。这意味着教师应该成为具有丰厚的文化底蕴、谙熟人类文明历程的人，成为在自己的内心确立起并坚定地守护现代社会的核心价值的人，成为有思想、有灵魂的人。

个性教育：让人成为他自己

“崇尚个性”“发展个性” 等等，日益成为优质教育的自觉追求。人们对于个性的理解，一般是与众不同。这并没有错。但问题是，“与众不同”从何而来？

朱智贤先生主编的《心理学大字典》对“个性”作了这样的界定：“个性(personality)也可称人格。指一个人的整个精神面貌，即具有一定倾向性的心理特征的总和。个性结构是多层次，多侧面的，由复杂的心理特征的独特结合构成的整体。这些层次有：(1)完成某种活动的潜在可能性的特征，即能力；(2)心理活动的动力特征，即气质；(3)完成活动任务的态度和行为方式方面的特征，即性格；(4)活动倾向方面的特征，如动机、兴趣、理想、信念等。这些特征不是孤立存在的，是错综复杂交互联系，有机结合成一个整体，对人的行为进行调节和控制的。”

在顾明远先生主编的《教育大字典》中对“个性”作了这样的界定：“个性(individuality；personality)一译‘人格’。一般有广义、狭义两种用法。广义指个人的意识倾向和各种稳定而独特的心理特性的总和，即个人的心理面貌。狭义常指个人心理面貌中与共性相对的个别性，即个人独有的心理特征。源于拉丁文‘persona’，意即演员所带的‘面具’，后引申为人物、角色及其内心特征，即心理面貌。”

让我们来看看艾森克-阿诺德和梅利对个性所下的定义：“个性是人所具有的、相对来说较为稳定的气质。它可由外因激发或促成，是生理冲动、社会环境及自然环境之间相互作用的产物。个性通常指的是情感—意动的特定品质、情操、态度、心理状况、无意识的机制、兴趣和理想，它们能确定人的特性或特有的行为和思想。”大卫·丰塔纳就此评论道：“这一定义不仅强调了个性的内涵，而且还指出了个性是稳定的（也就是说我们不可能一日之间变得判若两人）和有机的（即个性的表征是相互联系的），个性是人的生理机制和周围环境相互作用的结果，是一种特殊的品质（即每一种个性都是独特的）。”在以上对个性的理解中，基本上没有脱离开心理学的窠臼。

个性的外在表现为独特性，而内在的特质却是主体性和个人，无论是缺乏独立性、自主性（表现为缺乏主见、人云亦云、盲目从众），还是缺乏创造性（表现为内心世界的贫乏、智慧上的平庸），都会被视为缺乏个性。正如康德所指出的：“‘他有个性’，这在绝大多数场合下不单是说到他，而且也是在称赞他，因为这是一种激起人家对他的敬重和赞叹的可贵性质。”在教育学的视域中，个性与自由个性，有着共同的含义，即指人的完整性、独特性，个体所具有的自由意志和独立人格。

我们强调个性教育，首先就是基于对个体独特性的尊重。为什么要强调个体的独特性呢？其理论意义和实践意义何在呢？

首先，每个人生来原本就是独一无二的，正如我们每一个人的指纹是独一无二的一样，这也是每一个人的生命之所以值得无比珍视的一个重要原因；如果我们要求用一种模式去限制原本是丰富多彩、各具特征的个人的发展，就意味着我们对某些个体不公正。这也是教育之所以要民主化的重要理由。

其次，每一个人的独特性是人类文化多姿多彩的重要源泉，因而是人类文明不断进步的重要源泉；各个个人的独特性亦即我们之间的差异性，而差异既使得合作成为必要，也使得合作成为可能；人类文化进步的动力就蕴藏在个人的独特性之中。独特性不单单是个性的外在表现形式，而且是个性得以确立的表征，是个体内在自然——天赋的凸现、显发的确证。建基于主体性与创造性的独特性是个体个性发展程度的标尺，也就是说，越是具有以主体性与创造性为底蕴的独特性，个体的发展程度就越高，个体自我实现的程度就越高，个体内在自然——潜能——的实现程度越高。

那么，主体性与个性是什么关系呢？笔者认为，主体性是个性的核心，创造性是基于主体性的个性的又一内在规定性，知识、经验、能力、智力、情感、道德等都是个性的构成要素，而独特性则是个性的外在表现形式。马克思说："要使这种个性成为可能，能力的发展就要达到一定的程度和全面性。"能力无疑是个性的构成要素，能力不行，靠什么去独立地面对世界呢？但问题是主动性不发展，能力的发展就会受到极大的局限。

笔者认为，如果将创造性也视为主体性的内涵之一，那么，其一，"主体性"就变得过于宽泛了，对一个概念的泛化或滥用，往往导致消解，这就是孙子所云的"无所不备，则无所不寡"（《孙子·虚实篇》）。正如韦伯所指出的："一个术语的有效性——或范围——越广，就越使我们远离现象的丰富性，因为要包罗最大可能数目现象的一般因素，它就必然会尽可能地抽象，从而其内容也就空乏。"（[德]韦伯：《社会科学方法论》，朱红文等译，中国人民大学出版社，1982年版，第75页）

其二，我们无法将"主体性"与"个性"作出区分。如果"主体性"等同于个性，那么，提出"主体性"又有什么意义呢？另外，将"主体性"的内涵规定为自主性（独立性）、能动性和超越性，三者分别从不同的角度来表现人的主体性，在逻辑上也较为自恰。

特别值得提及的是，个性是一种精神的力量，与身心的健康有着密切的关系。世界卫生组织对健康的定义是："健康是一种身体上、精神上和社会上完全安宁的状态,不只是没有疾病。”如果心中充满恐惧和怨恨,如果心存芥蒂、人际关系不和谐,如果充满焦虑和沮丧之感,那是不健全的个性。个性的发展必定包含着健康。

教科书的评价标准

教科书,也称之为“课本”。它是根据课程标准(过去是各科的“教学大纲”)由课程专家、学科专家以及优秀教师共同编写的学生的教学用书。教科书只是课程的一个要素,完整的课程在师生交往中生成。教科书是师生个体心理遭遇人类文化的媒介和向导,是教师引领学生进行精神漫游的路线图,它能包容学生的经历所感知到的现实图景,并引导学生进行经验的概念化。

教材是它的上位概念,它是教材的主体,是教学过程中师生依据的主要材料,也是考核教学成绩的主要依据和学生课外拓展和深化知识领域的重要基础。教科书编写的质量如何,直接影响着教育的内在质量和学生的发展。

什么样的教科书是好的教科书,这是一个非常值得深入探讨的问题。因为它对于教科书的编写、选择和修订都有着指导作用。这就涉及教科书的评价标准的问题,我认为评价中小学教科书的好坏有如下四个标准:

首先,看它是不是简洁、明了,并具有深层的逻辑关联。教科书只是范例,是一张“寻宝图”,是一张精神漫游的“导游图”,它是火种,而不是燃料。

为什么要简明呢?就因为教科书只有简明,才能给教师发挥自己的创造性和教学的个性留有空间,也才能为学生自主探索——探究学习和发现学习留有空间。鲁洁教授说:“教科书的功能并不是让学生在头脑中去‘复制’教科书所呈现的一切,而是

‘凭借’它激活自己的思想，得出自己的结论……是学生学习人类文化的一根拐杖，是实现调动学生心理活动、思想活动、促进学生进行自我建构的一个手段。”如果教科书上的内容过于详尽，天衣无缝，和盘托出所有的推理、阐述和“答案”，那就等于剥夺了学生探索、发现和创造的权利。教科书作为“寻宝图”，一方面它唤醒着学生的探索冲动，另一方面它又给予学生一定的线索，而避免学生毫无根据地、盲目地摸索。它作为精神漫游的“导游图”，而不是简单地将美丽的景观淋漓尽致地呈现出来，它要求“旅游者”用自己的眼睛去观察，用自己的心灵去感悟；它只是火种，而没有为你准备充足的燃料，它需要你去搜集燃料，以便使星星之火变为熊熊烈火，温暖着你，并照亮你前行的路。

教科书的内容只有具有深层的逻辑关联，才能在学生的头脑中建构出并发展认知结构，使得学习内容易于保持和迁移。如果学习内容是随意的、杂乱的认知结果的堆集，那么，学习过程中就不会有前后呼应、温故知新和知新温故，学生的学习就将是低效的，这十分不利于学生的成长和发展。

其次，看是否体现了人类的基本经验和核心价值，是否体现了举一反三的“一”，也就是看它在大的学习领域里是否抓住了最根本的学习主题。年轻一代在基础教育阶段，有“六大学习领域”，包括语言、数学、科学、艺术、历史与社会、体育与健康。教科书上的知识，我们可以称之为“公共知识”，它是相对我们每一个人头脑中的“个体知识”而言的。公共知识是基于“一定共同体的人类”（有时是整个人类，有时是一个民族，有时是一个利益集团）的基本经验和核心价值而建构出来的概念、公式、原理和“事实”。好的教科书应该是非常准确地把握住该学习领域中最基本、最核心、最具有迁移价值的学习主题。例如数学，除包括“数与计算”外，还应包括 “概率统计”“物体的计量”“事物的量的比较”“物体形状及其空间序列”“数学综合问题的解决”等学习主题。过去的教材的弊端就是“数的计算”占的比重太大,这就不利于培养学生的逻辑思维,不利于培养学生用数学的眼光去看待问题。

我们更多的教科书，往往以一种绝对正确的武断姿态出现。这种绝对正确是那样的毫无疑问、不容置疑,以致学生只有死记硬背的分,学生的创造力因此被扼杀殆尽。其实,教科书的目的不仅仅在于陈列绝对正确的知识,而更在于呈现一种获得正确知识的方法,并为学生获得这些正确知识起一种示范作用,同时提供一个相关学科领域的研究背景。

优质的教科书还要尽可能剔除种族、阶级或政党的偏见,并体现着文明世界中的平等、自由、民主、公正、理性、科学、人权、博爱等等核心价值。

第三,看教科书与学生生活联系的密切程度。学生的生活,一方面总是与现时代的生活相联系的,另一方面又是与儿童的年龄特征相联系的。社会生活是不断变化和发展的,每一个时代都有自己的时尚,尽管人类社会生活中有一些永恒的要素。儿童在不同的年龄阶段都会有其独特的认知方式和特别感兴趣的事物,也有其潜能发展的“最佳期”。人们总是从自我的经验出发来理解和认识世界的,任何学习只有建基于学习者已有的知识和经验才是有效的。

教科书上的内容是学生理解世界的“根据地”,如果这个“根据地”是与世隔绝的,它就将是一潭死水。教科书上的内容是学生精神世界生长的种子,如果教科书上的内容是与学生的已有知识和经验相脱离的,那么,精神的种子就没有发芽的土壤,更不用说生根、开花、结果了。研究表明,儿童的政治意识是从14岁以后才开始形成的。如果在此之前,教科书中有太多的涉及“政治意识”的内容,对于学生的成长来说就是有害的。

第四,看它是不是代表了人类文明发展的方向。当今,人类社会的一个重要主题就是“和平与发展”,其方向就是建立起公正的国际秩序，就是消灭各种形式的霸权、专制、独裁、歧视和对于人的尊严的践踏，就是人的个性的解放，重视人的独特价值，重视文化的多元化。那么，教科书是否代表了这个方向，这就可以看它对世界其他的民族文化是否尊重，是否能自觉地从世界不同民族创造的文化成就中汲取营养，是否体现了生命教育和公民教育的宗旨。

过去我们中小学语文教科书中一个弊端就是外国作家的作品占的比例太小，而且外国作家的作品基本上都是批判资本主义发展过程中的阴暗与血腥。但是阴暗与血腥并不是西方文明的主流，更不是全部，而且事物都是在不断发展和变化的，我们只有以开放的、实事求是的态度去理解西方文明的历程，取其精髓，以广博的胸怀接纳世界上一切优秀文化，来丰富我们的民族文化，我们才能拥有更加美好的未来。

生命教育的三个层次

生命是上天赐给我们最丰盛的礼物。我们作为活生生的生命个体而生存于生命世界之中，人的生命并不是纯然作为一个观察、分析、思维的对象而存在的。我们教师面对的是一群鲜活的生命个体，是一个个对世界充满新奇感的心灵世界。如何把人性中最善良、最美好、最纯真的东西植入孩子的心田，让孩子在渐渐成长的过程中凝聚“人情味”，富有同情心和正义感，是我们生命价值最为完美的体现。我十分欣喜地看到：直面教育，直面人生，以成全每一个富有个性的人的发展为自己价值祈向的“生命教育”新理念，正成为越来越多以教育为天职的人们的共同旗帜。

“生命教育”（Life Education）一词原本是在美国上个世纪60年代作为社会中的吸毒、自杀、他杀、性危机等危害生命的现象的对策而出现的，可以说，生命教育起初是以死亡教育的形式出现的，通过生命教育唤起人们对生命的热爱，消解对生命的威胁。1968年，美国学者杰·唐纳·华特士（J.Donald Walters）开始倡导和实践生命教育思想，这一思想很快发展到许多国家和地区，形成了一种新的教育思潮。

随着生命教育在全球被逐渐推广和认同，不同国家和地区也出现了形形色色的生命教育。20世纪末期，我国台湾地区将“死亡教育”引入，称为生命教育，并在学校教育中逐步推广实施，现已形成了相当的规模，取得了不错的成果，掀起了一股生命教育的热潮。如中国的台湾教育行政部门设立了“生命教育委员会”，并曾将2001年定为“生命教育年”。他们认为，开设独立的生命教育课是学校实施生命教育的最基本的途径。香港教育学院公民教育中心于2002年明确提出以生命教育整合全校的公民及价值教育。2006年春季开学后，湖北咸宁市在全市所有中小学实施《生命教育》实验教学，从三年级到九年级试行，成为我国首个生命教育的实验区。近些年来，我国不少地区和学校在生命教育方面也开展了一些专题性的实践探索，积累了大量有益的经验。

越来越多的有识之士认识到：在应试教育日甚一日的今天，教育的真义被遮蔽了，教育的真正价值失落了，教育成为“训练”的代名词，成为塑造“单向度的人”的工艺流程。我们的教育无助于学生生命尊严的提升，有愧于学生生命尊严的失落。

生命教育的宗旨就在于：捍卫生命的尊严，激发生命的潜能，提升生命的品质，实现生命的价值。“关注生命，尊重生命，珍爱生命，欣赏生命，成全生命，敬畏生命”则构成生命教育的目标。

生命教育重要的是要培植学生的生命情怀。生命情怀是个体对自我生命的确认、接纳和喜爱，是对生命意义的肯定、欣赏和沉浸，以及对他人生命乃至整个生命世界的同情、关怀与珍惜。我们有太多的理由需要强调生命教育。全世界的自杀率是13/100 000，而我国的自杀率是23/100 000，特别是农村妇女的自杀率高达50/100 000。人们不难注意到：每年高考、中考前后，关于中学生自杀的报道便会骤然增多。如果在互联网上搜索一下“中学生自杀”，电脑立即显示出27万余条信息。据卫生部公布的调查，15岁到34岁人群死亡的第一原因不是医学上束手无策的什么疑难病症，而是自杀，并且自杀者年龄也越来越低龄化。有识之士惊呼：自杀，一个就太多了，何况是青春少年！对生命的遗忘是教育最大的悲哀，对生命的漠视是教育最大的失职与不幸。

在今天，生命教育作为素质教育的切入点和着力点，有如下三个层次的含义：

生命教育的第一个层次:生命教育作为教育的价值追求——我们的教育——真正人道的教育，不仅要对学生的升学考试负责,更要对学生一生的生命质量负责,要为学生的幸福人生奠基。

生命教育旨在帮助学生更好地理解生命的意义,确立起生命质量与生命尊严的意识,使他们能拥有一个美好的人生。总的生命质量领域应包括生活体验的全部。生命质量是代表一个人全部生活的术语,不仅仅是个人生活的部分,而应该是个人生活的全部内涵。生命质量是一个包含有终极关怀在内的概念,包含有生命的价值与意义的概念,是人作为精神的存在的内在关照,因而更多地与文化设计和文明的内在品质相关。

生命教育作为教育的价值追求,首要的意义在于:对人的尊重,必须落在对于个体生命的尊重,对个体生命的独特性、唯一性的尊重。一切以牺牲个体生命为代价而换取的所谓“大业”,所谓“圆满”,不管它冠以何种美妙的名字,其正当性都是值得怀疑的。一切以“虚幻的共同体”的名义,对于人作出牺牲的要求都是缺乏其存在的合理性的。尊重学生就意味着尊重学生的需要。

生命教育的第二个层次是生命教育作为教育的存在形态——生命教育就是为了生命主体的自由和幸福所进行的生命化的教育。生命教育应该是真正充满活力的人的教育,是引导人生走向美好和完善的教育。

让课堂充满关注生命的气息，让生命的活力充分地涌流,让智慧之花尽情绽放,应该成为所有教学的自觉追求。生命教育强调用生命去温暖生命,用生命去呵护生命,用生命去撞击生命,用生命去滋润生命,用生命去灿烂生命。在生命的根基上确定人的内在的不可让渡的尊严,树立生命神圣的观念。而在我们的社会中,漠视生命、轻贱生命,甚至是践踏与摧残生命的事时有发生,让人感到生命教育的必要与迫切。生命教育,其现实途径就在于:给学生一些权利,让他自己去选择;给学生一些机会,让他自己去把握；给学生一些困难，让他自己去面对；给学生一些问题，让他自己去解决；给学生一些条件，让他自己去创造。高扬生命的价值，反复吟唱生命的礼赞，让每一个人都能感受到生命积极的存在状态——投入、倾注、热力四射、兴味盎然。缘此，“贴近生命的需要，揭示生命的真相，引领成长的方向，探寻生命的意义，成全生命的价值”应该成为全部教育的自觉追求。

生命教育的第三个层次是生命教育作为教育的实践领域。生命教育是一个有着明确的价值追求而又涵括着多重主题的教育实践领域，因而是地方课程与学校校本课程开发与建设的重要主题和领域。

·安全教育：让儿童远离意外伤害的教育，如熟悉安全防护标志、火灾和地震演习；意外伤害的救护和自我救护；

·了解个体生命的成长历程，如青春期教育；

·艾滋病和毒品预防教育；

·珍爱生命与预防自杀；

·健康人格教育：自尊、自信与直率性格的培养；

·感恩教育与生命情怀的养育；

·临终关怀与死亡教育；

·人权教育——公民的人身权利，文化与社会权利；

·以保护生物多样性为目的的生态环境教育；

·国防与世界和平教育等等；

·敬畏生命与信仰教育。

有研究者发现：根据学生自己的报告，导致中学生轻生的前两大原因，分别为学习压力和个人情感问题，前者占34%，后者占30%。众所周知，学习压力大，是当前中学生存在的最严重的心理问题。因课业任务繁重，竞争激烈，父母的期望值过高，使得学生的精神压力越来越大。

生命教育也要求我们超越和提升传统的道德教育。因为，既不存在脱离人的生活而抽象存在的道德，也不存在没有道德的生活。更为重要的是“道德是为了人们更好地生活，人不是为了道德而存在”。推崇生命教育，主张用生命教育超越和提升道德教育，其理由就在于：道德教育是社会本位、成人中心的，它建立在这样一个假设的基础上，那就是“儿童是没有道德或者是不道德的”。因而道德教育强调外在规范，而不是着眼于儿童的内在需求。

生活是人的生命赖以表征展开与充实的形式。在生命教育的视域中，儿童的生活应包括这样几个层面：自然的、自发的生活——表现儿童内在冲动、童真与童趣的活动；非强制性和组织化的生活。

教育情境中的生活——教育者自觉创设的情境与活动，服务于儿童的成长与发展。不论是自然的、自发的生活，还是教育情境中的生活，都应努力做到：远离危险与意外伤害，确保儿童的安全与健康。学校与校外教育机构都有对儿童进行监护的职能。

主动地、快乐地生活——儿童的生活，是儿童自己的生活，是自由自在的生活，理当没有禁锢，没有恐吓，没有强制，没有苛严的规训；它远离功利、拒绝媚俗，服从兴趣，关注当下。

理智地生活——儿童激情有余，而理智不足；容易冲动，常常将幻想与现实混淆，是其心理活动的主要特征。让儿童学会计划、规划、设计活动，学会合理的期待和对活动的结果的想象是理智的生活品质的要求，这样才可能使儿童学会有责任感的生活。

有创意地生活——不满足于现状，总是试图去改变，不满足于单调的、简单重复的生活，穷尽可能性，换一种方式，在寻求改变中体味生活的乐趣。

生活总是与对生活的感受相联系的，儿童的生活也不例外。引导儿童接纳生活、品味生活，感知生命的复杂性、偶然性和神秘性，培养儿童对于生命的庄严感、神秘感与敬畏感，是我们关注儿童生活的意旨所在。让我们一道构筑保卫童年、守护童真的坚固防线！

没有人能阻止你更多地爱自己，爱自己最好的方法就是使自己变得更加完美。我们期待着通过生命教育使课堂焕发出生命的活力，提升师生校园生活的质量，并进而树立起生命神圣的观念，在生命的根基上确立起人的内在的不可让渡的尊严。我们期待着通过生命教育，学校变得更有吸引力；通过生命教育，个性变得丰富而舒展，人格变得正直而强健；通过生命教育，幸福从此熙熙攘攘，幸福从此溢满心房。

记得我上学的时候,班上有一个姓陈的女同学,长得非常瘦小、单薄,很明显属于营养不良(这是我上了大学以后才意识到的,当时根本意识不到这点)。有一天,她的同桌说她身上有味,于是就有一些调皮的男同学羞辱她。后来,经常在老师不在场,诸如课间休息的时候,一些同学只要从她身边走过,就说她身上的味道难闻,于是就打她,其他同学也跟着起哄,拿她取乐,你一下我一下,好像根本没有人在意她的感受。她也不还手,任由同学欺侮,她一般都是趴在桌子上哭。这种情况从小学三年级,一直到我们小学毕业(当时学制是小学五年,初中两年,高中两年),我不记得老师出面关注过这件事, 也不记得有同学出来制止过这种胡闹,更不记得她的家长为此事来过学校。

我当时个子小小的,坐在前排,也是属于弱小的一类,可我也参与过对这位女同学的欺侮,当时一点也不觉得有什么不妥。现在想起来既羞愧又内疚。每次回老家只要见到小学时的同学,就会问起这位女同学的生活境况。可大家各奔东西,彼此知之甚少。不知道她今天是否过得还好,更不知道那段经历给她的人生带来怎样的影响。

我今天作为一个关注和思考教育的人,觉得我的那位同学是多么不幸,几年里都生活在同学肆意的欺凌之中,这样的生活是多么的灰暗。其实,不幸的又何止是她呢?我们这些欺侮她的同学,幼小的心灵中缺少爱与怜悯,缺乏温暖别人的需要和力量,将自己卑贱的快乐建立在别人的痛苦之上,不也是不幸的吗?在一个人的人格形成期(一般为0~20岁),如果有过严重的被人欺侮或欺侮别人的经历,那么就不太容易形成正直、光明和健康的人格。只有在充满温情与仁爱的氛围中,才能生长出和煦、细腻、体贴的心灵。

有一个问题一直萦绕在我心中:国人心中为什么有那么多仇恨?素不相识的人们往往因为一点点摩擦和冲突,而拳脚相向大打出手,甚至欲置对方于死地。依我个人的体验,我觉得是因为生活中的极不便利,在人们心中积累着点点滴滴消极情绪,一旦有机会发泄,就会像火山一样喷发。而生活极其的不便,又是因为大家眼中只有自己的利益,而很少为他人着想,严重缺失人文关怀。我们社会中,一些人只要自己过得好,别人怎么样是不在他的视野中的,包括许多身居要职的人,非常的狭隘和自私。

近些年来,我也常常发现小小年纪的孩子,因为内心缺乏对他人半点仁爱和宽恕,其行为充满了野蛮和残暴的事层出不穷。在重庆市郊,几个孩子将一身体十分羸弱的流浪汉活活打死;十几个女中学生,对一个与她们志趣不同的女同学大打出手,致使其残疾。在湘潭,一个初中女生被歹徒强暴,先后转过三次学,仍不能摆脱其他同学背后的指指点点,甚至是嘲讥和羞辱。至于一些孩子追逐、戏弄、取乐因患精神病而流浪在外的病人的事就更是常有发生。

在一些农村学校和城市的薄弱学校,比较严重地存在着以强凌弱、以大欺小的校园暴力,至于取绰号、嘲笑、捉弄、孤立、歧视等校园软暴力就更为普遍地存在。前不久,我在报纸上看到,福建南安一位刚上初中的女孩子不幸死去了,经尸检发现,是长期的伤害导致她脑出血而死的。后来调查发现,伤害她的正是坐在她身后的男同学。她死前经常说她的头很痛。在长达四年多的时间里,她无数次地遭受到那位同学无故地朝向头部的打击,那是一种怎样惨烈的经历。这又一次使我想到我那位姓陈的女同学。

下面这两个真实的事例也许更能够促使我们深度反省：2005年5月21日那天，桂林一中年女子站在香江饭店第11层的窗台上欲跳楼，围观者挤在楼下看热闹。据当地媒体报道：围观者情绪高涨，像在看白戏，“有的人甚至说着风凉话，‘她肯定不会跳’，有人还拿着望远镜观察，更离谱的是一中年妇女居然手提着几只望远镜向围观者叫卖”。这个兜售望远镜的女人应该是中国最具商业头脑而最缺乏人文情怀的人吧。

2005年6月3日，上海，一青年女子爬上一幢正建高楼的窗外平台，与往常一样，围观者总是比警察先到现场。据媒体报道，围观者有“数千名”，场面颇为壮观。到后来，“起哄的现象也越发严重”。“一群小伙子满脸嬉笑”，每当那个自杀者接近边缘，“他们就会发出一阵欢呼”。一群女学生唧唧喳喳地说笑着，不时喊上两句：“快跳啊！”那番激情似乎在欣赏一场明星演唱会。

为什么会是这样？我不断地问，我不断地想。我终于发现，我们的文化中缺乏博爱的精神元素。我想，人们不会忘记，在“文革”期间（1966—1976），生命情怀的缺失和对生命尊严的践踏简直到了无以复加的地步。在许多公开场合，为了“批倒批臭”刘少奇先生，把他画成“酒糟鼻”，极尽丑化之能事。一些公开出版物称蒋介石先生为“蒋该死”。连对两千多年前的孔子也不放过，十分轻慢地称他为“孔老二”。对于“地富反坏右”，要将他们打倒在地，再踏上一只脚，叫他们永世不得翻身，真够狠毒的！这种充满暴力的语言形成的心理基础是什么？它又将产生怎样的影响？我不知道是否有学者研究过，反正，当时只有十岁的我真恨不得将“一切反动派”不仅要斩尽杀绝，而且要铲草除根。这样想的时候，觉得理所当然，天经地义，内心充满了正义感。

我深切地感到中国人是比较讲亲情，而不太讲博爱。而缺乏以博爱为精神底色的亲情也就难免打上世俗与功利的印记，从而变得不那么纯粹、博大和厚重。自古以来，我们的社会中就弥漫着对强者的仇恨和对弱者的歧视，充满着对特权的追逐和眼热，而对于公平与正义的吁求和呼唤，是那样的稀缺和微弱，这恐怕是许许多多问题的症结所在。人类世界是由一个个生命组成的，因此，一个健康的社会，必然要将生命看得高过一切。有鉴于此，在我们的教育中，着力培植生命意识，高扬生命情怀，对于我们文化和国民性的改造，无疑是十分必要的。

美国全球教育的启示

当今世界的一个主要趋势就是:人类文化的一体化和民族文化的多元化——这是同一过程的两个方面。全球意识与人类意识和开放意识有着密切的关系。全球意识的核心就是对于整个人类共同利益的关心和对人类赖以存续的唯一的地球的爱护与关心。因此,全球意识也是一种价值观念和道德规范,是现代公民素质的重要方面。全球教育不仅为各个国家、各个地区日益密切的相互依赖所必需,也是个人素质全面发展所必需的。

为了学生素质的全面发展,我们有必要促使个人与整个人类进行普遍的交往,以便使个人从人类的差异性和多样性中吸取营养;让年轻的一代通过感知、理解和鉴赏人类价值观和利益的共同性和差异性,学会透过自己民族文化的观点观照其他民族的文化,也能从其他民族文化的观点透视本民族的文化,从而使他们真正能"胸怀祖国、放眼世界",能自觉地、富于鉴赏力地从世界其他民族文化中吸取有价值的东西,使我们民族文化更具世界意义,使中华民族为人类作出更大的贡献。

这就需要跨文化教育(intercultural education)。跨文化是"关于不同文化的知识和理解,以及在一国内部各种文化成分之间和世界各国不同文化之间建立积极的交流与相互充实的关系"。跨文化教育是对呈现某一文化的人类群体的受教育者进行相关于其他人类群体的文化教育活动。开展跨文化教育是要"促进对文化多样性的尊重、相互理解和丰富",增进国际理解,并使同各种排斥现象作斗争成为可能。日本战后民主人士津田道夫在《南京大屠杀和日本人的精神构造》中一针见血地指出，“圣战的蛊惑结合日本国民中弥漫的他民族蔑视感，使得普通日本官兵对大屠杀没有丝毫抵触感和心里不安”。历史证明，从小被灌输只有日本好的日本民族是可怕的。

跨文化教育其目的应是引导这些受教育者获得丰富的跨文化知识，养成尊重、宽容、平等、开放的跨文化心态和客观、无偏见的跨文化观念与世界意识，并形成有效的跨文化交往、理解、比较、参照、摄取、舍弃、合作、传播的能力，从而通过教育层面的努力，消解跨文化冲突，建构和谐的跨文化社会，促进整个人类社会的发展。

基于以上认识，我们向读者介绍美国教育界关于全球教育的理论和实践，以便我们更全面地实施素质教育。

随着世界社会经济结构的变化和美国社会的全球化，美国的教育结构也发生了相应的变化。在不断全球化的美国社会里，全球教育自然成为每个美国公民的理想的选择。美国人为自己跨世纪的一代青年起了个名字叫做“Global Generation”，意即“全球的一代”。未来的社会将更需要这样一类人才：他们能掌握多种语言，熟悉全球各地区主流的、非主流的文化，在不同的文化环境中有极强的适应力，乐于并善于同不同地区和民族的人们交往。在美国教育界看来，全球教育应该通过以下几个方面来进行：

首先，全球教育应给予学生充分的、多种多样的国际知识并展现出它们的历史性、文化多样性和其不同的意识形态。其次，全球教育的项目和课程应给参与者提供能够表达他们世界观的方法，并能使参与者了解个别社区所持的世界观的核心价值。再次，全球教育应给学生介绍广泛的分析和评估技术，为学生在未来生活和工作中分析、认识问题打下基础。最后，全球教育应为学生介绍一些实际工作中的策略，以便学生更好地理解和参与国家和国际事务。这样的全球教育可以使学生更好地了解社会、了解他人、了解国际形势的发展，站在不同的文化角度上分析其他文化，以增强学生对世界各民族的了解。

另外，全球教育也是学校变革的动因。通过对佛罗里达州戴德县（Dade County）263所学校中实施全球教育的164所公立学校调查，发现全球教育是学校变革的真正动因。主要表现在以下几个方面：

第一，全球意识的引入使教学内容更接近学生的生活实际。受过全球教育训练的教师将历史与现实巧妙地结合起来并科学地预测未来的发展趋势。现实的事件由于与历史巧妙地结合起来，于是反映出了它的现实意义。这些事件对其他国家和人民直接或间接的影响也从而得到了研究。在研究中，地理知识和分析技巧的应用使学生对各国的地理位置有了更好的了解。

第二，受过全球教育培训的教师热情高昂。他们的新教学方法确保了一些教学技巧在教学过程中能得以应用。这些教师有创新的自由。教学方法更注重以学生为中心。教师是学生的帮助者和引路人而不是"唯一的智者"和"注意的中心"。教师感到富有活力和责任感，师生配合更加密切。

第三，接受全球教育的学生热情高昂。和教师一样，学生对求知也充满热情。并且，当教师启发学生思考的时候，学习对学生来说似乎成了一种乐趣。学生在课堂中的积极程度和在考试中的成绩都比以前明显提高。

第四，学校管理人员、教职工及全体成员的合作关系有明显加强。共同的目标加固了彼此的关系。集体意识进一步确立，自豪感和主人翁的责任感油然而生。

第五，家长和社区成员以不同的方式参与到全球教育中。在一些地方，家长成了一些具体活动的组织者和领导人，如制作民族服装、烹饪民族食品等。

第六,全球教育加强了民族内部和民族之间的理解。使人们对不同民族的文化传统和贡献有更深刻的了解。全球研究和活动有助于减轻多种族、多文化、多语种的城市社区的紧张和冲突。

实施全球教育的途径和方法很多,但主要要从以下几个方面思考:

(一)全球教育中课程建设 美国人越来越意识到他们未来的生活和希望与整个世界的发展密切相关。这一观点得到了领导人、教育家和普通公民的一致赞同。美国一些州,如新泽西州、加利福尼亚州、佛罗里达州、明尼苏达州等都通过了一些决议,来发展全球教育。他们共同的口号是"通过学习人文学科,加强国际间、跨文化的知识与能力"。但是真正改革来自于学校这一层。如果教师希望把全球观念带入课堂,这已有现成的项目供他们使用;如果学校愿意增添新课程,也有新的科目供其所用。要真正做好课程改革工作,就应给教师充足的时间,让他们对课程进行反思,在教师间彼此合作,在学科间取得沟通。

(二)学校领导与全球教育 学校领导作为教育的决策者和决策的执行者应对学校在变化的世界中的作用有清晰的认识并应具备推广其见解和鼓励人们朝此奋斗的策略。要很好发挥学校领导在全球教育中的作用应从以下几方面入手:

1. 校长必须把全球教育作为一种坚定的信念与教师沟通,并为教师提供设计、执行、评估课程、教学实践等方面与全球教育相关的材料,同时提高自身的知识水平和工作技巧。

2. 学校文化常模必须起到支持变革、支持同行交往、尊重教师的作用。

3. 教师骨干应把自己对全球教育的深刻认识在同行中进行推广,并能把同行的变革动力导向这一认识。同行们应认识自己到对学校、地区和社区所担负的责任。

4. 支持全球教育的校外机构必须保证建立在学校领导阶层

周围的对全球教育有清楚认识基础之上，以避免全球教育的盲目性。

对学校领导来说，全球教育不仅仅使孩子了解世界，同时能使个别学校达到自己的目的，并带来课程和指导方法上的巨大改观。

（三）教师的成长与全球教育 在美国，全球教育以一种激励人心的力量给教师带来了新的活力。在对参加全球意识教育实验的11所学校的调查表明，全球教育对师生的意义有三点：①促进师生对跨文化知识的了解，加强对新知识和新观点的认识和掌握；②将整体学习的方法引入教学中，这不仅增加了学生对跨学科知识的掌握，而且培养了学生的整体心理素质；③加强了学校与社区的合作关系。

由于全球教育以上三方面的影响，教师在实施教学中的作用得以充分体现。教师对学生的学习材料有充分的选择自由。教师的想象力和创造力在课程设计中得以充分发挥。网络活动成为教师最喜欢的活动。通过这种活动，教师与同行交流思想，吸收同行的经验，解决自己面临的问题。全球教育给教师高度的信任感和选择权。教师在应用自己创造和设计的课程中感到新的活力。

（四）全球教育中的中小学与大学的伙伴关系 在全球教育中有效地建立持久的中小学与大学的伙伴关系的基本原则是：①注重校园文化建设与领导的作用；②全球教育应面向全体；③伙伴关系必须使双方受益；④对全球教育的概念应有统一的认识。

像其他任何一项有意义的工作一样，建立成熟的中小学与大学的伙伴关系也需要时间、耐心和毅力。彼此从中收到效益也并非一朝一夕之事，它需要双方的长期合作。其收益主要表现在两个方面：①中小学和大学师生从全球的合作项目中获得新知识；②这种伙伴关系为职前和在职教师间的沟通创造了机会。中小学为职前教师提供了指导教师和实习场所。指导教师每年至少可以有一天的时间去大学接受高级培训。

（五）全球教育与社区 深入到社区的全球教育无疑是最理想的全球教育。它不仅增加了给学生指导的机会，扩大学生学习机会，同时得到社区的支持。学生通过探究国际大事和其在本地区的反映和表现，增强了自身对全球事务的了解。遥远而复杂的全球问题因而变得具体和切近。同时这也使学生通过探究社区问题而联系到全球问题，激励人们用跨文化的方法来观察问题。

以社区为基础的全球教育的意义在于：①有利于新课程的制定，使课程能及时反映时代的需求；②促进并加强跨学科知识的实际应用，有助于实现教育目标；③有助于收集教学材料；④可以鼓励社区成员对全球教育的支持。

以上种种方法在使用时并非彼此孤立，而是相互联系的。只有全面系统地考虑和使用这些方法，才能使全球教育得以正确地实施和发展。

总之，美国的全球教育实施的指导方针有三点：①尽可能清楚地解释什么是全球教育和其在当前社会中尤为重要的原因；②为那些有志参与和发展全球教育的人提供方法性的指导；③展示全球教育是如何作为一种途径给学校工作带来了帮助和活力。

联合国教科文组织教育发展委员会《学会生存——教育世界的今天和明天》一书在谈到未来教育的目的时，把“国际理解教育”视为重要内容，指出：“教育有一个使命，就是帮助人们不把外国人当做抽象的人，而把他们当做具体的人，他们有他们自己的理性，有他们自己的痛苦，也有他们自己的快乐，教育的使命在于帮助人们在各个不同的民族中找出共同的人性。”

美国全球教育的理论和实践，对于改革开放的中国，对于日益成为国际舞台上有着重要影响力的中国，无疑是具有重要的参考价值的。人类必须高扬正义的大旗，声讨一切的人间不平等，反抗新殖民主义和帝国主义欺压弱小民族的行径，歌唱人道主义，维护世界被压迫民族和人们的利益。我们仍然不能无视这一残酷的现实:今天世界许多地方的人民仍然遭受着种族、文化和阶级的压迫。

美国全球教育的理论和实践,尽管隐隐约约地使人感到有一种“美国中心主义”或“霸权主义”的幽灵,但在一个国际化的今天,在这个日益变小的地球上,除了也加强全球教育,使我们的国家和公民个人在世界舞台上扮演更多、更重要的角色,我们别无选择。而且,这也是我们对各种形式的霸权主义的一种有效的遏制。

道德教育与学生的生活世界

由于我们谈论的生活是人的生活，因此它的含义就远远超出了生物学上“生存、活着”的意义，而有着深厚的文化旨趣与价值内涵。如果说，“生活”指的是生命的存在状态，那么，“生活世界”指的便是生活实有与应有的畛域。“生活世界”这一概念为德国思想家胡塞尔(Edmund Husserl)所常用。狭义的生活世界概念，指日常的、知觉地给予的世界，即日常生活世界。生命展现于生活，生活是生命的形式。人在世界中展开人的思想与言行，展开人的生命与人生历程，与个人实际生活发生真实“牵涉”的世界的总和构成人的“生活世界”。

教育是对现实的、具体的人的教育，是在现实的、具体的人的生命历程中展开的师生的心灵相遇。因此，教育都是在人的生活世界之中行进的，都超不出生活世界的畛域。教育活动和人在教育中的生活都是属于生活世界的，生活世界是教育的根基和教育可以依持的场域，是教育之所以能够促进学生个体多种品质生成的奥妙蕴藏的处所。

杜威在《民主主义与教育》中认为：“‘生活’包括习惯、制度、信仰、胜利和失败、休闲和工作。”又认为，“我们使用‘生活’这个词来表示个体的和种族的全部经验”。(杜威：《民主主义与教育》，人民教育出版社，1990年版，第3页)杜威常常视生活与经验为同样的东西，如他在《经验与自然》中阐释“经验”的含义时也一同阐明了生活的含义。他说，经验和与它类似的“生活”一样，“既包括人们所做的、所遭遇的事情,人们所追求的、所爱的、所相信的、所忍受的事情,也包括人们怎样活动和接受活动,人们行动和遭受、意欲和享受、观察、信仰、想象的方式”。(《杜威教育论著选》,华东师范大学出版社,1981年版,第272页)杜威视生活与经验为同样的东西其实也就是对精神生活的强调,因为即使是与精神生活相对的物质生活或是生理活动,如果没有精神关照、心灵关照,个体经验就无法生成。

强调关注学生的生活世界,就是要反对教育与学生当下生活的疏离,就是强调教育要切入并丰富学生的经验。所谓经验,即个体在其生活世界中的际遇、经历和体验,是间接经验转化为个体精神财富的中介和“加速器”。体验是理性与非理性的结晶,离开了活动、交往和情境,离开了学生当下的生活,体验就无法生成。

道德教育为什么要关注学生的生活世界呢?

首先,“儿童不可能把自己的生活、自己的印象、自己的感受远远地丢在校门之外,怀着纯而又纯的学习愿望来到学校”。我们关心儿童,不能只关心他们的学习如何,他们的智力发展如何,还应当关心他们的整个精神世界的活动,关心他们的全部生活。因此,我们不能只是在学科上下功夫,在智力的发展上下功夫,而应该在整体的人身上下功夫,着眼于学生的完整的、独特的自我的成全。生活是过程,现在的生活本身就是生活,它并不是将来生活的准备。

如果人专注于未来生活的完满,并把现在一切努力看成是未来生活的准备,那么他就必然会遗忘现在就是生活,无法倾心于现在的生活,以获得现时生活的充盈。布莱兹·帕斯卡尔(Blaise Pascal,1623—1662)说得很透彻:“现在永远也不是我们的目的:过去和现在都是我们的手段,唯有未来才是我们的目的。因而我们永远也没有在生活着,我们只是在希望着生活;并且既然我们永远都在准备着能够幸福,所以我们永远都不幸福也就是不可避免的了。”（帕斯卡尔：《思想录》，商务印书馆，1995年第1版，第83页）重视现在，重视学生当下的生活世界，意味着强调儿童现在的兴趣和能力，意味着关注学生现实生活中的欢乐与哀愁，所面临的挑战与诱惑。

其次，事实上，一个人只有在他经历过种种情绪上的体验，包括遭到挫折和感情的创伤，才能对别人的疾苦有移情的体验。理智能力的发展是道德发展的必要条件，这是皮亚杰和科尔伯格道德认知—发展学说的一种基本看法，但道德发展与认知发展相互平行的现象并不意味着道德判断只是认知水平在道德问题上的简单应用。道德发展不仅需要认知发展，而且还需要社会性的刺激。这种社会性的刺激来源于个体之间的相互作用，来源于学生生活世界中的价值冲突。

再次，人的精神世界的形成是通过某些实际体验来实现的。“人的亲密感情、兴趣、动机的形成，则又是一种方式，不同于掌握某种知识、规则和技巧。譬如，可以对学生讲解某个算术规则或语法规则，让他们做相应的例题和习题，结果他们就会掌握这个规则。但是，假定以善良和同情为题进行谈话，然后布置相应的作业，指望用这种方法培养出善良和有同情心的人，那是不可能的。用这样的方法最容易培养伪君子和伪善的人。”（[苏]列·符·赞科夫：《和教师的谈话》，教育科学出版社，1980年第1版，第41页）由于脱离了学生丰富多彩的生活，因而也就不可能培养出真正的生活者，而生活与生活世界正是道德教育赖以发生的真实背景。

概括地说，道德教育之所以特别应该关照学生的生活世界，是因为只有在学生的生活世界中，在学生的现实遭遇中，在学生内心世界的价值冲突中，才真正蕴藏着宝贵的教育时机，才能够真正开掘出学生道德人格生成与确立的源头活水。关注学生的生活世界意味着对于学生的尊重——对于学生需要的尊重，对于学生独特性的尊重，对于学生当下生活的尊重。而尊重是教育必不可少的要素。强调道德教育必须关照学生的生活世界就是要反对和摒弃那种高高在上的道德训诫，反对和摒弃道貌岸然、煞有介事的“伪崇高”，强调将学生培养成一个诚实和正直的人，人格统整的人，一个平凡、乐观、自信而友善的生活者。

道德教育的目的是为了促进学生的道德成长。学生的道德成长离不开学习。道德学习作为一种学习类型，也必须利用真实的问题情境，成为解决问题的学习。从教条主义出发，脱离学生的真实需要，我们的教育无异于戴着枷锁跳舞。

道德很典型地(尽管并不总是)与克服内在冲突或者不愿为而为之的努力紧密相关。价值冲突在道德教育中的作用是由道德的本性确定的。只有关注学生的生活世界，社会生活中的价值冲突和学生内心的价值冲突在其成长发展中的作用才能进入教育者的视野，才可能去发掘其教育价值。学生道德人格的生成和确立的现实基础只能是其生活世界，舍此，任何教育都只是外在化的装饰。

科学的观察和研究表明，即使是婴儿也决不只是一个客体。就外部活动而言，婴儿是亲子互动的积极参与者，并且对监护者同样具有很强大的影响力；就内部活动而言，婴儿也拥有超乎我们先前所想象的复杂的内心世界。

由此，培养学生敏感的心灵、丰富的体验、细腻的感受，是完整人的教育所需要的。因此，在学校教育中，让学生有更多的活动、更多的参与、更多的平等交往与对话、更多的美感陶冶、更多的与自然界交融、更多地感受到被人欣赏、被人关爱的温暖与幸福，这都是道德教育的现实途径。

关注学生的生活世界逻辑地要求我们的教育对社会生活中的价值冲突与学生内心世界的价值冲突予以关照。社会生活中以及学生所面临的价值冲突，是教育，特别道德教育重要的资源；道德的发展源自社会冲突情景中的社会性相互作用。有争议的价值问题必须由学生在课堂上处理，这些问题因其不确定性可激发学生的道德思维。任何道德价值都是经验的产物，因而是个人的、相对的。每个人都有选择自己的价值并依此行事的权利，同时对选择承担责任。任何人不能也不应该把某种价值观念强加给别人。无视学生的生活世界，无视学生道德活动的主体性，无视社会生活中和学生内心世界的价值冲突，道德教学只会使儿童安于习俗、服从权威，而不能获得真正的精神财富，再合理的道德规范都只是外在的、没有生命力的、束缚人的枷锁，这种道德教育也是道德人格教育所要拒斥和否弃的。

在任何社会中，不仅有占主导地位的价值体系的存在，同时也会有非主流的价值体系的存在，这就使得冲突无法避免。但这种冲突并不完全是消极的。相反，它正是社会道德、个体道德生成、运动、发展的永不枯竭的原动力。特别是在社会变革时期，不同的社会道德之间、社会道德与个体道德之间、不同的个体道德之间的冲突，是整个社会道德进步的源头活水。正是在冲突之中，先进的道德显示其进步性和生命力。

我们要正确认识价值冲突的社会意义，合理地对待社会中现实存在的价值冲突，通过对价值冲突的正视、理解与疏导，推动社会的进步。社会生活中以及学生所面临的价值冲突，是教育，特别是道德教育重要的资源。因为价值冲突对于学生体认社会文化的多元，确立主体性的价值评判标准，实现对社会、他人以及自我的理解与认同，选择实现和提高自我价值的现实途径，都有重要的意义。一言以概之，价值冲突是个人的自由全面发展、道德人格确立的内在动力。

我国目前正处在社会转型时期。置身于开放的世界体系中的中国社会，原来以历时形态依次更替的不同文明时代的价值观念共时性地存在着。这些不同文明时代的基本文化精神在历史演进中都表现出某些方面不可替代的价值，又都展示出内在的某种缺陷和弊端，表现出价值观念上的巨大冲突。这一现象必然反映在我们的教育中，反映在学生的生活世界中。英国著名比较教育学家萨德勒（1861—1943）说："学校外的事情，比学校内的事情更重要，而且它支配和说明着学校内的事情。"（萨德勒：《比较教育学》，刘树范、李永连译，吉林人民出版社，1989年第1版，第71页）对社会生活中价值冲突的正视是与开放的心态和宽容的精神相联系的，而对学生个体内心世界的价值冲突的关注，即是与对个体成长的关注相联系的。

建构主义对学校德育的启示

理论的基本职能是描述、解释和预言。建构主义(constructivism)学习理论是关于个体学习的内部心理过程的描述和解释。它对于道德规范的学习和道德认知能力的发展有一定的解释力，另外,它强调学生的独特性和学习过程中的自主性,因此对提高学校德育的实效性具有一定的启示意义。

建构主义是学习理论中行为主义发展到认知主义以后的进一步发展。我们当今的许多教育观念都与这一理论的基本观点相关联。行为主义的基本主张是:客观主义、环境主义、反馈与强化。行为主义的学习观反映在教育上,认为学习就是通过强化建立刺激与反应之间的联结的链;教育者的目标在于传递客观世界的知识，学习者的目标是在这种传递过程中达到教育者所确定的目标,得到与教育者完全相同的理解。行为主义的缺憾在于无视这一过程中学生的理解及其经验背景。

认知主义认为世界是由客观实体以及客观事物之间的关系所构成。他们与行为主义者的不同之处在于认知主义力图确认学习者内部的认知过程。教学的目标在于帮助学习者习得这些事物及其符号标识,使外界客观事物(公共知识及其结构)内化为个体内部的认知结构。可以说,认知主义强调内化,也就为道德规范灌输敞开了方便之门。

建构主义学习理论主张,世界是不以人们的主观意志而存在的,但是对于世界的理解和解释却是由每个人自己选择的,受着个人的眼界、胸襟和怀抱的制约。我们以自己的经验为基础来建构“现实”，我们个人的经验世界是用我们自己的视界创建的，由于我们的经历和体验以及对它的解释不同，于是我们对外部世界的理解便也迥异。建构一方面是对新事物的意义的赋予，同时又包含对原有经验的改造和重组。所以建构主义者更关注学习者如何以原有的经验、心理结构和信念为基础来建构精神世界。

道德的学习，不仅有认知，更有情感、态度、价值观和行为与习惯。建构主义学习观强调学生的直接经验，强调学习过程中学生的自主性和独特性。学习是学习者主动地建构内部心理表征的过程，它不仅包括结构性的知识，而且包括大量的非结构性的经验背景。学习过程不是先从感觉经验本身开始的，而是从对该感觉经验的选择性注意开始的。这对于改进学校德育具有一定的理论意义和实践价值。让我们想一想：脱离学生已有知识、经验背景和认知水平的空洞、高远、笼统的道德说教和生硬灌输，其效果将会怎样？

让·皮亚杰（Jean Piaget，1896—1980）就曾指出：“逻辑是思想的道德，正如道德是行动的逻辑。”儿童能否掌握道德这门“行动逻辑”或者康德所讲的“实践理性”，其中一个前提必然是，儿童是否具备掌握这种逻辑或理性的概括、判断、推理等逻辑思维能力。因此，发展儿童的智力，尤其是发展逻辑推理能力，是提高儿童道德水平的一个必要条件。建构主义学习观将学生认知发展水平作为掌握知识的一个必要条件，强调了认知活动在个体精神生活中的基础地位，对学校德育亦有借鉴价值，特别是对于反对道德蒙昧主义有着重要的启示意义。

对于个体而言，道德包括内部动机和外显行为。由于道德发展反映于个体的道德判断和推理能力的发展，道德发展与认知发展就有密切的关系。个体的道德发展蕴涵于其认知发展之中。认知阶段的发展是道德阶段发展的一个必要条件，也限定了道德发展所能达到的水平。学生的道德判断、推理的结构，是在其基本认知能力的基础上，与他人相互作用过程中，把自己的社会经验（主要是道德经验）加以组织化的结果。正是这样的结构，决定了一个人得以形成某种道德观念或价值观，使一个人面临道德问题时，据此来确定判断和推理应遵循的方向。一个人如果不理解道德观念和准则、缺乏基本判断和推理能力，就不会有自觉的道德行动。道德行为是指那种存在着价值冲突的道德情境中作出缜密决策的行为，而不是那种单纯的顺从行为，那种单凭机械训练养成的刻板反映并不是良好的道德品质的表现；品德心理成分中认知才是道德发展的引导机制，情感则是一种被激发了的力量，一个人情感只有被认知引导到道德的方向上才具有道德价值。

科尔伯格的道德认知发展理论认为：行为的道德性质取决于行动者对道德情境和行为的理解，而行动者对道德是非的理解又是决定其对情境与行为理解的重要因素，因此道德判断是道德行为的有机组成部分。

科尔伯格在其道德认知发展理论基础上，对传统德育进行了彻底的反叛。他一反传统德育理论把儿童看成"包装美德的口袋"（a bag of virtues）的看法，鲜明地提出："我们是根据道德判断或一个道德观点的形式特质而不是它的内容来理解道德的。"他在《发展是教育的目的》一文中指出："道德的发展源自社会冲突情景中的社会性相互作用。道德既非给定的文化价值的内化，也非自然本能和情感的展开。"（L.Kohlberg & R.Mayer："Development as the Aim of Education", *Harvard Educational Review*, Vol.42, no.4, November, 1972, p454）科尔伯格的这种道德哲学直接影响了他的道德教育理论，他反对道德灌输，而把道德教育的重点放在促进道德思维能力上，更确切地说，是在道德判断的结构和方式上。科尔伯格试图把儿童从传统德育的那种被动性中解放出来，帮助儿童通过自己的理性和推理能力实现道德上的自主。

个人建构究竟是一个什么样的过程呢?当代美国心理学家凯利认为:

第一,个人建构是不断发展、变化和完善的,可推陈出新,不断提高。

第二,个人建构因人而异,在他看来,现实是各人所理解和知觉到的现实,面对同一现实,不同的人会有不同的反应。

第三,在研究人格的整体结构的同时,不能将其组成部分弃于一端,而应努力做到整体与部分、形式与内容的有机统一。

第四,当人们总用已有的建构去预期未来事件时,不可避免地要遇到一些困难和麻烦,新的信息和元素需要加入到原有的建构之中。

第五,他强调一个人要获得一种同现实十分一致的建构体系绝非轻而易举,要经过大量的探索和试误过程。

为了有效地促进学生的自主建构,从而促进学生的道德发展,以下几点是值得我们予以重视的:

(1)教师在学校里肩负着帮助学生增加他们的自我价值感和获得成功的责任。为了在学生中培养自尊心,教师在教学中建立协助关系是必需的。促进个人成长和自尊心的条件包括移情作用、积极关注、和谐一致和表达具体。教师的任务除了理解这些条件和它们的意义之外,还要想方设法在课堂里作好创设这些条件的准备。此外,他必须认清学生对个人自由和不必担心他人监视的需要。最主要的是安心而自由的学习才能使学生做到这一步。

(2)道德发展包括认知和情感的发展,特别是移情性的理解能力的发展。儿童道德的发展很大程度上基于个人经验。经验培植信念。因此,学校教育的各个环节都应为学生探测情感、考察态度、明确价值观、学习如何有效地进行交往以及为发展处理人际关系的技能提供指导和机会,创设有助于丰富和提升学生道德体验的情境和氛围。

(3)在公开讨论中,儿童必须感到可以自由地大胆检验他们的想法。教师通过鼓励儿童真正的尝试,支持那些大胆谈出不明确的想法和供选择的解释或其他推测的儿童,来帮助建立一个心理安全的环境。此外,教师不试图掩盖她弄出的任何差错,对于诚信自觉履行具有榜样的价值。教师力图让学生明了:人是会有过错的,过错提供反馈,构成学习过程的一个自然和重要的部分。

(4)让儿童学会建造规则。课堂上的社会相互作用指的是"一个整体范围上的智力相互交流和关系, 以及道德的和理性的合作"(皮亚杰)。教育情景中活跃的道德目标,是发扬每个人出自本心的精神,允许他们独立作出决定,尊重别人的自由和权利。儿童不仅能够遵守规则,也能够建造规则。为了鼓励学生自主性,教师尽可能地少一些干预,让儿童有自己做决定的机会。通过制定课堂活动的起码规则, 使儿童发扬一种代替教师权威的社会义务感。这些规则是当儿童认识到他们的必要性时才建立的,不是在他们尚未理解之前,由教师把现成的东西强加给他们。儿童建立他们自己的规则,并开始遵守,他们将辨别违犯的行为,并愿意接受协商的结果而不失自尊。同样,他们也将认识到有些规则需要修正。在建立和重建规则的过程中,儿童逐渐学会听取和协调他人的意见,这就包括学会退让、放弃和妥协,从而导致相互尊重的发展。

市、县(区)两级教育局的教育局长或副局长兼任某一学校的校长(或党委书记),这在全国各地都不难发现。我也还没发现有人对其合理性提出过质疑。这在我看来,是不合理的。

之所以不合理,原因就在于:在今天,即使公立学校之间实际上也是存在着竞争的。既然存在着竞争,作为政府官员的局长们,既当运动员又当裁判员,就有可能破坏公平竞争的环境——在资源的分配上,在对学校的评价上,都有可能出现不同程度的倾斜。同理,一些高官政要在大学担任职务,即使只是作为"普通"的教授,都不利于大学之间公平竞争的氛围的营造。这在文明社会中不过是常识,到了我们这里,社会精英们对这一基本常识也都表现出极度的"无知",不知是有意还是无意。

在全国的大中小学的校园,"八荣八耻"的宣传张贴画是随处可见。我们已经形成了一种传统:为了表示对某一事情的重视,掌管宣传的有关机构就会指示要在中小学"进课堂"。"八荣八耻"自然要进课堂,我担心随之相应的针对中小学生的各种"宣传读本"就会粉墨登场。最终究竟谁是"进课堂"的受益者就只有天知地知你知我知了。

人之所以不同于禽兽,就在于人有羞耻之心,这大概古今中外头脑清明、心地正直的人都能认可。何谓"荣",何谓"耻",也不难达成共识。只是小小孩童,要能真正理解何谓"骄奢淫逸"恐怕有些困难。

在今天的中国，除非一些无良商人、暴发户，钱来得容易，花得也痛快，有可能骄奢淫逸，还有就是掌握实权的科级以上的政府官员，也有可能骄奢淫逸。普通工薪阶层即使想“骄奢淫逸”，怕也是“心有余而力不足”，更不用说广大中小学生了。我认为“以艰苦奋斗为荣，以骄奢淫逸为耻”重点要进大学课堂，尤其是党校课堂。

中小学教育是基础教育，教育内容应该是具有相当的稳定性的人类的基本经验和核心价值，而不是赶潮流似的“见风就是雨”。这并不是说在教育内容上不要与时俱进，而是要保持教育的相对独立性，只有那些经受了历史检验的东西才能成为教育的内容。应时的代价就是过时，趋炎附势的后果就是价值的虚无，这是一再为历史所证明的。

至于一些学校在中小学开展“廉政教育”就更是荒唐和滑稽。试问：那些贪官们受的“廉政教育”还少吗？他们难道不清楚为官应该清廉吗？本来是制度设计要解决的问题非要教育来承担，不仅会是低效和无效，甚至可能负效。

看2006年硕士生考试的政治理论的复习资料，我几乎要拍案而起。这是些什么东西呀！现在都21世纪了，怎么还有人在向年轻学子们不负责任地推销这样一些陈芝麻烂谷子的东西？那些政治理论考纲的设计者们，那些复习资料的编纂者们，你们的良知哪里去了？这种种的说法你们自己相信吗？你们觉得符合常识吗？你们不觉得在自欺欺人吗？你们知道这样做的后果吗？如果我们不能区别西方原始积累时期的资本主义与当代发达的资本主义，而是不加分析、不加区分地说资本主义如何地充满罪恶和血腥，只能说我们是睁眼说瞎话。

我并不反对在硕士研究生入学统一考试中包括政治理论考试，因为这对于引导青年学子关注国际国内大事，关注国计民生，确立思想方法论的意识，系统全面思考社会、历史、人生的一些重大问题，是有积极意义的。但问题是，我们要给予他们以怎样的价值观的引导。如果政治理论的考试所要求掌握的内容是无助于年轻学子头脑的开放、实事求是地看待人类社会历史发展的过程和未来趋势，而是牵强附会、强词夺理，仍然深陷在思想僵化的泥潭里自欺欺人，那么，其后果就只能是思想上的误导，最终造成思想上的叛逆，无端浪费社会资源，浪费年轻学子的时间与精力。

有高度的教育

谁可以称作“教育家”

现在被称之为“教育家”的人越来越多。这既有可喜的一面，也有值得忧虑的一面。可喜的是，这反映了教育探索日益受到人们的重视和关注，教育创新已是蔚然成风，而且许多教育界的同仁的确取得了一些骄人的成绩，以“教育家”称誉之也算是实至名归。值得忧虑的是，“表面的繁荣”背后是太多的急功近利、没有立场和根基浅薄。在我看来，并不是在教育工作中做出了一点成绩的人就可以称之为“教育家”，正如手艺非凡的工匠不能称之为“艺术家”一样。“教育家”称号的贬值，会使得人们缺乏更为高远的追求。

所谓“教育家”，他必须至少符合以下两个标准的一个：一是代表他所在的时代，具有原创性地回答了教育理论中最基本、最核心的问题，提出了具有解释力的概念和理论命题，其理论影响了同时代人对教育的整体认知和理解，丰富着人类的思想宝库。

二是其实践探索影响了同时代的人的教育行为方式或丰富、提升(或改变)了人们对教育的情感、态度、价值观，树立了具有时代精神的教育者的人格风范，这种影响并有可能延续下去并融入教育的传统。

作为一个教育家，他不可能回答时代变迁、教育发展所提出的所有重大问题，但他一定能够创造性地、开拓性地回答一两个关系一个时代的教育方向或教育效率或教育品质的问题，在对教育的系统思考的基础上提出鲜明的、体现着时代精神的、具有深远的历史意义的教育主张。蔡元培先生在《对于新教育之意见》一文中指出："政治家是以谋现实幸福为目的，而教育家则以人类的终极关怀为其追求了。故而前者常常顾及现实，而后者往往虑及久远。"（《对于新教育之意见》，《蔡元培全集》第二卷，中华书局，1984年第1版，第130—131页）教育家应该是高瞻远瞩的人。

作为一个教育家，他的教育探索和努力的方向一定会赢得众多的追随者，并引领和感召着他们的探索和成长。他实践着的精神或个人人格的魅力影响着许许多多的学校和教师，并进而形成着一种风气，一种模式，甚至是一个运动。陶行知先生在《第一流的教育家》这篇文章中写道："今日的教育家，必定要在下列两种要素当中得了一种，方才可以算为第一流的人物。一是敢探未发明的新理，二是敢入未开化的边疆。敢探未发明的新理，即是创造精神；敢入未开化的边疆，即是开辟精神。创造时目光要深；开辟时，目光要远。在教育界，有胆量创造的人，即是创造的教育家；有胆量开辟的人，即是开辟的教育家，都是第一流的人物。"（《时报·教育周刊·世界教育新思潮》，第9号，1919年4月21日）

按照上述标准，近现代中国教育中，仍然健在的不好评论，已经故去的人中，只有陶行知先生（1891—1946）和蔡元培先生（1868—1940）可以称之为"教育家"。这个结论有些令人感伤。其实，这也是在相当长的时间内盛行的"口号代替理论""强权就是真理"的必然结果。

作为一个教育家的首要条件就是：他是一个自由知识分子，他坚定地反对一切个人或利益集团利用教育来谋一己之私利，有"面对强权说出真理"的胆识和勇气。其次才是热爱教育，关注人的成长，对人生和社会抱以极大的热忱；他对人性有深切的理解，并知道如何去引导成长中的个体求真、向善、臻美。

虽然有世界级的教育家，如约翰·杜威（John Dewey，1859—1952），但任何一个教育家都是在一定的文化中成长起来的。正如约翰·杜威代表着美国自由民主的思想一样，中国教育家的教育探索就应该充分地体现中国风格、中国气派、中国情怀。但他的教育探索应该与人类文明发展的方向相一致，在中国风格、中国气派、中国情怀中自觉地融入人类的核心价值，如自由、民主、平等、博爱、人权等等。惟其如此，中国教育家才能代表中国为人类文明作出贡献。

何谓“学术能力”

“学术”是一种探索真理的社会实践活动及其成果。作为探索的成果,“学术”指的是“有系统的、较专门的学问”。学术能力(academic ability)即是从事学术研究的相关素质。一个人的学术能力具体表现在以下六个方面:问题的发现与提出的能力、文献的收集与整理的能力、概念的生成与厘定的能力、作出学术命题的能力、设计研究过程的能力以及对学术前沿的敏感。

学术能力首要的方面就是发现问题与提出问题的能力。进行任何一项学术活动,若没有问题意识,将是无从下手的。学术史上,很多理论的提出,无不与问题意识有着密切的关联。许多富有学术造诣的学者,他们的问题意识都特别强。

问题是思维的起点。没有问题,就不可能有探究问题的意识与动力。人类天生就具有很强的探究本能,对任何事物、事情、事理都有天然的、与生俱来的好奇心。有探索意义的问题不仅与我们理智的好奇心有关,也都与我们的价值取向和责任感相联系。比如说,如何提高课堂效率?这就涉及什么是课堂效率,为什么要提高课堂效率。一个敷衍塞责的人,一个得过且过的人是不会探索这样的问题的。

问题发现了之后,紧接着就是问题的提出,即发现的问题究竟是一个怎样的问题。这就需要我们对所发现的问题进行提炼与概括。

其次是文献的收集与整理的能力。文献是深入探讨学术的必要资源。资源的占有量的多少与质的高低往往决定着学术质量的优劣。没有足够的、高质量的文献作为学术研究的基础,我们将会做很多无用功;有足够的文献参考,我们就能够将学术思维的触角延伸到更远的地方——伟大的物理学家牛顿说,站在巨人的肩膀之上,我们才能够看得更远。

文献占有有两项细致的工作:其一就是文献的收集,其二就是文献的整理。文献的收集首先是查找文献。文献的收集需要很多技巧,否则,在浩如烟海的资料中却找不到对自己的研究有任何帮助的文献。那些学术成就很高的学者,他们往往都有很强的文献收集能力,能够迅速、准确地找到适合自己的学术研究的必备文献资料。

仅占有文献材料还是不够的。这就需要我们对文献进行归类与整理。占有的文献中,有的是基础性的,有的是前沿性的;有的是拓展性的,有的是辅助性的;有的是理论性的,有的则是实践性的等等。因此,如高效率、准确地将这些资料分类整理,这是一项非常关键的工作。马克思当年为了写《资本论》,在大英图书馆查阅了大量的文献资料。如果他没有文献整理的能力,恐怕很难在有生之年完成这一宏篇巨制。有些研究者占有了大量的宝贵的文献,可是由于缺乏科学的文献整理的能力,因此导致了文献使用、引用、援引的不当。对于学术研究而言,文献的整理是一项毫不亚于文献搜集的重要工作。

再次,学术能力表现为概念的生成与厘定的能力。概念的生成是指从所发现和提出的问题之中形成核心概念的过程与结果。学术研究需要以概念为基石。学术史上那些取得卓越成就的大家们都是生成与建构概念的高手。这些大师们创造出一套属于自己的独特的学术概念,并在此基础上建设自己的学术大厦,这些概念是我们后人理解其深奥学理的门径。

在学术研究的过程中,有时需要提出一些概念,有时需要借用和移植一些概念。不管是原创的概念还是借用和移植的概念，都需要进行界定或阐释。这样一来，概念指涉的对象、内涵就明晰化了。通过这一工作，让读者明白这些概念究竟指称的是什么。在当今这个浮躁与功利的时代，不少学人往往喜欢造弄一些新词，或者从国外舶来一些概念，动不动就是新名词、新概念、新术语，卖弄自己的学问有多么的深刻，好像别人不懂他的新东西就意味着自己比较高明。但事实上，这些人往往也不知道究竟他所言说的东西是什么，模糊而且会自相矛盾。这就是为什么我们认为概念的厘定是一项非常重要的学术能力的原由。

第四是作出理论命题的能力。在逻辑学中，命题指“表达判断的语言形式，由系词把主词和宾词联系而成”；在数学或物理中，指“要进行某种说明的问题”；在社会科学中，指“比概念更为上位的、运用一组概念而构成的一个特定概念链”。命题是学术研究的重要的成果表现的形式。

对于学术研究而言，仅有概念是不够的。学术需要有命题的支撑。因为，命题能够将概念所不能言指的对象说明得更加清楚，指涉得更为明了。从命题出发，我们能够进一步扩展学术的疆域，能够将概念的力量延伸至更广阔的领域，从而充实、丰盈学术大厦，使之更为坚实、更加辉煌。所谓作出命题的能力，其本质上就是指建构一组组为了将概念联系起来成为一个整体的概念链的能力。命题能够使思想得到简练、精到的表达。命题之于学术的价值就在于它的精简与扼要能够准确地表达深刻的思想。

在学术思想史上，没有哪位大家没有命题。就教育学来说，实用主义教育大师约翰·杜威在其力作《民主主义与教育》中就提出了许多非常有影响力的命题，比如，我们所耳熟能详的“教育即生长”“教育即生活”“教育即经验的改组改造”。这些都是将概念根据一定的意义串联而成的对当世与后世都有巨大影响的教育命题。

第五是设计研究过程的能力。基于所要研究的问题以及对于问题的假设来设计研究的过程。研究过程的设计,就好比是建筑的设计一样重要。

设计研究过程,首先要设计研究的基本步骤以及所采用的研究方法。对于任何一项学术研究而言,无论是自然科学还是人文社会科学,方法论都对研究的水平起着决定性的作用。方法论作为指导学术研究的宏观要旨,它就像指南针或者罗盘一样,能够确保我们的研究进程的准确性。不同的研究领域需要不同的方法论,不同的研究课题需要不同的方法论,不同的研究对象、不同的研究主体、不同的研究背景等都需要不同的方法论。因此,选择适合研究的方法论对于研究的科学性而言是尤为重要的。否则,不使用或者盲目使用方法论都会造成学术研究的不理想或者甚至就是失败。

最后是对学术前沿的敏感。研究若想要走在前列而不落伍,或者说不失创新性,就需要对学术前沿动态保持高度的关注。学术敏感性之所以是学术能力的一个极为重要的构成要素,就因为发现学术新的生长点,才能引领研究的潮流和开风气之先。因此,要保持学术研究的创新性,这就需要我们始终保持对学术前沿信息、动态、走向、趋势与路向的敏感,把握学术的趋向,从而保障在进行学术研究的选题与文献参考资料的选择时能够至少不落伍,同时也能够避免重复研究的浪费。对学术前沿的敏感性,这是一种不可或缺的,也是往往被忽视的、极其重要的学术能力。

随 笔 与 论 文

教育随笔的写作，在中小学教师队伍中渐成气候，这是一种可喜的现象。写真情实感的文字，会培养起一种率真的性格；写细腻的文字，则有助于培养一种注重细节的品质。对于教师来说，写作是一种非常有意义的事情，写作会使我们拥有一个充实而厚重的人生。我在《写作的意义》一文中有详尽的表述。

写作是一种与人分享的方式。你要告诉别人一件什么样的事情，表达一种什么样的主张和情怀，这就不仅需要有条理地表达出来，而且也需要富有艺术地表达出来，从而使表达具有美感，具有较强的感染力和感召力。

无论是随笔，还是学术论文，标题往往是一篇文章最精要的概括。比如《学程设计：课程开发的一种独特方式》（汤雪峰）、《回眸我的专业成长历程》（徐世贵）、《关于反思之反思》（管锡基），作者要表达什么我们可以从标题中一目了然。所以，用心打磨文章的标题是必要的。

在众多的文体中，社论体的文风是最值得警惕的。社论是一种社会权威机构的宣传，往往以不容置疑、高高在上的口吻表达一种立场和主张。作为个人写作是不宜用这种文体的，可这样的文章还真不少，诸如《保证高等教育的健康发展》《高举素质教育的旗帜，加强学校管理》，从标题上就不难看出，这是典型的社论文风。要能够否弃这种文风，重要的是要有民主的性格，特别是乐于真诚的分享和交流。好的随笔不会摆出一副哲人和权贵的架势,睿智蕴涵在平易和朴素之中。随笔的魅力源于真诚、个性、灵动与亲切。

随笔的写作从炼题、立意到起论、收尾,一招一式,闪转腾挪,都体现着作者的学识修养、艺术才情和人生境界。如果能够做到玩典故于股掌,出奇论于谐趣,阐玄机于数语,探幽微于物宜,于千字文中纵横捭阖,在方寸之地烹古煨今,有左右逢源之巧,无捉襟见肘之嫌;圆厚其身,曲尽其妙,那是十分难能可贵的。因此,要写好随笔,学识的积累和生活的积累就非常必要。这就需要所谓的"积理练识",理之积,识之练,无他,学与悟耳。理积于博学,识练于物宜。只有观览之博,运思之精,体悟之深,方能自出机杼,别具一格,领异标新。

学术论文的特点是"论":"论点""论据"和"结论"。所以,学术论文重要的是要有四个意识:首先是问题意识。学术论文总得探讨并回答一个问题,包括这个问题是怎样提出来的,它究竟是怎样的一个问题,探讨和解决这个问题有什么理论上或实践上的意义。问题就是事物发展中影响其发展变化的变量之间的我们要去探索的某种关系。比如一个人的受教育程度与他的社会责任感之间有没有关系,有着怎样的关系,二者之间相关程度有多高。

其次是文献意识。对于这个问题,它在历史上是以怎样的方式存在的,前人或同时代的人对此作了哪些研究,有哪些重要的文献资料值得重视,需要梳理清楚学术共同体在这一问题上学术演进的基本线索。所以,文献意识也就是历史意识。朱光潜先生曾经说:"我以为一个人第一件应明确的是他本国的文化演进、社会变迁以及学术思想和文艺的成就。这并不是出于执古守旧的动机。要前进必从一个基点出发,而一个民族以往的成就即是他前进出发的基点。"他还说:"书籍是过去人类的精神遗产的宝库,也可以说是人类文化学术前进轨迹上的里程碑。我们就现阶段的文化学术求前进,就必定根据过去人类已得的成就做出发点。"

第三是对话意识。你对别人的研究过程、观点作出怎样的评价，这一研究在针对特定学术领域整个的探索中处于怎样的位置，对于其研究结论做怎样的辩驳，并阐明自己的观点，这就是学术对话。作为探索者，我们是在参与对话，而不是在宣布真理。所以，对话意识也就是学术民主的意识。

第四是方法论意识。学术论文的写作要有一个方法论的考量：你的研究方法是否合理？你是在怎样的研究角度来探讨问题的？你使用概念框架在逻辑上是否是严密的？方法论的考量还包括对自己所持立场的自觉审理，包括对研究进路的自觉反思。论证的过程其实就是利用事实和逻辑不断宣明事理的过程。

一篇优秀的学术论文，一定会体现出写作者的学术积累、学术创新、学术规范和学术节操。学术节操也可以是学术规范的要义，我在这里单独提出来，是为了强调学术节操。所谓学术节操就是不迎合任何利益集团的趣味，能够坚持真理，服膺真理，不惟书，不惟上。当我们有比较好的学术修养时，我们的随笔写作就会更加隽永，更加厚重，更能给予读者以智慧的启迪和美感的陶冶。

随笔与论文二者相对而言，前者可以更富于思想，而后者则更需要学术研究的支撑。随笔可以更多的"大胆猜测"，放肆为文，而论文则更需要"小心求证"，言之有据。论文中一定要包含思想，但它要让"思想"令人信服，就需要严密和充分的论证。在由艺术到科学构成的人类把握世界和表达自我的连续体中，随笔更接近"艺术"这一端，而论文则倾向于科学这一极。

在教育随笔的写作中，有一个值得注意的问题：一些引文被引用得很滥了，就要尽可能避免再引用，否则就显得俗不可耐，显得江郎才尽。另外，一些引文的出处尽管不需要详尽的注明，但仍需力求准确。我经常看到一些在引文上张冠李戴的现象，令人啼笑皆非。所以，学术研究的功底也是写好随笔的一个重要条件。

大学要带给你什么

对于年轻学子来说，上大学是为了什么？为了能找到更好的工作，为了能跻身于主流社会，这些动机也都无可厚非。但在我看来，上大学最主要的意义是扩大你的眼界，提高你的见识，使你有更丰富的内心世界和更高洁的人生境界，有丰富的不断超越自我的内在动力。

大学要带给你什么呢？在我看来，首先要带给你的是现代文明的教养：理性，客观，崇尚个人自由和个人价值，遵守游戏规则，讲求诚信，积极参与社会合作，体面而诚实地表达个人意见和利益诉求。

现代文明的教养体现在我们日常的待人接物之中，也是在日常的学习与生活中慢慢养成的。比如，老师在讲课时，有同学在看其他的书，或者在交头接耳，老师提醒他(她)要集中精力听课。有的学生会很敌意，一副不快的样子，更有甚者，冲出教室，对老师打击报复。也有同学会微笑着说："老师，对不起，谢谢您的提醒。"无疑，后者才是富有现代文明教养的表现。有同学会说："老师课讲得糟糕极了，还想要我们认真听，这合理吗？"的确，教师的教学要真诚、深刻和丰富，才会有感染力，才能吸引学生。但是，教学是一个双向互动的过程。学生专注听讲，积极参与课堂，成为对课堂有贡献的人，老师会更投入，会更努力带给学生有价值的内容。况且，可以友善地向老师提出教学建议。老师也可能为自己的行为辩解，也可能口头接受了你的建议，可并没有付诸行动，没有实质性的改进。这也不能简单地视为虚伪。每个人都有特殊的境遇，有的改变并不容易作出。这就需要我们理解。更重要的是，老师水平不高，是他的局限，但作为学生认真听课是你的义务和本分。

你首先要尽好自己的义务和本分，才有权利要求别人。老师面对的是一个班级的同学，各人的趣味和需要是不一样的，经常是众口难调。你觉得老师讲得不好，可也有不少人认为老师讲得很好，这时就需要作一些退让和妥协。社会生活中不可避免地会带给我们一些沮丧，成长中一定包括对一些无奈的现实心平气和的接受。

其次是发展你的洞察力、鉴赏力和批判性的思考力，帮助你获得作为知识分子的品格。大学是创新思想的地方，代表着精英文化，代表着先进文明。“大学应该是新的、有争议的、非正统异端学说的论坛……如果在一所大学里听不到与众不同的意见，或者它默默无闻地隐没于社会环境中，我们就可以认为这所大学没有尽到它的职责。”（约翰·布鲁贝克：《高等教育哲学》，浙江教育出版社，1987年版，第48页）

雅斯贝尔斯（Karl Jaspers，1883—1969）认为：“所谓教育，不过是人对人的主体间心智交流活动（尤其是老一代对年轻一代），包括知识内容的传授、生命内涵的领悟、意志行为的规范，并通过文化传递功能，将文化遗产交给年轻一代，使他们自由地生成，并启迪其自由天性。”（雅斯贝尔斯：《什么是教育》，三联书店，1991年版，第3页）所谓知识分子，是这样一类人：他不仅拥有专业知识并以此服务于社会，他同时能够对公共事务给予关注，这些公共事务是超越个人和个人所归属的小团体的私利的，他能够自觉地守护社会的核心价值。所以有西方学者将知识分子视为“漆黑长夜”的守更者。

第三才是专业知识和专业技能。知识分子当然不应该是不学无术的人，不仅应该具有广博的文化的修养，也需要具有专业知识和专业技能。尽管通识教育和博雅教育的确有着重要价值，但广博和专精是互为前提、互为条件、相互生成的。知识分子的工作即对事物作出“权威陈述”(authoritative statements)，这种权威可以对意见纷争作出裁决，并最终决定是非取舍。因此，拥有知识的知识分子，他们的知识对社会秩序和人类完善有着直接的决定性意义。随着人类文明的进步，专业知识和专业技能在社会生活中，特别是在现代社会生产中有着越来越重要的意义。

和研究生的谈话

亲爱的同学们，我很高兴在这三年中能和大家一起共同学习。我是来为大家服务的,为大家的成长服务的。

我忝为大家的指导教师,自知能力有限,但我会尽力而为的。我希望大家在这三年的学习中获得全面成长,为以后的生活与工作夯实更为坚实而厚重的基础。这三年,你们不只是为了获得一个学位,也不只是在学术上获得一些长进,你们也需要在立身行事、个人修炼方面获得成长,成长为一个更为纯净、更为磊落、更为光明和正直的人。

除了学好我们这个学术团队为研究生开设的一些专业基础课和一些专业课外,也需要广泛地涉猎一些人文社会学术领域的经典文献,需要懂得尽可能多一点,特别是需要自觉地培养注重积累的习惯。

这三年,在学术探索上最重要的成果形式还是学位论文。这首先需要很好地选题。在选题上,我充分尊重你们的学术兴趣。选题要避免大而无当,我提倡"小题大做"——就是在小的问题上深入细致地研究,有丰富翔实的资料的支撑。理论的建构,除了需要系统详尽地掌握已有文献资料外，还需要有一些实证研究作支持,诸如调查问卷、访谈、课堂观察、个案分析等等。所以,学位论文一定要首先包括选题依据、文献综述、研究思路、研究的核心问题,其次才是研究的结论。

学术研究的规范是需要特别强调的。学术规范首先是学术节操的问题。这意味着你不迎合任何个人、任何利益集团和任何政党的私利。你坚守"学术自由、学术自治、学术中立"的原则,你基于事实和合乎学理的程序得出研究结论。其次才是尽可能详尽准确地注明资料来源和引文出处。至于捏造事实、制造假数据,那更是应该坚决杜绝的。

有机会专门研究学问,是人生的一大幸事。在我看来,没经历过学术训练的人往往难以摆脱狭隘和肤浅。学问,首先你要知道得比较多。对一个专题的研究,你要尽可能熟悉这一领域的基本文献,也就是前人或同时代的其他学者已经做过的研究,有哪些代表性的观点,他们的理论贡献与局限在哪里。其次,要有自己的心得、发现和理论洞见,这就需要对材料很好地咀嚼、消化和吸收。第三,要对自己的理论进路有自觉的审视和检讨。这些就需要有学术研究中的四个意识:问题意识、文献意识、对话意识和方法论意识。

在这三年中,希望你们把绝大部分的时间和精力放在学业上。外出兼职、打点零工,虽然也能增长见识、锻炼才干和获得一些报酬,但毕竟是得不偿失。现在你们精力充沛、生活单纯,集中精力在学问上,使自我的学问有所长进,对于以后的人生有莫大的益处。如果精力分散,学问上长进不大,徒有虚名,那是很令人遗憾的。

成为一个真正的知识分子,是我对你们的期待。这就意味着要有灵魂和社会担当以及专业素养。我尊重你们所有的选择,包括加入哪一个组织和政党,但我建议你们要出于真诚的信仰。怀着投机的心态和"分赃"的动机去加入某一组织和强势利益集团是可耻的。希望你们立志做一个法律尊严的捍卫者和民主社会中核心价值的坚定的守护者和践履者。

你们在研究中遇到一些问题,也许我也不能帮你们很好地解决,不能对一些你们提出的问题作出很好的回答,你们完全可以请教其他学有专攻的老师。我相信我的同事们都不会有狭隘的门户之见。

我有幸作为你们学术研究的指导教师，当然也是你们合法权益的维护者、监护人。当你们受到不公正的对待或权益受到侵害时，我会坚定地站在你们一边，不管这种侵害来自何方。

长江后浪推前浪，相信你们在各个方面，特别是在学术造诣方面今后能超过我，希望这三年成为你们有着美好回忆的岁月，希望你们成为令我自豪、令我骄傲的人。我相信你们会成为一个遵纪守法的人，一个道德的人，一个正直与光明的人，成为一个幸福的人，一个成功的人，一个对人类进步事业作出贡献的人。

大学教育质量何以低劣

在一个现代国家中，大学是一个国家的思想库，是新思想的策源地。办好大学的重要性几乎是毋需赘言的。在知识经济时代，没有一流的大学，断不能建设一流的国家。我想，我们大家不难达成这样一个共识：只有把我们的大学建设好，才有可能把我们的国家建设好。

我们的大学办不好，不仅不能提高全民族自主创新的能力，从而影响核心竞争力和综合国力的提高，还会导致大量的人才外流和资金外流。现在越来越多的富裕家庭将孩子送到发达国家的大学去读书，其中一个原因就是国内的大学教育质量不理想。

中国高等教育质量不高，这是不争的事实。衡量一所大学教育质量的高低无非是在知识创新和人才培养上所取得的成就。而我们的大学在这两方面都是极其不理想的。

许多高校的教育质量何以低劣？原因无疑是多方面的。这既有外在的原因，也有内在的原因。外在的原因包括我们的文化传统和社会制度安排。中国文化传统中缺乏终极关怀，一切都浸淫着世俗的功利的考量，所以才会有“官本位”、权力崇拜。而这背后其实也就是对现实利益的崇拜。无论是对于一个人，还是对于一个民族，没有精神的超越性，没有灵魂的高度，就没有思想的深度和意境的高远，这样的文化必定陶养不出伟大的、深邃的、丰富的心灵。自然，在我们的国度没有卓越的知识创新也就没什么可奇怪的了。

我们的某些制度安排其实也表征着甚至强化着这样的文化传统。对权力缺乏有效监督，官官相护，权势者结成利益共同体，一切以强权者的利益为导向，这是我们大学中一些制度安排的本质特征。在这样的文化境域中，大学中的人主要关心的就是利益。大学里充斥着衙门作风，盛行着“有权力就有一切”“汝果欲成名，功夫在学外”的潜规则，弥漫着投机钻营的市侩气息。在这样的氛围中，又如何能陶养出纯净、坦荡、真诚、深邃、博大的心灵呢？

我常看到某些所谓“学术权威”飞扬跋扈、颐指气使的骄横，也常看到一些资历尚浅又一心想向上爬的人在有可能影响他们前程的“老资格”面前低三下四、奴颜婢膝的窘态。在这样的人身上，我们又岂敢奢望他们去创造、体现和传承真正的大学精神？

说得极端一点，中国内地的许多高校基本上是只有权术，而没有学术。什么能利益最大化就做什么，怎么做能利益最大化就怎么做，所以，大学里巴结官员，大学里“近亲繁殖”，重大课题被少数“课题掮客”垄断，大学里对有“独立之人格，自由之思想”者的边缘化，甚至是无情打压就不难理解了。

在这里，我们不妨以“近亲繁殖”为例来透视一下中国内地的高校的运行机制。“近亲繁殖”的危害，大家都很清楚。因为，遗传学早就揭示自然界的一切动物和植物，都有一个共同的遗传特点，即近亲繁殖会导致物种退化，而远缘杂交将培育出新的品种。自然界基因的多样性保证了“物竞天择”，使物种不断进化。在人类的精神领域，思想和方法的多样性同样保证了学术的不断创新。可高校何以会“近亲繁殖”呢？原因当然也很多，但最主要的是大学里那些拥有权力的人为了形成自己的小宗派，刻意留自己“信得过”“用得上”的人，当然这样的人以自己的学生最可靠。可见，是权势者的个人利益主导着大学的运行机制。这样的运行机制怎么能够造就公平、公正、富有效率、生机勃勃的大学呢？

大学中人的“学”与“行”

大学不仅是研究和传播高深学问的场所，大学也应该是先进文化的代表者。文化既包括价值观，也包括行为方式。大学中人的“学”与“行”就有着特殊的意味。德国哲学家、教育家雅斯贝尔斯认为：“大学是研究和传播科学的殿堂，是教育新人成长的世界，是个体间富有生命的交往，是学术勃发的领地。”（［德］雅斯贝尔斯：《什么是教育》，生活·读书·新知三联书店，1991年版，第150页）因为大学的独特性和在现代社会中的价值，为了体现其办学宗旨和理想追求，大学应该从“学”与“行”两个方面对师生提出相应的要求。

大学第一位的是“学”。而“学”，首先是学识，这种学识不是简单地俯就于狭隘性的日常职业生活的需要，而是基于理智好奇心的需要和全人类的福祉。大学乃是“一切知识和科学、事实和原理、探索和发现、实验和思索的高级保护力量；它描绘出理智的疆域，并表明……在那里对任何一边既不侵犯也不屈服”（纽曼：《大学的理念》）。丰厚的学养，在今天这样一个资料信息外储系统十分发达、文献资料检索极其便利的时代，仍然是令人称道的，因为只有人脑才有可能将信息转化为思想。

学，其次是学术规范。怎样尊重同行的劳动成果，怎样做到研究过程的合理，怎样做到不屈服于外在压力坚持真理、坚持学术自治、学术中立，这都是学术规范的问题。学术规范不仅是方法的问题，也是学术操守、学术道德的问题。其底线是不抄袭，不剽窃，不作伪。

第三是学术创新。大学是知识精英云集之地，是生产知识、学术创新的场所。学术创新不仅是服务社会的途径，也是培养具有学术前沿的知识视野、具有探索精神的学术薪火传承者所需要的一种精神氛围。一流的大学一定是研究性大学，有着浓厚的研究气氛和强烈的学术创新意识。

从学术上看，真正能影响后世的学人不是那些竞技者，而是极少数求道者。哲学人文学科所求之道必须上升到形而上学层次，形而上的真理不是技术性的，而是高度抽象的，高度综合性的，是对世界、社会与人的博大圆融的理解，是大智慧，是真正的远见卓识。大学应该是思想最活跃、最富有创造力的学术殿堂，是新思想、新知识和新文化的策源地。它作为一种与社会的政治、经济机构鼎足而立的功能独特的文化机构，承担着重大的社会责任，应当具有一种超凡脱俗的独立品格和价值追求。求道者是追求大智慧者，他们今天可能被人们嘲笑为“不合时宜的人”，但他们一定会为后人所景仰。

陈独秀（1879—1942）在《随感录：学术独立》中指出：“中国学术不发达之最大原因，莫如学者自身不知学术独立之神圣。譬如文学自有其独立之价值也，而文学家自身不承认之，必欲攀附《六经》，妄称‘文以载道’，‘代圣贤立言’，以自贬抑。史学亦自有其价值也，而史学家自身不承认之，必欲攀附《春秋》，着眼大义名分，甘以史学为伦理学之附属品。音乐亦有其独立之价值也，而音乐家自身不承认之，必欲攀附圣公王道，甘以音乐为政治学之附属品。医药、拳技亦自有其独立之价值也，而医家、拳术家自身不承认之，必欲攀附道术，如何养神，如何练气，方‘与天地鬼神合德’，方称‘艺而近于道’。学者不自尊其所学，欲其发达，岂可得乎？”（陈独秀：《随感录：学术独立》，见杨东平编：《大学精神》，辽海出版社，1999年版，第122页）

"行",即一个人的立身行事。任何意志行为都是由内在动机和外显活动构成的。因而一个人的行就反映着他的修养、境界和操守。"行为世范",也就是需要率先垂范,以身作则。大学中的每一个人都是学校文化的体现者、创造者和传承者。

在我看来,大学中人的"行",不仅仅是日常生活中的待人接物,更重要的是制度的建设。大学应该是社会的理想类型,而不应是社会的缩影。大学不仅要产生思想和学问,还要为社会提供实践的行为模式。大学理应成为最文明、最具理性、制度最为完善的机构。大学的真义就是无限的广大、无限的包容。英文中的"university"(大学)的词根"universe"的含义就是"宇宙的""普遍的""至大无垠的"。1930年蔡元培为《教育大辞书》所写"大学教育"词条称:"近代思想自由之公例,即被公认,能完全实现者,却惟大学。大学教员所发表之思想,不但不受任何宗教和政党之拘束,亦不受任何著名学者之牵制。苟其确有所见,而言之成理,则虽在一校中,两相反对之学说,不妨同时并行,而一任学生之比较选择,此大学之所以为大也。"(《蔡元培全集》(5),中华书局,1988年第1版,第507—508页)

著名教育家雷沛鸿先生在《什么是构成大学大的要素》中指出:"什么是大学的特性?或者什么是构成大学大的要素?在此地,我要指出三点,就是与民众结合、自由思考和科学方法。"董任坚先生更是强调:"大学的教授们,应该有了理智的工具,客观的态度,历史的背景,远大的视点,研究的时间,这种训练和机会都不是一般的政治家企业家所容易得到的。但是要大学有这种贡献,第一须使大学的教授能够独立研究,不感受到一党一系的恩赐,指挥,限制,强迫,他们才可以内无顾忌,外无猜疑,自由的探讨真理,公平的批判结果。"(《大学的学术自由》)美国教育家赫钦斯(Robert Maynard Hutchins,1899—1977)指出:"我能够想得出的大学的最好的定义,就是大学是一个独立思想的中心。"(R.M.

Hutchins: *The Conflict in Education in a Democratic Society*, Harper & Brather, 1953, p.10)每一个教师和学生都要自觉地践履有尊严的多样性、有理想的包容性和健康心态的批判性,这也是对于大学中人的“行”的特别的要求。

从“学”与“行”的关系上看,“学”也是第一位的。大学应该是“训练和培养人的智慧的机构, 大学讲授的知识不应该是对具体事实的获得或实际操作技能的发展,而是一种状态或理性(心灵)的训练”。正如洪堡十分强调科学研究对于道德完善的作用:“大学的真正成绩应该在于它使学生有可能 (或者说它迫使学生)在他一生当中有一段时间完全献身于不含任何目的的科学,从而也就是献身于他个人道德和思想上的完善。”《中庸》中有所谓“尊德性而道问学”,可以阐释为:一个人的德性的修养需要经由学问的修养来达成。所谓的“腹有诗书气自华”,所谓的“学问深时气自平”,讲的都是同一个道理。

“行”的一个重要方面是教师的“教”。教师的教学是否严谨、认真,是否丰富、开放,是否优质、高效,不仅关系着教师自身的形象,也影响着一所学校的声誉。而大学中的教学不过是其整个大学精神得以体现的一个方面。可是,今天中国很多的大学不过是“能者多捞”的地方,不仅令人失望,也很令人悲哀。

期待官员从学界退场

政府官员同时又在大学或研究机构有学术兼职，主持着多项重大课题，招收攻读博士或硕士学位的研究生，这种情况在今天的中国内地非常普遍，且有愈演愈烈之势。

我们应该承认，在当今的政府官员中有一些天资优异、很有学养的人士。他们完全有能力指导研究生和承担重大项目的研究工作，但问题是我国有着浓厚的人身依附、“官本位”的历史污垢，政府官员因其特殊的身份，在学界容易扮演“既是裁判员，又是运动员”的角色，从而在课题的立项申报和审批、研究生录取和学生论文答辩通过以及学生就业等方面容易诱发一些人向“权力”的献媚和不公平的竞争。

另外，进行学术研究不仅要具有时间与精力上的保证，更需要的是淡泊名利、宁静致远、耐得寂寞的心境。这是忙忙碌碌的身在官场上的政府官员们最不具有的。而且，一些研究结论很可能与某些政策或法律法规不完全一致，由于其政府官员的特殊身份因而发表出来也有许多不便，研究的意义也就大打折扣。

我们应该尽快建立一种制度，确定担任行政职务的人不再担任相关的学术职位，但可以保留他的学术资格，等他不再担任行政职务了，还可以继续当教授或博导。其实在这一点上是有榜样可以学习的。基辛格博士原本是哈佛大学的教授。基辛格做国务卿以后，哈佛大学立即通知他辞掉教授职位，如果不辞，学校会摘掉他的帽子。杨炳章先生的《不平则鸣——我在哈佛15年》，就说了这样的一件事，更是值得我们很好地检讨一番。1986年，恰逢哈佛大学建校350周年，校庆与该年的毕业典礼联合举行。因有罗斯福总统出席哈佛300周年校庆的先例在，故哈佛有意邀请当时的美国总统罗拉得·里根参加盛典。邀请传到白宫，里根欣然接受，同时提了一个条件，希望哈佛大学授予他一个荣誉博士学位。对总统阁下的小小请求，哈佛董事会讨论时产生了严重的分歧，旋即广泛征求师生的意见，但多数人的意见是：堂堂最高学府，岂可给一个电影演员什么学位？最后不了了之，里根没有得到学位，当然，他也没有莅临哈佛校庆。

其实，即使是大学的最高行政领导不兼学术职务，也是非常必要的，因为这样更有利于学术保持中立。但现在连校外的官员甚至直接的部门领导，也要当兼职教授或博导，这就很容易滋生权钱交易、权学交易等权力寻租的腐败。以学术打假而享誉学界的杨玉圣教授建议大学副校长以上职务的官员不要招收博士、硕士学位的研究生，这个建议是有其现实意义的。因为同为博士或硕士生导师，身份上的不平等会导致学生之间不平等竞争，还可能诱发一些人以“傍大款”的不良心态和动机进入学界。如果大学校园里弥漫的是谄媚之风，流行的是钻营之风，伤害的不仅是学术的尊严，而且也会毒化人际关系，不利于社会文明的进步。

高官招收研究生，我认为也不利于研究生们学术能力的培养。学问最需要的是怀疑的精神，需要师生间的诘难问疑。许多学生本来对导师就有一种敬畏，倘导师是高官，恐怕就不只是敬畏，而是惶恐了，如何地诘难问疑呢？那就更不用说“吾爱吾师，吾更爱真理”了。

官做到司局级（更不用说更高级别了），已是非常的尊荣了，又何必还非要当个硕导或博导呢？什么都想得到，什么都不想放弃，岂不有得陇望蜀之嫌？当今之日，要做到淡泊宁静须抵御各种物欲的诱惑。正所谓“欲淡则心静，心静则理见”，“处身者，不为外物眩晃而动，则其心静，心静则智识明”。这也正是一位称职的政府官员所应该具有的人格品质和生命境界。学界不是名利场，更不是权势场。学界应该是佛门圣地，是恬淡的心灵自由游历的场域，只有心无旁骛的人才配在这里诗意地栖居。惟其如此才能做到历史学家范文澜先生（1893—1969）所说的："板凳要坐十年冷，文章不写一句空。"

当年邓小平先生对于废除领导干部终身制率先垂范，可谓立德、立功之举，仅此也足以让邓公名垂千古。倘若今天哪位高官政要能够自觉从学界退场，也许暂时会遭致一点现实利益的损伤，但我估计也可因此而深得人心。

任何人的时间和精力都是非常有限的，没有任何一个人能够拥有三头六臂。每一个人都能各就各位，专心政务或潜心治学，官员的身份比较单纯，学者的背景也比较清明，这应该是21世纪的中国政治文明建设的应有之义。

校长的职责与境界

在文明社会中，校长是一个体面的、受人尊敬的、重要的社会角色。这首先因为学校是知识经济的现代社会中最为重要的社会机构和奠定幸福人生基础的不可或缺的场所。其次还因为校长作为社会精英，他应该而且有能力通过对于社会的政治、经济、文化的各个方面作出的反应，提供建设性、创造性的意见，以促进社会的文明与进步。

校长作为学校的最高行政首长和精神领袖，其职责包括：系统地规划学校，特别是学校的办学目标及其实现目标的主要途径；形成并完善学习型组织，以促进教师的专业成长和提升教师的生命质量；学校资源的合理配置，以保证一个安全和有效率的教育环境；建立起学校与家庭和社区之间的合作关系，改善学校外部环境，并引导家长和社会确立起对学校教育的合理期待；采取必要的措施，提高课堂教学的效率，以促使所有学生学业上的进步。

学校的中心任务和主要目标是促进学生的成长和发展。可是，现在有一种倾向，把学校当成企业来经营，热衷于做表面文章，热衷于制造轰动效应，以吸引社会公众的眼球，从而获得足够的生源，以便收取不菲的择校费，或换取校长的知名度。某些专家在报告和文章中也极力鼓吹"校长要有识别机遇的敏感性和捕捉机遇的胆识""校长要有效益观念""校长要有承担风险的心理准备"等等，在我看来，这些观点都值得商榷。学校不同于企业，它不应该将“占领市场”和经济利益作为自己的目标追求。

学校是学习的场所，教学是学校的中心工作，校长应该成为教学的行家里手，这就需要校长能经常走进课堂，和教师一道探讨有效教学的策略。从理论上讲，校长主要应该关注和思考的问题是：如何创造学校文化，如何形成一个学习型组织以培养和提升教师，如何开发课程资源，如何提高课堂教学的质量等等。今天更多的校长忙碌的却主要是为应付各种各样的检查评比而进行的公关应酬，多方筹措经费以弥补办学经费的短缺，为课题立项而奔波等等。这是极其不健康、不正常的现象，尽管责任主要不在校长，但作为有境界的校长至少不应该推波助澜。

校长究竟靠什么来形成和保持在师生群体中的影响力？概括地说：智慧与真情，眼界与境界。学校应该是充满公平与正义的地方，应该是具有文化品位和精神感召力的场所，是理想社会的雏形，因而应该有完善的规章制度，有良好的人际关系，有积极向上的心理氛围，有与教师所付出的努力相适应的福利待遇。制度是由人建设的，也是由人来执行的。如果我们没有公正的观念，如果我们缺乏宽广的胸怀，那建设出来的制度就会缺乏公信力和鼓舞人心的力量。

作为校长，要尽可能地尊重团队成员中个人的创造，尽可能地发挥个人的力量，而不要动辄以“学校利益”为借口，轻视和压制教职员工个人的选择和追求。凡是校长权力意志过强的地方，凡是缺乏对人信任、鼓励和尊重的地方，凡是以权谋私、私欲膨胀的地方，就必定人心涣散、敷衍塞责、精神萎靡、效率低下。

如何唤醒每一位教职员工心灵深处巨大的潜能，唤起他们对于成就感的需求，带给他们更丰富、更真实和更强烈的成功的体验，鼓励其自由充分地发展，并将这所有个体的能量凝聚成一股足以推动学校不断进步的力量，这便是校长领导智慧和个性魅力的体现。

我结识过成百上千个校长，走进过成百上千所学校。评判一所学校好还是不好，我并不需要听汇报，也不需要看各种统计资料，只需要看教师的眼神，看教师的精神风貌：好学校的教师眼睛里透露的是自信，是职业的自豪感，是情感饱满、精力充沛和充满探索的兴趣，是浓浓的书卷气，正如我在成都市实验小学、在北京小学、在哈尔滨继红小学、在青岛育才中学、在荆州江陵中学、在江苏翔宇教育集团、在深圳学府中学、在福建南安教师进修学校、在台湾中原大学……在许许多多学校看到的那样，而这些学校背后是一个个心怀宽广、高瞻远瞩、意志坚定、追求卓越的优秀校长。相反，在那些一般的学校，教师的眼中充满了职业的倦怠感、对于前途的迷茫感和焦虑感，是灰头土脸、了无生气，而这背后就有可能是一个个唯我独尊、得过且过、自私自利、平庸无能的校长。

校长是团队的精神领袖

“精神领袖”一词,我们都不陌生。霍梅尼曾经是伊朗的精神领袖,亚辛曾经是巴勒斯坦激进组织哈马斯的精神领袖。精神领袖意味着他是一个团队的主心骨,是人们衷心拥戴和信赖的领导者。

学校的教职员工在本质上应该是一个学习的团队。任何人的活动总是在人际关系中展开,一个人愿意成为什么样子和最后能够成为什么样子,其实也得力于他人的塑造。一个团队对于团队成员的意义几乎是不言而喻的。法国著名的社会学家迪尔凯姆关于社会发展的理论中提出了“机械的团结”与“有机的团结”两个概念。一个依赖外在权威的组织,成员间的关系是由他人构筑的,而且这种关系已被编入种种等级、角色及角色要求的体系中,就是“机械的团结”。而在团队中,成员拥有一种与他人具有相同意向的社会生活。团队更多地依靠规范、目的、价值观、专业精神以及成员间自然而然的互依性,团队更多地聚焦于成员之间的以及对组织的承诺、责任和义务。这就是“有机的团结”。

伯恩斯(Burns)在《领导》一书中提出了“交易型领导”和“转换型领导”的概念,并认为这两种类型是一个连续体的对立两端。交易型领导是以奖励和处罚为权利基础进行运作,大多数领导理论模式属于交易型领导,强调领导和追随者(follower)之间的交易;转换型领导是一种过程,在这个过程中,个体相互融合,并建立一种联系去提高领导者和追随者的各种热情和道德意识。

(J.M.Burns: *Leadership* , Harder & Row, 1978)

在美国,连续6年以上的调查表明,人们钦佩的领导者是这样的人:正直诚实,具有远见卓识,富有感召力并能胜任本职工作。

"领导者就是楷模。"(阿尔伯特·施维策)管理学认为,正直被视做是领导者最常见的根本品性。"正直简单说来就是不去破坏别人的特色的一种意愿。"(埃瑞彻·弗罗蒙)就是说,领导者是诚实的、值得信任的、有个性的、坚定不移的人。正直是领导者取得团队成员信任的最重要的条件。当团队成员之间存在着信任关系时,就能减少内耗,节约管理成本,易于达成共识和形成合力。直率、坦诚、宽容、公开、公正都有助于信任关系的建立。当你的注意力集中在"我们能从错误中学到什么",而不是"谁应该受到责备"时,你就确保了这个教训对将来会起作用。

作为一个精神领袖还必须具有首创精神、洞察力、感召力、自知之明和参与实践的能力、个性。

首创精神,有良好的洞察力和判断力,能准确地诊断出问题的症结,并指明事情发展的可能态势,也意味着校长不仅仅靠发号施令和大权独揽的领导方式,而是与别人分享权力,让人们更多地承担责任,给予他们决策权。而"洞察力"是你的一种能力,它能帮助你准确地观察并感知事物、环境和人。"洞察力"运用你的大脑的两个部分。一部分是逻辑思维,另一部分是直觉思维。

从本质上说,感召力是一种感情、一种经验。我们在某些方面被感动了,其结果是人们甘愿去做不同寻常的事情:超越了他们目前的局限,显示出勇气,富有主动性和耐心地处理棘手的问题,应付不利的局面。

有自知之明的人不会是鼠目寸光的人。他们只不过是用足够的时间进行反思,偶尔停下来以便弄清楚他们自己内心到底在想些什么。在一个嘈杂扰攘、信息交流直接而迅捷、人们负载着功利的巨大压力的世界里,要做到这一点是很困难的。

实践意味着面对障碍把某些包含着幻想、信念和欲望的行为付诸行动。实践是达到人们所期望的完美的一种手段。在每一种实践活动中,它都是一系列细微的精确的行为的完成,不管这些行为是体力的还是智力的,你实实在在地从中获得了成就,感觉到了自己作为人的存在价值,产生了精神满足感。

最好的领导者都十分渴望听到人们要说的话。别人的意见是一种非常宝贵的资源。领导者的才能在于与利益相关者建立一种工作伙伴关系。你所追求的图景越清晰、越有力,就越可能吸引利益相关者参与支持你的事业。

如果你鼓励人们成为你构想的一部分,动员他们参与和作出承诺,他们也可能向你提出分享权力的要求。否则,他们又何必卷入呢?"以人为中心"不是一种方法或技术,它是一种教育情境,个体身在其中便能得到成长;它又是一个价值观系统,强调个体的尊严、个人选择的重要性、责任的意义和创造的愉悦;它又是一种人生观,建立在强调人人皆有权力的民主精神基础上。

作为卓越的领导者,你几乎必然要去克服人们固有的惰性或冷漠,以及他们的玩世不恭、不信任或抵制。然而,这都是你的领导工作的一部分。你不被这些消极因素拖垮,是你区别于别人的一个侧面。这意味着坚定人们的信念,激发人们的热情,全副身心地投入到工作之中;意味着建立起人与人之间的一种坚不可摧的信任关系。

作为团队的精神领袖,通过你自己的行为来展示你所期望的东西,是一种对别人进行指导的形式。这比用规劝的方式来达到你所想达到的目的更具说服力。它给予你一种强大有效的工具。你不能在后边指手画脚,那样只能招致人们对你的领导采取一种冷嘲热讽的态度。

最好的领导敢于把领导的权力交给他人。如果教师在工作中没有做决定的权利,总是被管理者密切监视,他们就不会信任校长。校长越是开明,越是支持老师的工作,老师就会越信任校长。如果老师和学校有共同的荣誉感,对学生有信心,同事间相互关心与信任,老师的工作绩效就会提高。

“校长最基本的职能,就是通过创造开放、健康和信任的氛围间接促进教学的发展。”越来越多的学校实践表明:决定学校发展的关键因素是教师,决定教师发展的关键因素是机制。

个性意味着自主性、独立性和独特性。校长作为团队的精神领袖,并不是一个“和事老”。他坚持原则,并努力影响下属的想法和行为。批评的效力在于是否被人接受。如果出于种种顾虑没能以下属最能接受的方式沟通, 那么再严厉的批评也是苍白无力的,而领导者所谓权威更无从谈起。

实际上,以诚恳、体贴又能保全下属面子的方式提出批评,不仅能够优化批评的效果,还能鼓励下属主动征求上司对他们工作表现的评价(Williams,1999)。因为对于大多数员工来说,投入源于认同,而这一切的背后是一份起码的尊重。理解和大度最容易缩短两颗敌视的心之间的距离,而关照就是两颗心之间最美的桥梁。你不信任别人,别人也不会信任你。最好的领导从不轻易发号施令。

有人说:“最好的领导,很少让人们感觉到他的存在;其次的领导,是令人们爱戴、赞美的人;再次的领导,是令人们惧怕的人;最差的领导,是令人憎恨、蔑视的人。”这一说法是很有见地的,值得我们玩味。

假如我能做一个校长

在文明世界中，校长是一个令人尊敬、令人羡慕的职业和岗位。如果我有幸能够成为一所学校的校长，我首先要做的事情是提出、表达、倡导和维持学校的使命、愿景和核心价值，并努力使它们体现在学校的每一个细节之中。我会坚持在每个学年开始的时候给每个老师、家长和学生一封情真意切的、体现着学校办学方向和理想追求的信，使它成为一个传统，一份值得珍藏的礼物。

首先让我们来看看我草拟的《给学校教师的一封信》。

尊敬的老师：

您好！

首先，请接受我对您的辛勤工作和创造性劳动的崇高的敬意和亲切的问候！我们坚信：对于学校的领导，首先是教育思想的领导，其次才是行政领导；在学校里，正确的领导就是要着重建立团队意识，使大家同心同德，一起努力为孩子们创造一个能够带给他们深层次的学习体验的情境和氛围。在学校的管理中，如果管理者把自己看做老板，别人是雇员，那么他就会从教师和学生队伍中分离出去。其实领导者的作用是要在学生和教师之中培养领袖，这些领袖应该力求建立一个团结的、富有感召力的集体。领导者必须激发教职员工的热情，使大家达成共识。

我们也坚信，当教师们把自己看做是对整个管理体系都至关重要的领导者时，他们会发挥自己的潜能，用自己的言行去影响孩子们的学习。他们将发现"教育就是服务"的真正含义。没有一个人的智慧能超越集体。如果我们想全面发挥一位老师在学校日常生活中解决问题和作出决策时所具有的才能，那么，我们这些处于领导层的人就需要培养和鼓励教师们参与到我们的管理中来。一个学校及其领导机构是否健康的标志就是能否促进彼此领导潜力的发挥。

我们相信学校中的人际关系比其他因素更有影响力。纯洁、光明、温暖、充满公平与正义的人际关系不但可以改变学校生活的质量，而且还能影响学生的成绩。学校里的人不单单要作为教职员工或是学生。他们还是一家人，他们需要心心相系，共同建立良好的人际关系。如果老师付出自己的爱心，给予学生无微不至的照顾，那么学生会有无比的安全感。而且，教师对于学生，只有用一种平等的、不夹杂优越感和施舍意味的爱，才会被他们真正接受。

教育远远不只是让学生掌握书本知识，她还在于灵魂的感召，在于唤醒、鼓舞每一个学生所具有的丰富潜能。"一份耕耘，一份收获"这一自然法则，在教师的工作中最能得到充分的体现。生活向我们揭示了这样一个真理：我们唯有在全心关注他人或投身于超越自我的事业时，才能成全最为完整的自我。一个探索知识并力求正确运用知识的人会变得真正的富有。

依靠教师，尊重教师的创造性劳动，将教师吸引到学校的管理中来，是学校取得成功的不二法门。我愿意和您一道将学校建设成为孩子们成长的乐园，相信我们的合作将会是十分愉快和成功的！

祝您工作愉快，拥有一颗永远年轻的心！

谨致

最美好的祝愿！

肖川

让我们接下来看看我草拟的《给学生家长的一封信》。

尊敬的家长：

您好！我十分感谢您对我们的信任与支持！我们将以努力工作和一流的教育服务使您确信您将孩子送入我们学校的选择是明智和富有远见的。

从您开始注意到我们的学校那一刻起，我们就随时准备为您提供最好的服务。教育是人道主义事业的重要组成部分，它通过对人的成长提供服务和帮助，以使作为个体的人能够获得更为充分自由的发展，来增进人类的福祉与尊严。学校作为一种社会组织，一种社会机构，它服务于三大目的：对学生的看护（以便安全地生活和成长）、提高学生的知识与技能水平、发展学生的个性（诸如兴趣、态度、价值以及其他那些称之为情感性学习的行为等）。在服务于学生安全、健康和成长上，我们将以出色的工作以确保充分发挥学校的所有职能。

我们向您郑重承诺，您的孩子在我们的学校会受到充分的尊重和关爱，我们会公正地对待每一个学生，以便使他们获得自由、和谐、充分、全面的发展，而绝不会受到任何形式的恐吓、羞辱、歧视和剥夺。在我们学校的上空，将永远飘扬着一面教育人道主义的旗帜。

关注学生的校园生活质量，致力于提高学生的校园生活，特别是课堂生活质量，这是良好教育的应有之义。我们将努力营造宽松与高洁、明丽与清新的校园文化氛围，禁绝强制的纪律和苛严的规训，使学校变得有吸引力，成为学生舒展心灵、放飞想象的处所。

学校是一个整体，我们不仅对每一位教师提出严格的、高水准的要求，对于学校的每一位员工，我们都要求在日常的、细微的行动中来体现其敬业的精神和我们的教育追求；我们认为，高品位的校园文化离不开每一个师生员工的共同努力，而只有高品位的校园文化，才能使置身于其间的每一个人获得充分的成长！

学生是学校中的一员，也是家庭和社会中的一份子。他们的健康成长取决于多方面的影响。我们深切地希望得到您的密切配合，希望在学校与家庭之间有多种形式的沟通与合作。

我们期待着您一如既往地对于我们事业的支持和建设性的建议。

再一次感谢您的支持与合作！祝您合家欢乐，心想事成！

肖川

最后让我们来看看我草拟的《给学生的一封信》。

亲爱的同学们：

你们好！

我们工作的最高目标就是为了你们的健康成长。你们应该感谢你们的父母，是他们明智的选择，使你们有机会来到我们的学校学习。

亲爱的同学们，你们想一想，有什么比受到良好的教育更重要呢？只有良好的教育才能使我们秉有渊深的学识、清明的才智、通达的情性、宽广的胸怀和高贵的教养。在一个人的一生中，青少年时期是最需要受教育，也是最好受教育的时期。这一时期所受到的教育，在很大程度上决定着你今后漫长的一生的生命质量。一位作家说过一句意味深长的话："人的一生是漫长的，但在关键处常常只有几步，特别是在你年轻的时候。"

为使你们成为能够创造幸福生活和建设美好社会的人，"学会学习，学会创新，学会合作，学会成为独特的你"，这是我和我们学校所有老师对你们的殷切期待。

我将和你们敬爱的老师一道工作，研究探讨不断提高教育质量的方略；我倡导所有的老师走近你们，成为你们可以倾心交谈的朋友，给予你们更多的被理解后的亲切；我们将开展丰富多彩的教育活动，带给你们充实、丰富的精神生活；我们更加希望今天的校园生活将给你们的一生留下许许多多美好的回忆。

教师是我们这个社会中最为纯净、最富有教养的一个群体，他们是引领着你们走向光明与真实境界的人。尊师敬道是我们民族的优秀传统，希望你们能将这一传统发扬光大。

祝你们学习进步，健康成长！

肖川

信写完了，并非就万事大吉，更艰苦、更细致的工作还在后面。但事在人为，只要真正按照信中所体现的办学思想去努力，我相信一定能够把学校办好。

学校文化建设的旨意

学校文化是一个十分宽泛的概念，它是一种精神，是一种氛围。学校文化是一种“组织文化”，渗透在学校的办学理念、管理体系、校园活动等各个方面。

迄今为止，施恩(Eegar Schein)1992年的《组织文化和领导力》一书是关于“组织文化”这个话题的权威：文化是一群人在解决适应环境和内部团结的问题时习得的、成体系的一系列基本预设。这些预设在实践中卓有成效，所以被认为是正确的，被当做解决问题时正确的感知、思考和感觉的方式教给新成员。他还有一个著名的说明文化的三个层次的睡莲模型（Waterlily Model)：水面上的花和叶是文化的外显形式，包括组织的架构和各种制度、程序；中间是睡莲的枝和梗，是各种公开倡导的价值观，包括使命、目的、行为规范等；最下面是睡莲的根，是各种视为当然的、下意识的信念、观念和知觉。简而言之，学校文化是基于预设的价值观，这些价值观产生制度，并进而约束行为。

积极健康向上的学校文化能无形中为学生提供健康向上的生活空间和学习氛围，促进学生积极健康地发展，从而为提高学校的核心竞争力奠定坚实的基础。因而，学校文化要与时俱进，顺应时代发展，体现时代精神，同时又要体现鲜明的校园特色和风格，从而真正促进学校核心竞争力的提升。

从某个意义上讲，学校文化实质上是一种特殊的社区文化。它主要由师生的精神面貌、校风、校纪、校容、群众团体、校园艺术

(包括校园歌曲、戏剧、诗歌、美术)等构成。学校文化建设是学校教育的一个重要方面,对正在建构精神世界的青少年来说有着极大的教育作用。著名的教育家梅贻琦说:"学校犹水也,师生犹鱼也,其行动犹游泳也。大鱼前导,小鱼尾随,是从游也。从游既久,其濡染观摩之效,自不求而至,不为而成。"(原载《清华学报》第13卷第1期,1941年4月)学校之"水",即学校文化。高品质的学校文化是学生发展和人格陶冶的重要力量。

学校担负着培养人的任务,因而学校文化就不应该仅仅是一种超前于社会文化发展的蕴涵着代表社会文化发展方向因素的社区文化,在文化发展变迁日益加剧的时代,学校文化作为一股强大的教育力量, 对其周围的社区文化有着一种辐射状的影响力。而学校文化是可以自觉创生的。因此,建构出健康文明、充满生机与活力的学校文化就很有必要。

在学校文化的建设中,以下三点应是值得注意的:首先,作为学校文化,有三个基本元素:使命(mission)、愿景(vision)和核心价值(core value)。所谓"使命"就是学校要为一个什么样的社会培养什么样的人,这背后就蕴涵着社会理想,特别是政治信念。"愿景"就是一个团队的成员共同认可的,并愿意为之付出努力的富有感召力的前景和目标。学校的明天是一幅怎样的图景? 我们在向着一个怎样的目标努力? 为了培育学校的"愿景",就需要系统地规划学校,尤其是要给学校一个合理的定位。而"核心价值"就是全校师生需要共同守护的原则、规范和价值观。核心价值体现在学校的校训中, 更体现在学校全体师生的思想和行为之中,体现在教风和学风之中。人是文化产物,也是文化的创造者,还是文化的载体。在学校中,每一个人都是学校文化的体现者、创造者和传承者。

其次,要重视校容建设。校容构成校园文化的有形部分,同时又体现着整个校园文化的风貌、气韵。走进处处整齐洁净、清新明丽的学校会使人心情舒畅、精神振作，它可以陶冶师生美的情操，激发人们对于美的深切感受和向往，这是一股强大的教育力量。你看不到谁在进行教育，但它却起着潜移默化的作用。校园中的一切都是“会说话的”，一切都是富有教育意义的。走进校园，像是进入了一个诗意盎然的世界，这里为学生求知欲望的满足打开着一扇扇门扉，处处展现着浓郁的、高尚纯洁的精神氛围。这种影响在时间上特别长久，甚至对学生一生中都将产生持续性的影响。重视校容建设并不一定要追求高档和豪华，这就有一个校容建设的出发点的问题。校容建设的目的应该是涵养文化，服务师生高品质的校园生活，让师生感到心情舒畅，得到生活与学习的便利。

第三，学校文化建设中非常重要的是为学生的成长和教师的发展提供丰富的读物。学校应该是书的世界。学校是传播、分享人类精神文化遗产、建构个体精神世界、培养文化创造者的场所，而书籍则是人类精神文化的最重要的载体。苏霍姆林斯基从自身的实践经验中深切地感受到：学校里可能什么都很充裕，倘若没有为人的全面发展和为其丰富的精神生活所需要的书，那这还不算是学校；相反，学校可能许多东西都缺，许多东西都可能是不充足的、简陋的，但如果有永远为我们打开世界之窗的书，这就是学校了。一所具有优秀的学校文化的学校应该是一个书的世界。在这个书的世界中，应努力形成认真读书、热爱书籍的良好风尚。我始终相信，在文字的背后，有更加广阔的想象空间。因此，经常举办书评、书展、读书讨论会等等都是有着重要意义的。

从科举到学堂

从鸦片战争爆发以来,东方古国的雍容华贵,慢慢地零落以尽。中国传统教育的空疏无用、腐朽没落的本质日趋显露,传统教育已到了山穷水尽、行将就木的时候。可以说,中国教育近代化这个历史命题,从某种角度上是侵略者的坚船利炮所推出的。

清代的教育制度基本上是因袭明代旧制:学校与科举相辅而行,且偏重于科举。科举取士是封建统治阶级以功名利禄笼络知识分子的手段,各级儒学和书院不过是科举乡试的入门阶梯,学校名存实亡。科举知识分子为获取功名利禄以读"四书五经"和参加科举考试为手段。"万般皆下品,唯有读书高"的功名意识,"代圣人立言""经术既明,取青紫如拾芥"的经学意识,"忠孝节义"的纲常意识,便是科举知识分子的价值取向、知识结构和伦理观念。清人李惺在《老学究语》中指出科举的危害:"读书专习文字,文字专求科第,一心指望做官,误了许多子弟。"这样的知识分子在风云骤变、民族危亡之际,一筹莫展、束手无策,只能是"无事袖手谈心性,临危一死报君恩"。

危机孕育着新生。改革传统教育必须从废除科举制度开始。科举制度不适应中国近代化的历史要求,主要表现在两个方面:其一,科举名额限制造成了知识分子出路狭窄;其二,考试内容不可能为中国社会提供资本主义工业化所需要的新型知识和人才。科举制度只是把社会各阶层的人才吸收进专制政权,造成人才流向的单一化,读书人除了彻底依附这个政权别无他途。因而它是中国知识分子接受西方近代自然科学近代思想文化意识的严重障碍。所以，当时的有识之士认识到："科举一日不停，士人皆有得第之心……学堂绝无大兴之望。""科举不停，学校不广，士心既莫能坚定，民智复无由大开，求其进化日新也难矣。"因此，他们要求："欲补救时艰，必自推广学校始，而欲推广学校，必自先停科举始。"

但由于科举制度是中国封建专制统治者赖以抵制西方资本主义工业文明在中国的传播与影响以维护封建纲常伦理、恪守祖制的重要手段，所以，科举制度的改革和废除从一开始就受到了封建顽固派的极力阻挠。又由于科举取士制度是中国封建传统读书人赖以晋升的唯一途径，所以封建顽固派对科举制度改革与废除的阻挠有着广泛的社会基础。因此，虽在第一次鸦片战争前后，龚自珍、林则徐、魏源等一代开明之士就已提出了废除科举制度的主张，但直到1905年，科举制度才得以真正废除。其过程之艰难，可见一斑。

清末科举制度从改革到废除，大约经过三个阶段：第一阶段，改革科举考试内容。1887年始将算学列为科举考试的科目，这是实行科举以来第一次将西学列入科举考试科目。第二阶段，递减科举取士名额。改科举、兴学校，是清末"新政"在教育方面的重要改革措施。一些政府官员和封疆大吏，为表达他们对"新政"在教育方面的重要改革措施的拥护和支持，他们不满足废止八股，改试策论，而纷纷奏请递减科举取士名额。第三阶段，废止科举取士制度。科举虽经改革，但仍与学堂并存。科名出身仍对学生有强烈的诱惑力，所以学生不愿入学堂，影响当时急需的大量新式人才的培养。清廷迫于形势，于1905年9月2日明令废止科举。至此，始于隋炀帝大业三年（公元607年），完备于唐，盛行于明、清的科举制度，经历了1 300年之久，终于完全废止了。这是中国教育近代化历程中重要的里程碑。

而兴办新式教育，确立教育宗旨，建立近代学制，是与科举制度的废除互为条件的。洋务派在同西方列强的交往中，逐渐认识到必须向西方资本主义国家学科学技术，才能使国家走上富强之路。在教育上，主张学西学，兴办新式学堂，实施具有近代科学技术内容的新教育。自1862年设立京师同文馆，新式学堂如雨后春笋，发展迅速。京师同文馆的设立，开创了兴办外国语学堂的先河，继设该馆之后，为了适应培养西文和西艺的各种人才的需要，洋务派还兴办了各类新式学堂：一类为外国语学堂，如上海广方言馆、广州同文馆、湖北自强学堂；二类为军事技术和其他技术学堂，如福建船政学堂、广东实学馆、上海江南制造局附设工艺学堂、天津电报学堂、天津医学堂；三类为军事学堂，如天津水师学堂、湖北武备学堂。洋务派创办新式教育，开设了英、法、德、俄、日等外国语课和天文、算学等自然科学课程，还效法西方采取班级授课制，这是对中国传统教育以儒学为内容和个别施教方法的一次大革新、大突破，因而是中国教育近代化的重要步骤。

此外从洋务运动到五四运动，提出的教育宗旨，“中学为体，西学为用”都是其核心精神。清末正式颁布的教育宗旨，是在1906年3月由学部奉上谕公布的五端标准，即“忠君、尊孔、尚公、尚武、尚实”。“五端十字”的教育宗旨，仍是“中体西用”精神的体现。这一教育宗旨虽然仍在强调“忠君”“尊孔”，其“体”未变，但增添了“尚公”“尚武”“尚实”，在“用”上有了近代的新内容。所以，这一教育宗旨的性质，已不再是封建专制主义。1912年，资产阶级革命派成立的南京临时政府教育部召开全国临时教育会议，讨论并通过了新的教育宗旨：“注重道德教育，以实利教育、军国民教育辅之，更以美感教育完成其道德。”新的教育宗旨的制定，是对清末提出的教育宗旨的革命性变革，是中国教育近代化的重要成就。

新学制的建立，亦是中国教育近代化的重要步骤和事件。1902年中国近代教育史上首次建立的学校教育系统——壬寅学制是模仿日本的教育制度而制定的。壬寅学制并未施行，不久重订，以癸卯学制(1904年)取代。癸卯学制是中国近代第一个最为完备的学制，以教育法令公布，并在全国施行。它规定了各级各类学堂在学校体系中的地位和作用，使全国散在的学堂统一成为一个整体，并以法律形式规定了普及义务教育的年限，引进了西方近代科学知识内容，促进了普通教育数量上的发展和质量上的提高。尤其是为了适应工商实业的发展和满足师资的需求，将实业教育和师范教育组成了两个与普通教育并行的体系，使教育为社会生产服务，使教师职业专门化，具有教育革新的重大历史意义。

兴办留学事业也是中国教育近代化的当然要求和重要事件。出国留学始于19世纪40年代。第一代留学生容闳等人从美国学成归来后，即以宣传留学为己任，企图通过这一办法，“以西方之学术，灌输于中国，使中国日趋于文明富强之境”。

维新运动中出国留学亦被作为一项国策提出来。一方面为了改革科举，一方面为了学习日本，维新派极力主张留日。1896年5月，清政府新任驻日钦差大臣裕庚带领13名学生抵日，这是中国近代第一批公派留日学生。次后，在国内形成了留日高潮，仅1906年一年留日的学生多达13 000多人。民国初年，除了继续向日本派遣留学生外，又兴起了留学美国和欧洲国家的高潮。留美发展较快的一个因素是美国政府将退还的部分庚子赔款用于资助中国留学生。1911年清政府建立了留美预备学校——清华学校。

除了留学美国以外，“五四”后掀起了赴法勤工俭学运动，在近两年的时间里，约有1 600多名青年学生赴法留学。留学运动造就了庞大的留学生群，大大增加了新型知识分子在知识界的成分，有力地推动了近代文化的转型。留学生们在推动中国民主政治的发展、新闻事业的发展、语言文学的改良尤其是教育的变革中，作出了非常积极的贡献，涌现出了一批杰出的资产阶级知识分子。留学生在近代高等教育的师资中占有一定比例，这就为教育内容的更新与完善提供了保证，它反过来又为“五四”时期的又一代知识分子提供了新的文化环境。

值得一提的是，在中国教育近代化的过程和事件中教会教育的发展。尽管传教士们在华创办教会教育目的是为了培养能够效忠于教会的中国领袖人物，实现他们“以华治华”的侵略目的，但客观上，对于促进我国普及教育的发展、高等教育的发展、女子教育的发展，对于传播西学和西艺，对于刺激中国学校教育质量的提高，都曾起过积极作用。

中国教育，从空疏无用、腐朽没落的封建传统教育，经过废除科举制度，兴办新式教育，确立新的教育宗旨，建立近代学制，兴办留学事业，而逐步具备了近代教育的结构与功能，即能够培养具有近代思想意识和知识结构的经世致用的新型人才。在中国教育近代化的过程中，每一个事件和步骤都体现着进化意识、比较意识、世界意识和开放意识。也正因为如此，它们才有力地促进了中国教育的近代化。

我的教学主张

我的教学主张

教学是学校教育服务于学生成长的最主要的途径和最中心的工作。我们的日常教学究竟为了什么？什么样的教学才是高品质的教学？这是业内人士关注的核心问题。我基于个人的学习、思考与实践，逐渐形成了对于教学的理解与追求，在此愿与大家分享。

首先，教学必须服务于完整的人的成全。完整的人，相对的是片面的人、畸形的人、精神世界残缺不全的人。完整的人的发展包括个人与"天、人、物、我"四个向度上的认知、情感、态度和技能的和谐发展。我们的每一门课程、每一个学习主题都有自己具体的教学目标，而教学的任何一个环节，要达到的任何一个具体目标，都应自觉地朝向这个教学的终极目标——完整的人的发展，并且使任何一个教学活动与教学环节，都能作为通向这个终极目标的步骤而存在。教学的真正目的是通过提高个人选择和自我指导的能力来最大限度地促使自我发展——成长为一个完整的人，作为教师在教学过程中应该始终怀想着这个大目标。

其次，创造丰富的课堂，带给学生广博深厚的文化浸染。教学的真正目的在于促进个人成长和自我实现，而不单纯是掌握教科书上的知识。一个丰富的课堂才能带给学生心灵的自由飞翔，才能唤起学生创造的冲动，才能激发学生分享的内在需要。创造一个丰富的课堂，让学生的心灵在博大、温暖的精神氛围中自由地跳荡。而要创造丰富的课堂，教师的学识修养和想象力就变得非常重要。

第三，教学重要的是教学生学会学，并且帮助学生形成认知框架。在教学中，为了便于学生学习，我们的学科知识不得不被分成条块，变成细小的局部。学生的成长也是依靠这样的小步骤一点点积累的。但是，不清楚每一个小步骤在学科思想长河中的位置，不了解它们之间的逻辑关联，不了解它们在主要领域里的意义，任凭教师如何重复讲解，学生如何苦苦训练，也只能是事倍功半。简单地重复正确的结论，并不能使学生更好地理解某一概念或原理。如果真正的学习没有发生，教师教得再辛苦，也是无效的。真正的学习意味着经验的重新组织与重新解释，这就包括先前经验的激活、引发新的认知冲突，信息的搜集、选择与加工，最后形成开放性的认知框架——概念系统和命题网络。

所谓命题网络就是指如果两个命题中具有共同成分，通过这种共同成分，可以把若干命题彼此联系组成命题网络。“教育是既见树木又见森林的过程。”我们既可以把森林理解为“上位概念”，把树木理解为“下位概念”，也可以把“见森林”理解为智力生活的背景和整体把握，把“见树木”理解为细处摄神和结合个体经验的理解。

在教学中，教师帮助学生形成认识事物的整体观是必要的。黑格尔在美学讲演录中通过典型例子精湛地表达了他的整体观：“割下来的手就失去了它的独立的存在，就不像原来长在身体上时那样，它的灵活性、运动、形状、颜色等都改变了……只有作为有机体的一部分，手才获得它的地位。”（黑格尔：《美学》第1卷，商务印书馆，1994年版，第156页）在教学中应该将学习的内容升华到更大的思考主题，并形成理解框架和概念网络。所以，在学习过程中，既需要深入细节、解剖麻雀，又需要“会当凌绝顶，一览众山小”。布鲁纳认为，儿童的学习，主要是掌握学科知识的基本结构；教师的教学，主要是促进儿童认知能力的发展；衡量教与学的有效性的标准，是看儿童动作的、映象的和符号的认知结构是否有序地得到发展。这些观点都是值得我们重视的。

第四，教学必须为学生的发展提供机会。好的教学要让学生在课堂上有展示自我、发现自我、发展自我的机会。因为，只有展示自我才有发现的优势和不足，只有发现自我，才能更加深入和全面地认识自我，进而才能发展自我。个体的潜能和资质就是在这一过程中凸现、彰显并丰富和发展出来的。

学习远远不只存在于认知活动中，也广泛存在于交往活动与审美活动之中。学习的结果不仅包括知识的建构，还包括态度、价值观的改变或深化，情感的丰富和体验的深刻，技能的形成或巩固，认知策略的高级和完善。教学不是为了教师的表演和个人魅力的展示（尽管不露行迹的个人魅力的展示有着重要的教育价值），教学是为了促进学生的发展。为此，要努力为学生的成长与发展提供机会，要创造氛围与情境，让学生具有深度地参与，从而为学生展示自我、发现自我和发展自我提供足够的时间和空间。教师讲得越多、越细，越有可能封闭学生的思想空间，并造成学生对教师的依赖。况且，如果教学方式单一，刺激单调，就会导致学生注意力不集中，导致心理疲劳，进而导致学习效果的下降。

第五，带给学生理智的挑战，以问题引导教学的进程，通过问题的解决而进行学习。教师要善于营造真实的问题情境，以问题引导教学，让学生在解决问题中学习，通过问题的解决，掌握问题解决所依据的原理和所必需的材料。问题必须是真实的，即能够与学生的已有的经验产生冲突；问题必须是具有理智的挑战性并通过努力有可能作出尝试性的解答的。

教学应该创设一个合适的问题空间，以便对学生的理智能力构成挑战；教师应该自觉地培养学生对证据、逻辑和结论提出理性的怀疑的习惯，并基于证据来形成解释。

最后，重要的是理解的质，而不是信息的量。人们对于事物的理解，有不同的层次。深层次的理解，必须充分展开高层次的思维过程，即复杂的概括和推理的过程。到了小学高年级以后，着力发展学生的思辨力，特别应该将发展学生开放性的、创造性的思维能力作为教学的重心。对于学习的重点和难点，应该通过对话和讨论让学生真正地理解，而不是似懂非懂。新的学习内容能够真正地纳入学生的认知结构，并能够灵活运用，教学才能真正地促进学生的发展。

知识观与教学

在中国教育界,“转变观念”喊了很多年了,为什么还在喊?原因是多方面的。一是观念转变是一个长期的过程,因为随着人们认识的深化,观念本身也是在不断变化的,不可能一劳永逸,所以“转变观念”就是一个常议常新的事情;二是我们的理论不彻底,停留在一般的口号上,理论不彻底就难以带给人们确信感,实现由知到信的提升。为了促进教学领域的“转变观念”,我们需要对究竟什么是知识有一个充分的讨论。

“知识”一词,有多层能指,在不同的语境中有不同的内涵。所谓知识观,就是我们如何看待知识,对知识具有怎样的性质、又具有怎样的功能的观念和认识。知识观是我们认识教学目标、教学过程以及教学的意义和价值的观念基础。教学中究竟应不应该强调知识?当前是否存在轻视知识掌握的倾向?诸如此类的问题,如果不对知识观本身作一个充分的探讨,那么,对于这些问题的认识就很难深化并形成基本的共识。

知识按照其所属的主体,可以分为公共知识和个体知识。公共知识是人们认识成果的社会承认,对于某一问题的认识社会成员之间已经达成的共识。

知识是观念形态的,是人们“交互主体性”的产物,一个人所作出的命名(或命题),只有在交往中,为其他人广泛的接纳和认可,它才有可能成为公共知识。公共知识的表征形态包括专门术语、概念、具体事实、公式、常规、方法、方法论和各种原理的陈述,即命题。公共知识我们也可以理解为种族经验。

“公共知识是建构的产物”这一命题的衍生意义就在于：以事实、概念、命题、公式、定理等等为表征形态的公共知识，并不是天经地义的，它不过是人们按照某一规则约定俗成的结果。

另外，区分知识的另外一对范畴是显性知识和默会知识（tacit knowledge，又译缄默知识、隐性知识）。所谓显性知识是可以用语言文字或数字符号明确地表达出来的事实和意义，而默会知识是“只能意会难以言传”的体验、直觉、动作技能与心智技能。

我们以往在对知识的认识上，存在着这样两个突出的局限和不足：一是“知识”就等同于公共知识，造成了个体知识的缺席；二是“知识”就等同显性知识，造成了默会知识的缺席。这是我们的教学中不重视学生的参与、活动、体验、交往等等建构知识的必要元素的观念上的原因。只强调对于书本上学习内容的掌握——熟悉、理解、记忆，因而不利于实现公共知识向智慧的转变。

强调“知识传授”的教学观是建立在如下的世界观和知识观基础上的：世界是物质的，物质是客观存在的，客观存在的物质是运动着的，运动是有规律的，规律是可以被认识的；客观存在的物质运动的规律也是客观的，因而作为认识的成果“知识”也就是客观的，将客观的知识教给学生，就可以得到一个客观的结果，因而也可以用标准化的考试做一个“客观”的检测。

对于什么是“知识”的理解，决定着我们怎样理解教学的目标、教学过程和对于教学成果的评价，进而影响着我们的教学策略和教学行为。只有当我们将对知识的理解不局限于公共知识，而能够将个体知识——自主建构的成果放入我们的视野时，我们才能真正地关注学生对于教学的参与，重视教学中的交往和对话，才能真正实现有效的教学。这就是当前的课程改革重视过程和方法的理由，也是在更高层次上重视知识的体现。

教学是教师和学生的交往和对话，是师生双方相互交流、相互沟通、相互启发、相互补充。在这个过程中教师与学生分享彼此的经验和认识,交流彼此的情感、体验,拓展彼此的视界,求得新的发现,实现教学相长和共同发展。对教学而言,交往意味着平等对话,意味着社会性的意义建构,它不仅是一种认识活动,更是一种人与人之间平等的精神交流。对学生而言,交往意味着主体性的凸显、个性的表现和创造性的解放。对教师而言,交往是一起分享理解,是生命活动、专业成长和自我实现的过程。可以说,这种教学过程是走向解放的课堂教学规范的精神所在。它不仅不是轻视知识,而是在更合理、更有价值的层面上重视学生真正地获得知识,使书本知识真正转化为学生内在的精神财富。而相反,学生在课堂上低水平的简单接受,胡乱的猜测和没有经过充分思考的、琐碎、呆板的回答,学生对于问题的理解缺乏原创性和想象力,是无助于学生真正地掌握知识的。而这些现象,都与将知识视为已有的现成结论,将教学过程简单地视为单纯的认识过程有关。

让学生掌握“公共知识”既不是教学的唯一目的,也不是教学的最终目的。“公共知识”只是一种载体,掌握“公共知识”,其根本目的是促进学生的发展,使学生成为认知的主体、道德的主体、审美的主体、自由与责任的主体,使学生获得精神的自由和解放。而学生对于公共知识的掌握,需要一个咀嚼、玩味、吟咏、体察、如切如磋、如琢如磨、掩卷沉思、反复推敲、探幽察微的过程。况且,我们只能通过知识的建构来发展智慧能力,而这个建构过程在很大程度上取决于情境、氛围和人际互动,那么,强调情境的创设,强调学习的支持性的心理氛围的营造就十分必要。

数学的魅力

我们所生活的世界，包括我们人类自身，无非是质与量两个方面。所谓“质”，表现为好坏、优劣、善恶、美丑等等；而所谓“量”则表现为长短、粗细、大小、厚薄、轻重、形状以及数量之间的关系等等。数学就是从量的角度把握和解释世界的一种努力，所以数学是一种思想、一种解释世界的方式、一种精密的语言系统。数学是对现实世界的数量关系和空间形式的概括和反映。

“数学，作为人类思维的表达形式，反映了人们积极进取的意志、缜密周详的推理，以及对完美境界的追求。”（R.柯朗等：《数学是什么》，湖南教育出版社，1985年版，第5页）正如美国数学史家M.克莱因所说的那样，“任何时候，谁想找一个推理的必然性和准确性的例子，一定会想到数学”（M. 克莱因：《数学：确定性的丧失》，李宏魁译，湖南科学技术出版社，1997年版，第2页）。他还曾对数学做过这样的描述：“音乐能激发或抚慰情怀，绘画使人赏心悦目，诗歌能动人心弦，哲学使人获得智慧，但数学却能提供以上的一切，给人快乐。”

数学依靠的是两样东西：逻辑与创造。而人们对数学的追求则有两个目的：各种实用的目的以及数学的内在趣味。对于一些人，这不仅仅指职业数学家，数学的精髓在于它的美妙和它对于智力的挑战。“数学是最聪明人之间的较量，因此非常具有挑战性，同时，数学的美丽使研究数学成为一种乐趣。”这就是菲尔兹奖得主、美国数学家符拉基米尔·福沃特斯对常人眼中枯燥的数学的认识。当然对于另一些人,包括许多科学家和工程师,数学的首要价值是它能够被应用于他们的工作之中。

数学语言是表达数学思想的慎重的、有意的而且经常是精心设计的专门语言,具有抽象性、准确性、简约性和形式化等特点。加强数学语言教学对提高数学阅读能力、数学表达以及交流能力具有重要作用。数学语言分为符号语言、文字语言和图表语言,三类语言之间的相互转换在数学语言学习中占有重要地位。

社会建构主义数学哲学将主观知识和客观知识看成是相互维护和相互依存的。关于数学知识的社会建构性质,欧内斯特提出了以下三点根据:1.数学知识的基础是语言知识、约定和规则,而语言知识是一种社会建构;2.个人的主观数学知识经发表后转化为客观数学知识,这需要社会性的交往与交流;3.客观性本身应该理解为社会性的认同。(Paul Ernest:《数学教育哲学》, 齐建华、张松枝译,上海教育出版社,1998年版,第51—52页)"整个数学知识是由证明予以保证的,其基础和可靠性则依赖于语言知识和规则。"(同上,第66页)

数学是科学的主要术语。数学和科学具有许多共性,包括都具有对可以理解的规划的信念, 想象力和严格逻辑的相互影响,诚实与公开的思想,同行评论的极端重要性。17世纪以来数学的发展清楚地表明,社会生产推动自然科学的发展,自然科学又推动数学的发展,并为数学发现提供灵感。美国数学家克莱因下面的论述充分说明了这一点:"对自然的深入研究是数学发现最丰富的源泉。"(M.克莱因:《数学:确定性的丧失》,湖南科学技术出版社,1997年版,第293页)"数学是科学的王后,同时也是它们的女佣。"(同上,第286页)

作为人类智慧的伟大结晶, 数学受到了普遍的尊敬和推崇。在高中数学课程《标准》中提到:"数学作为人类文化的重要组成部分,构成了公民所必须具备的一种基本素质。数学科学历来是自然科学和社会科学的基础……越来越广泛的数学应用，正在不断地渗入社会生活的方方面面。……高度发展的数学思维成为人类社会进步的重要标志。”

数学有着极其重要的教育价值。数学是训练客观且精确的判断力的基本因素之一，数学尤其需要积极的思维活动及对结果的验证，而这会对其他学科的学习（在智力上和道德上）产生影响。数学的奥妙不在于发现它的完美和复杂，相反在于找到最经济和简单的表述和论证。因为数学在现代文化中扮演着中心的角色，所以对数学性质的基本了解成为科学素养的需要。要做到这一点，学生需要将数学视为科学活动的一部分，了解数学思维的本质，并熟悉重要的数学概念和技巧。

作为一门理论学科，数学探索抽象概念之间的关系，并不考虑这些抽象在现实世界是否存在对应的本物。心理学研究表明，一切智力的核心在于思维。儿童数学能力的发展应该包括认知、计算、思维三个方面，而不能简单地将计算等同于数学。有学者富有见地地指出：珠算、心算对于提高儿童的计算能力的确有很好的促进作用，但对儿童思维发展的贡献却十分有限。

国际数学教育界就数学教学的目的有了基本的共识：数学教学的目的就在于帮助学生形成行动上的逻辑程序（思考、分析、抽象、简明、计划、演绎、推理、普遍化、具体化、应用、评判等），形成合理的思想及其提升表达的质量，做到富有条理、严谨、精确、明了、简洁等；引起观察，形成空间和数目的概念；培养抽象领域里的直觉和想象、注意和关注的能力、坚持不懈的努力的习惯，最后形成诸如客观、诚实、深刻和稳定的研究兴趣等科学素养。这是作为一个现代人所受教育的一个基础部分，哪怕他今后从事非科学或非技术性的工作。

如何发展学生的数学能力，进行有效的教学？荷兰数学教育家弗赖塔尔认为：学习数学的唯一正确方法是实行“再创造”，也就是由学生本人把要学的东西自己去发现或创造出来。

国际数学教育专家在一份数学教育指导性的文件中提出了如下意见:引导学生自己形成思想,发现数学的关系和性质,而不是把承认成熟的思维强加给他们;更注意思维和推理而不是机械训练和死记硬背,限制死记一些固定的基本结论;强调数学内在的统一性;就数学思想和正在学习的理论的主要历史发展阶段作出说明;保持数学与应用数学的科学之间的合作;贯彻数学思维的要求,增加语言的精确度、语言的清晰度和简明性。

我国正在进行的基础教育课程改革对数学也提出了如下教学指导思想:1.以学生发展为本,把学习的主动权交给学生,让学生自主探索,主动积极地获取知识,使学生人人在原有基础上有所收获,有成功感,得到和谐的发展。2.确立关于学生和教师的观念:每一个学生都可以学习数学;不同的学生学习不同水平的数学;允许学生以不同的速度学习数学;学生可以用自己的方法学习数学。教师是课程实施过程中的决策者,是教学过程中的组织者、指导者和参与者。3.教学中要激发学生学习数学的兴趣,要为学生提供丰富多彩的情景,要为学生留有探索与思考的余地,倡导合作交流的课程气氛。

数学知识源于生活,但并不等于它是生活本身的摹本,它是对生活中的数量关系与空间形式的提炼,因此,它高于生活、概括生活,具有高度的抽象性。在教学中,联系学生的生活经验,接通生活的源头活水,就会使原本枯燥单调的理论变得鲜活生动起来。比如初中数学中的"一次函数的表达式"为:$y=kx+b$。这些符号之间是怎样的一种关系呢?这个表达式能够描述和解释怎样的现象和事实?我们假定y这个因变量代表一个餐厅服务员一个月的薪水,x代表餐厅一个月的营业额(或一个服务员通过其服务所带来的营业额),k代表从营业额中提成的比例,b也是一个常量,代表基本工资,或称之为底薪。也就是说,餐厅服务员一个月的收入等于底薪加营业额按一定比例的提成。

这就是一个比较合理的、双赢的雇主和雇员之间的关系：作为餐厅的服务员，如果你能以自己优质的服务，赢得更多的回头客，你的收入也会更多；即使由于其他的原因，餐厅的营业额不佳，对于服务员来说，至少还有基本工资。这样学生不仅能够很好地理解这个表达式的意念，也能真切地感受到数学学习对于生活的意义。如果我们这样联系生活，学生就能感受到数字的意义，就能发现数学尽管十分抽象，其实它是源于生活。联系生活，也能培养学生生活的智慧，当他今后成为一个经营者，或者是就业者时，就知道怎样去处理类似的问题。而当学生感受到学习的意义时，学习就会是快乐的，也就是更有效的。在课堂中，与学生密切相连的生活事例，对学生而言，有一种特别的亲和力，它能够拉近学生与数学的距离。

数学解题是学生应用知识、解决问题的过程，也是学习的巩固和知识迁移的过程。学会解题是学习成果的重要体现。著名数学家波利亚在《怎样解题》中对数学解题划分为四个阶段：弄清问题→拟定计划→实现计划→回顾。其中“回顾”就是解题后的反思，它是解题思维过程中的深化和提高。解题过程的反思，实际是解题学习的信息反馈调控阶段，通过反思，有利于学生知识体系的深层次建构。

“教什么”和“怎么教”

教学是人类诸多复杂、重要的事务之一，因为教学过程中涉及许多的变量。教学不单纯是一系列的操作行为，这背后更重要的是整个人的精神活动。把教学降格为一种技术，是对教育理解的狭隘和肤浅的最突出的表现，也是教育中可能犯的最大错误之一。

课堂教学，核心要素是学习内容与教学方法。在“教什么”和“怎么教”哪一个更重要的问题上，我的意见是要看我们追求什么。如果是在追求教育的价值旨趣上，“教什么”比“怎么教”更重要。因为，在具体的学习内容背后，特别是人文类的课程，总是承载着（有时是隐含着）我们所崇尚、所倡导的价值观。比如我们今天中小学教育内容中仍然存在着“爱国的自大”、“虚假的民族自豪感”、丑化西方资本主义、对个体生命意识重视不够、公民教育的思想缺失等弊端。而这些弊端极大程度上影响着幸福人生的创造者和自由社会的建设者的培养，却没有引起人们，特别是中小学广大教师的重视。

从关注教学效率的角度讲，“怎么教”自然比“教什么”更重要。“怎么教”更多地关涉学生课堂的参与程度、学生学习过程中的自主程度、学生知识建构的水平。比如说，直观教学就是解决怎么教的问题。所谓直观教学，不仅是凭借书面文字学习符合特定目的的内容，而且凭借实物，通过儿童自身的感受去学习，从儿童可以体验到的自然和社会环境中选择教学的内容。

其实,“怎么教”更涉及到我们有什么样的儿童观和我们究竟要培养什么样的人。在今天国民的创造力已经越来越成为一个国家核心竞争力的关键因素,而这正是我们的弱势。学校教育中导致学生创造力缺乏的原因究竟在哪里呢?概括地说,原因恐怕就在于学生自信心、生活激情的下降,批判求异精神的匮乏,创新视野的限制,情感体验单一、苍白,缺乏对知识自主选择的机会和知识结构的失衡,过度焦虑,缺乏创造思维应有的放松心态,过度的竞争压力导致人际关系紧张,缺乏交往中的智慧碰撞,还有“标准答案”的“唯一性”,也是束缚学生发散思维,扼杀创造性的。

正如许多学者所提及到的中国教育模式的诸多弱点,如重共性、轻个性,重服从、轻民主,重主宰、轻主体,重结果、轻过程,重灌输、轻探索,重逻辑、轻形象等,严重破坏了青少年的学习兴趣和求知欲,磨灭了好奇心和创造性,致使思维钝化,想象力缺乏,丧失问题意识。当然,这背后有一个更为复杂的教育和文化的问题。

“教什么”和“怎么教”是密切地联系在一起的。比如说,良好的教育内容一个重要的特征是与学生的生活经验有一定的关联。没有一定的直接经验,间接经验(书本知识)就难以理解和掌握。对此,陶行知先生有过一个精辟的比喻:“接知如接枝。”他说:“我们要有自己的经验做根,以这经验所发生的知识做枝,然后别人的知识方才可以接得上去,别人的知识方才成为我们知识的一个有机体部分。”(陶行知:《中国教育改造》,东方出版社,1996年第1版,第124页)对此,“怎么教”也要求作出努力来激活、丰富和提升学生的直接经验。直接经验对于每一个人的意义是不同的。有效教学是我们积极寻求、改变直接经验意义的活动。

教育是价值引导与自主建构相统一的过程。在价值引导上,“教什么”显然起着更重要的作用;而在学生的“自主建构”上,“怎么教”就更重要。

课堂教学,不仅应该是有效率的,也应该是有灵魂的。效率更多地取决于“怎么教”，灵魂更多地取决于“教什么”。而“教什么”和“怎么教”都取决于我们究竟要培养什么样的人。这是教育的方向问题，也是教育的根本问题。良好的教育应该是正确的方向与有效的方法的统一。

中小学教师普遍缺乏的是对教学内容的批判性理解，把教科书上的内容视为不容置疑的现象是普遍存在的，这当然有一个原因是考试指挥棒在起作用，但我们广大中小学教师缺乏自觉的社会文化的价值追求、缺乏现代民主政治意识也是一个重要原因。

一堂课中的必要环节

在一些公开课上，我们经常能看到非常丰富的活动，非常的热闹。但更多的是蜻蜓点水，走过场。活动不深入，没有做实，并且对活动也缺乏必要的总结与提升。对此有一个很好的比喻是：只重挖坑，而不重掘井。因而一节课上学生的收获也就寥寥无几或者很肤浅。

我们通常说的一节课，30分钟、40分钟或45分钟，根据其任务与目的的不同，可分为不同的类型，比如主题学习的课、综合练习课、复习课等等。作为"主题学习的课"（过去的《教育学》教科书上称之为"新授课"，即"传授新知识的课"），在一堂课内，有一些必要的环节，是让学生很好地领会和掌握学习内容所必需的。教学是朝向一个特定目标所进行的努力的系列行为。所谓教学环节，就是既相互独立又相互连结的一组教学行为。

其一是学习意义的明了。学习一个主题，它对于我们理解把握世界有何帮助，知晓、明了这一点，对于学生学习动机的激发是不可或缺的。我上初中时，就不明白为什么要学正余弦定理，后来才明白是为了解决三角形角与边的关系问题。明白这一点对于理解正余弦定理就很必要。任何一个学习者，如果在学习过程中不能获得成就感，或者怀疑所学知识的价值，就会很容易失去学习的兴趣以及主动性。学生们必须在真实的学习情境中学会自律以及负起责任。而真实的学习情境首要的就是明确目标与任务，以及学生非常明确完成任务、达到目标的意义。

其二是反馈与强化。由于学生的知识背景与我们教师的知识背景存在比较大的差异，我们觉得很简单的推理、很明确的逻辑联系，对学生来说，特别是对于少数处于特殊情况的学生来说，很可能一头雾水、十分茫然。这就需要我们能以对话的方式探明学生学习的真实情况，建立起师生之间的信息反馈的渠道，在一些关键点上予以强化。最有效的策略是鼓励学生复述，即用自己的语言来明确表达。

魏书生老师在他的报告中说，他把一节课的任务分配给不同的学生，然后就什么都不做了。我想魏老师的成功非常重要的一点是发挥了学生的主动性，学生有明确的任务驱动，不依赖老师，真正经历了自主探索的过程，因而学生获得了比较好的发展。但如果老师在对一些复杂问题的理解上给与学生一些点拨、一些启发，学生是不是会发展得更好呢？好总是相对的，在任何时候我们都仍然有努力的空间。

其三是课堂讨论。课堂讨论在西方的教学中，特别是大学教学中普遍采用的教学方法，以至成为教学的一个环节。教学中教师的思想高度是通过教师引导并参与学生的讨论来体现的，讨论可以澄清思绪，可以让学生学会倾听，学会有条理地表达，学会阐明和维护自己的观点，学会从别人的观点和证据中吸取有价值的东西修正和完善自己的观点和论述。

在课堂讨论中，教师要特别注意发现和捕获学生思想的火花，给予更多的鼓励和欣赏，并引导他们完善推理和论证的高级思维过程。教师的职责就是帮助学生揭示积极地合作、相互尊重的氛围之下的意见歧异；不埋没任何一个人，提供一道学习、一道成长的环境；引导学生能够共鸣地接纳一切意见，勇于表述自己的观点；学生将现实生活中直面的问题引进教室也无关紧要，有时还值得鼓励和欣赏。切记不要羞辱和耻笑学生观点的荒谬和论证的粗疏，羞辱和耻笑将会使学生变得退缩和怯懦，进而压抑求异思维的冲动，摧毁创造性思维的幼芽。

最后是回顾和分享。当一个主题的学习结束以后，教师应该停下来问一问学生有什么需要质疑的，有什么需要修正、补充和丰富的。对学生说："我是不是表达清楚了？""还有什么需要进一步澄清的？"而不是对学生说："你们听明白了没有？""你们还有什么不理解的？"前者表明的是教师对于自己"教"的责任承担；而后者表明的是学生学会了还是没学会，责任在学生。

好的教学是一个精神漫游的过程，正如登山，只有当我们最终登上山巅，俯瞰登山时所走过的路时，我们才会有一种了然于胸的感觉。这时的回顾和分享，其实也就是及时复习。及时复习对于巩固所"学"的知识有着极其重要的价值。在今天知识学得巩固仍然是必要的，因为只有学得巩固，才能比较好地迁移，才能转化为学生的实际能力。

一门课程的知识是一个大的网络、大的系统，犹如一个链条，如果这个网络哪里出现了断裂，就不容易做到"纲举目张"、以简驭繁。如果学生头脑中的知识是缺乏内在的意义关联的、零星的、杂乱无章的，那么，这些书本知识就会是僵死的、呆滞的，不能自主地建构出个体的知识。况且，学生也需要经常自我反思，这样他们才能善于管理、评价和改进自己的学习和思考。

当然，在最后这个环节里也还要包括课后作业的布置。课后作业对于学生的成长来说是非常必要的。给学生布置怎样的课后作业，是需要认真研究的。"教师也不要给学生布置太简单、太容易的作业。太容易的作业不仅会使比较聪明的学生觉得枯燥乏味或引起捣鬼行为，也没能给不太聪明的学生提供克服以前失败以及发展解决问题的技能的机会。"（Thomas L. Good和Jere E. Brophy:《透视课堂》，陶志琼、王凤凰、邓晓芳等译，中国轻工业出版社，2002年1月第1版，第177页）

西方学者艾普汀（Eptein）确定了10个布置家庭作业的原因，

她称之为家庭作业的十大目的(10Ps):练习(practice)——速度,掌握并保持技能;准备(preparation)——作好下一堂课的准备,完成课堂活动和作业;参与(participation)——每个学生参与学习活动的积极性,体会学习的乐趣;个人进步(personal development)——学生的责任感,培养毅力和支配时间的能力,培养自信心和成就感,开发并认可学生在课堂上不能学到的知识和技能,扩大并丰富活动;学间的交流 (peer interaction)——学生共同协力完成作业和学习计划,激励他们互相学习;家长—子女关系(parent-child relation)——以学习的重要性为出发点建立家长—子女关系,证明学生在学校学习的知识在真实生活和经历中的运用,提高家长对学生学习进展情况的意识和帮助支持;家长—教师之间的交流(parent-teacher communication)——教师能够让家长了解并参与学生的课堂活动,同时,让家长了解自己子女学习的课程以及进展情况;与社会的联系(public relation)——向社会证明学校是一个严肃认真的学习场所,包括家庭作业,同时,可以把与社会进行有效交流规定为有关学生—社区关系的家庭作业;执行政策(policy)——执行区或学校教育领导管理者制定的政策规定,完成规定的每天或每周的作业量;惩罚(punishment)——纠正行为中或效率方面存在的问题。课外作业的意义是多方面的,并不是可有可无的,作业应该是教师精心准备的送给学生的礼物。

“理解”的前因后果

“理解”一词，在我们的教育表达中是十分常用的。比如老师对学生说：“你理解了吗？”“你是如何理解‘人是文化的载体’这个命题的？”“你理解起来有什么困难吗？”人们对于世界的理解，并不同于电脑对于信息的加工。人对于事情的理解受制于许多的因素。理解并不是某种纯粹的智力活动，而是完整的人的心智活动，包括心灵的——自我审思、叩问心灵，也包括智力的——回忆、推理、判断、想象等等。

正如我国学者殷鼎先生所指出的那样：“理解弥漫于人的一切活动中——解释、应用、探索、情感、行为等，语言的解释也成为人的生活形式。理解不再被视为一种精神主体的活动，它成为人生的发生进行过程。理解、解释、应用同是这一存在过程中的各个时刻。从这种本体论意义上的存在的角度透视理解、解释、应用三者的关系，理解、解释、应用都是要把原先不属于人的自我理解范围内的陌生之域，在理解中占据为已有，拓展扩大了人生的疆域。生活就是一种不同的解释活动，理解转动着解释之轮，留下人走在自我理解之途上的意义之辙。”（殷鼎：《理解的命运》，生活·读书·新知三联出版社，1988年版，第101—102页）一个人鉴赏力和洞察力都源于深厚的理解能力。

罗伯特·凯根认为，“自我是在个体采择社会意义和生活意义的过程中得到发展的。人是一个意义采择者，这里的意义既可以是个体对自己的认识、对他人的认识以及对我他关系的认识，又可以是对过去经验的组织、对当前环境的理解以及对未来发展的预期等。自我的发展就是不断告别旧意义而采择新意义的过程”。(罗伯特·凯根:《发展的自我》,浙江教育出版社,1999年版,第25页)理解是社会向个体内化的基本途径,是个体参与文化交流和发展的重要方式。

理解作为认识活动的一个必要环节，也有自身运动的规律。理解之所以可能还因为人的“前理解”的存在。按照海德格尔的说法,没有什么认识是没有前提条件的。所有的理解都以先前的掌握,以一种作为整体的前理解为前提。由于前概念总是在限定着我们的认识,所以要压制每一个理解的“主观”决定因素是不可能的。([美]D.C.霍埃:《批评的循环》,兰金仁译,辽宁人民出版社,1987年版,第5页)

“前理解”是主体在以往的理解中所获得的知识、观点、思维方法以及逐步地积累形成的文化心理结构等。它是解释者与文本发生联系的中介。理解不是被动的接受能力,而是主体在“前理解”的中介作用下对文本世界的能动的重构。借助于“前理解”,主体把自己纳入历史过程的生成关系和作用关系之中。“前理解”深度和广度决定了主体对作品世界展开的深度和广度。“前理解”的偏狭性和贫乏性才是造成理解的主观性和任意性的重要根源。丰富、扩展、深化“前理解”是达到理解的“客观性”的基本途径。我们理解一个命题,这就存在着部分(命题构成的语言单位)与整体是以一种循环的方式相联系的;为了理解整体,则必须理解其部分;而在理解其部分的同时,又有必要对整体有所领悟。

在理解之中,人展开了自己与历史的联系。语言是服务于人的存在,它使人成为历史的存在,也使人进入历史。一方面,历史向人敞开,通过语言,人理解历史、解释历史,使人在活生生的历史长河中把握过去、展望未来;另一方面,人也向历史敞开,通过理解历史和传统,人丰富了自己,提高了自己,从而创造历史。在一定意义上说，历史、传统不仅是规定主体的先决条件，而且还由于主体的理解而被创造出来。人在理解历史和传统的过程中也规定了历史和传统。理解历史、语言、文本从根本上说又是理解自己。

“理解”既是一种对人的态度，又是一种认识的方式（思维方式），要求从学习者的角度思考他们的语言、思想、情感和行为。有人称之谓“移情性理解”，即“教师在考察学生时，并不是用主观预想的框框看待对方，而是以同情的态度体验学生本身的所感所想，达到理解的方法。教师在这种移情性的理解中设身处地地理解学生的内心世界、学生的情感和想法”（大正桥夫：《教育心理学》，钟启泉译，上海教育出版社，1980年版，第96页）。

“人格获得的力量和深度越大，理性获得的自由越多，人就可以更多地理解世界，他在自身之外就可以创造更多的形式。因此，人的教养就在于：一方面使人的感受功能与世界有更多的接触，从而在情感方面使受动性得到充分发挥；另一方面使特定功能保持对感受能力的最大独立性，并在理性方面使能动性得到充分发展。只要这两种特性结合起来，人就会兼有最丰满的存在和最高度的独立与自由，他自己就不会失去世界，而是以其现象的全部无限性将世界纳入到自身之中，并使之服从于他的理性的统一体。”（席勒：《美育书简》，徐恒醇译，中国文联出版公司，1984年版，第80页）理解是人对于世界的嵌入和自我精神力量的确证与表征。

后现代主义认为每一事物都是一个文本，认为文本的表现形态是多种多样的。美国哲学家波林·罗斯诺指出：“一切事物，包括一次生活经历，一场战争，一次革命，一次政党集会，选举，人际关系，度假，理发，购车，谋职，等等，都是一个文本。甚至演说也具有文本的地位（一个口头文本）。”（波林·罗斯诺：《后现代主义与社会科学》，上海译文出版社，1998年版，第50页）

哲学诠释学认为，理解不是主体的一次性行为，而是一个文本和“理解者的前结构”或“偏见”之间的不断互动的过程。每一次理解都是一次意义生成。伽达默尔(Hans-Georg Gadamer)曾经说过:“对文本或艺术品真正意义的发现是没有止境的,这实际上是一个无限的过程,不仅新的误解被不断克服,其真义得以从遮蔽它的那些事情中敞亮,而且新的理解也不断涌现,并揭示出全新的意义。”所谓“先见”,在海德格尔(M. Heidegger)看来,“原不过是解释者的不言自明、无可争议的先入之见”(海德格尔:《存在与时间》,陈嘉映译,北京三联书店,1987年版,第184页)。伽达默尔则进一步指出,“先见”是理解的前提,是解释者认识事物的基础。

“只要人在理解,理解便会不同。除非迫于政治或宗教方面的压力而哑口无声,人只要思想着,理解着,就会出现‘百家争鸣’的思想状态。‘百家争鸣’,不是允许或由开明政治赐予的问题,它是历史中的人在理解时所必然要发生的事实,一种思想的事实。理解总是多元的。”(殷鼎:《理解的命运》,第125页)理解的首要价值在于理解本身,理解事物的过程本身,它抗拒着心智的荒芜和懈怠。

加拿大著名后结构主义教育家史密斯(David G.Smith)教授认为,“自我理解的真正提高是四重行为的不断递进: 向他人开放;与他人交流;某种包含自我更新意味的自我反省;重新与他人交流”。(史密斯:《全球化与后现代教育学》,郭洋生译,教育科学出版社,2000年版,第204页)“只有理解才能使课程和知识与学生的人生历程与经验真正联系起来。理解是从人生已有的生活经验和精神世界出发的。它建立的是一种整体的涉及经验与精神世界的整体关系,它所理解的内容最终被纳入人生经验与精神世界的整体之中,从而对个体的人生与经验起到新的意义重建。因此,通过理解,使学生建构自身与教育的整体的意义关系。”(阿尔费赖德·怀海特:《思想方式》,李红译,华夏出版社,1991年版,第1页)任何理解的过程都是自我的精神世界与文本的双向建构的过程,我们的内心世界愈丰富,对于文本的解读就愈丰富。

公开课与常规课

我们将有教师同行参与观摩的课称为公开课，而将按照学校教学计划在教室中仅仅面对学生所进行的教学称为常规课。二者的共同之处在于：都要引领学生分享人类已有的认识成就，都要促进学生的自主学习，都要帮助学生获得全面成长。

公开课与常规课之间的一个重要区别就是：由于学生意识到公开课是在特定的情境下进行的，所以潜意识中收敛了自己一些诸如开小差等不良行为。而在常规课中，课堂管理是教师课堂行为非常重要的一个方面。在公开课上，特别是当学生得知今天要来给他们上课的是一位非常有名望的老师，他们就会异常兴奋，他们表现的欲望就会被激发出来，学生因此变得异常活跃，课堂因此变得异常热闹。

公开课与常规课另一个重要区别是：公开课的教学主题教师是可以自主选择的，可以选择自己擅长的、更有课堂表现空间的学习主题。正因为这个原因，有的名师一节课“上”遍全国，就不足为奇了。但在常规课上，你擅长不擅长的，喜欢不喜欢的都得教，很少有选择的余地。

有人把公开课比喻为T型台上的时装秀，很是贴切。我们不能将时装表演的服饰带到日常生活、现实社会中来，但时装表演中服饰的款式、面料、色彩却可以引领时尚。T型台上的时装秀是服饰时尚的体现者、制造者、引领者和推动者。

公开课受到非议的一个重要原因是它的表演性。公开课中有表演的成分，或者说得刻薄一点，有作假的成分，这可能是公开课的天然要素。因为这表演中就包含着要倡导的观念和行为——只有他（她）觉得好的、有效的、有价值的，他（她）才会努力去追求。理想总是高于而且先于现实（即日常的课堂）而存在，公开课总是要体现理想追求，上公开课的教师总是要把自己最美好的一面展示出来。只是由于有的上公开课的教师自我修养还没有达到应有的境界，有时就难免让人感觉不那么对劲。

但我们不能因此否认公开课的价值。公开课可以起到示范、观摩的作用，可以为教师培训提供鲜活的教学案例，可以发现和培养教学新秀，可以展示教学探索的成果，可以为上公开课的教师的自我反思提供镜鉴和契机等。

我曾经在深圳、顺德、福州、厦门、石家庄、赤峰等城市上过公开课，学科包括《语文》《品德与生活》《历史》《思想政治》，教学对象既有小学生，也有初中生和高中生。优秀教师黄瑞夷著文《有灵魂的教学》（参见张文质、肖川、黄旭主编：《生命化教育探索丛书》，黄瑞夷：《作文教学的趣味与境界》，福建教育出版社，2006年第1版，第222—224页），对我的教学给予了评析和鼓励。

我上公开课有如下几点体会：首先，课堂教学不仅应该是有效率和效益的，而且应该是有灵魂的——我们需要自觉地给予学生怎样的影响？这就需要教师充分发掘教材内容，并自觉地给予学生以富有高度的引领。其次，教学中要有一些必要的环节，比如一节课结束前五六分钟的回顾与分享，每一门课程的教学，特别是一些主题的教学，还是有一些成熟的教学模式的。第三，真正好的公开课是不太具有观赏性的，上好任何一节课，包括常规课，重要的是要设计出一个有思考空间的、能够引导整个教学进程的问题。

我所设计的"优秀教师与教育专家合作论坛"的教师培训活动共有五个环节：首先就是教学观摩，依次为自我反思，专家点评，学术报告，现场对话。这是一种多方互动的教师培训的方式。论坛是为了“宣传课程改革的精神，探索有效教学的途径，架设理论与实践的桥梁，服务于教师的成长”而创办的。五个环节，可以用一天的时间，也可以用一天半或两天。这是一种活动，一种探索，一种分享，一个机会。合作论坛坚持以“公益性、探索性、互动性”为活动宗旨，服务于中国的教育事业。我坚信：成就名师就是成就希望。

解读“朱子读书法”

朱熹(1130—1200)字元晦,是我国南宋时期很有影响的理学家,也是一位杰出的教育家。他吸收前人的经验,总结自己的经验,对于如何教人读书,提出过不少有益的见解,对后世的影响也很大。他去世后不久,他的弟子们把他的意见归纳为“朱子读书法”六条:循序渐进,熟读精思,虚心涵泳,切己体察,着紧用力,居敬持志。对此,学者们多有阐发。只因为到今天,“朱子读书法”对于我们如何有效地学习,特别是如何有效地通过阅读来建构知识,仍然有着重要的借鉴意义。

(1)循序渐进。朱熹主张读书要根据自己的能力,由易到难,讲究次第,扎扎实实,步步为营。“读书之法,当循序而有常。”(《学规类编》)他说:“以二书(指《论语》《孟子》)言之,则通一书而后及一书。以一书言之,篇、章、文、句首尾次第,亦各有序而不可乱也。量力所至而谨守之,字求其训,句索其旨。未得乎前,则不敢求乎后;未通乎此,则不敢志乎彼。”朱熹告诫人们:读书不要急于求成,应按照一定的顺序进行。这个顺序是:第一,先读基础的、容易把握的书。第二,读完一本,再读另一本。第三,从字句、章节、篇章依次读起,把前面的弄懂后,再继续读下去。

(2)熟读精思。读书必须记得背得,仔细推敲、琢磨其意。“大抵读书,先须熟读,使其言皆若出之于吾之口;继之精思,使其意旨皆若出之于吾之心,然后可以有得耳。”(《朱子大全·读书之要》)所谓诵读,就是要求在初步理解的基础上,用朗读的方法,反复熟读课文,逐步加深理解,直到可以背诵。熟读成诵,使学习内容烂熟于胸,这在人的成长、精神发育的一定阶段是非常必要的。比较经典的著作还需要反复读,读一遍与读十遍,收获自然是不同的。读书时还要有怀疑精神,要在人无疑处提出问题方算有功夫。

(3)虚心涵泳。读书需要虚心,不要因已形成的思想观点而影响对所读之书内容的掌握,把"圣贤言语来凑他的意思,其有不合,使穿凿之使合",是没有好处的。即不要带着自己的看法去读书,避免先入为主。应当仔细体会书中的意思,要自己的思路随着书中的意思走。遇到同一个问题的不同说法时,应平心静气地玩味,不要匆匆下结论。

(4)切己体察。读书时,要切身体会书中所讲的一切。比如书中记述好人好事,则将自己的所作所为与之对比,无则加勉。"读书穷理当体之于身……读书不可只就纸上求理义,须反来就自身上推究。"(《朱子语类》)经过一番将心比心、推己及人、设身处地的移情性的理解,对于他人的经验就会有更好的理解、接受和共鸣。

(5)着紧用力。这点有两层含义:首先是读书需要围绕一定的目标,坚持不懈地努力。没有取舍,就没有重点;没有重点,就没有主攻方向;没有主攻方向,就没有自己独特的知识结构和优势。其次是读书的过程必须"宽着期限,紧着课程。……如撑上水船,一篙不可以缓"。"余尝谓读书有三到,谓心到、眼到、口到。心不在此,则眼不看仔细。心眼即不专一,却只漫浪诵读,决不能记。记,亦不能久也。三到之法,心到最急。心既到矣,眼口岂不能到乎?"(《童蒙须知》《五种一归》)读书不可漫不经心、游手好闲,而需心无旁骛、专心致志。

(6)居敬持志。读书时须保持良好的精神状态,要保持一种恭谨的心态,做到心正、意诚,而且能立志专一。朱熹说:"须要养得虚明专静,使道理从里面流出来方好。”又说:“立志不定,如何读书。”当一个人有比较高的自我期许时,不仅会有更为强劲的内驱力,也会有更为高远的眼界、更为宽广的胸怀和更为明确的努力目标。所以,读书要有卓越的成效,就需要立定志向,树立远大目标。

朱熹的读书方法,不失为经验之谈,也不乏其合理因素。尽管学习方法不是万能的,更不是第一位的,也因人而异,因学习的知识类型而异,但共性总是包含在个性之中,每一个人的经验也就包含着一些具有普遍指导意义的因素,学习和借鉴是不无好处的。

朱熹的局限也是中国古代思想家普遍存在的局限,那就是怀疑精神不足,对于古圣先贤过分迷信。笛卡儿曾说过,一个人一生总得有一次把自己从小当做无可置疑的一切东西全部从脑子里清除出去,然后再重新开始寻找真正可靠的安身立命之所。一个精神自我的真正诞生一定是要经受精神的断乳期的痛苦历炼的。

语文教学的目标与策略

如何理解“语文”?这影响着我们对于语文教学目标与策略的认知。像老一辈的教育家叶圣陶先生说“语”是“口语”,“文”是“书面语言”。其实,像这些词语我们都可以赋予含义,目的是为了有一些更好的、更为丰富的理解。理论是什么?理论就是我们对事情(事物、问题)的一个描述、解释和预言。

今天我们对于“语文”可以有三个层面的理解。第一个层面是语意—文字。文字有“音、形、意、能”四层属性。任何文字都有拼写与认读的问题,任何字、词也都有它的语意。第二个层面是语言—文学。语言是最为系统、最为经典的符号系统。文学是用语言来刻画形象的艺术。第三个层面是语境—文化。任何作品都是在一定的时代背景和文化生态中产生的,都蕴涵着一定文化的精神在里面。我们任何人的思想与情怀也都不可能脱离社会文化而生成。

教学目标决定教学策略,而一门课程的教学目标的确定是与人们对于该门课程性质的理解密切相关的。我们通过对于“语文”的理解可以导出对语文教学目标的理解。

语文教学的目标,首先就是要培养学生对语言的敏感性。这就需要学生掌握丰富的语言词汇,培养学生良好的语感。语感就是我们对于直觉水平上的理解和把握,包括语言的节律感,比如好的表达我们会有行云流水的感觉。没有丰富的语言积累,就很难培养良好的语感。而实际上,在丰富语言词汇的同时也能丰富我们的内心世界。语言表达的精致、表达的灵动是由于内心的精致和灵动。所以，在语文教学特别是小学语文教学中学生对于语言词汇的积累是非常重要的。这包括掌握词的多义，比如“日薄西山”“义薄云天”的“薄”，不是厚薄的“薄”，而是“接近”的意思。同一个字或词在不同的上下文中它的意思是不一样的。

其实在任何语言里面都存在着“一词多义”这个现象。比如说“大家”这个词，我们可以指称“一群人”，还可以指在某个领域里有高深造诣的人。有一个笑话说，一个外国人来到我们国家，在大街上走。他首先看到“口内修鞋”，非常惊讶，认为中国人真了不起，口内就能修鞋。他接着往前走，看到的是“口内修车”，他越来越不理解。再向前走看到的是“口内无厕所”，他简直就匪夷所思了。为什么会出现这样的情形呢？就是他对这个“口”字含义的理解的不全面。在汉语中，“口”除了可以用来指称人和动物的嘴以外，还可以有“关隘”的意思，如走西口，“口”也可以指某一系统，如教育口。所以让学生掌握一个词汇的丰富性包括词语在不同语境中含义的变化就很重要。“文字是生命的酒”，语言学习要帮助学生建立起与民族历史之间的亲密联系。

语文教学的第二层目标是要发展学生对作品的鉴赏力。“语文”的第二个层面是语言—文学。广义的文学还包括所有的表达思想与情怀的作品。我们所有教育的目的是培养学生具有眼光。眼光指的就是良好的判断力、敏锐的洞察力和高度的鉴赏力。一篇好文章，好在哪里？像叶圣陶先生的《我爱故乡的杨梅》就显得太单薄。描写周恩来的《一夜的工作》也写得不好。还如老舍先生的《林海》就显得不够真诚。什么样思想的文章可以进入教材都是大有讲究的。我讲过一些文章，小学课本中《一件运动衫》《争吵》都非常好，真诚、人性化、富有教育意义，像《读者》上的一些文章也很好。如果其他虚假的东西渗透在字里行间，学生敏锐的心立刻就能了解到。所以我认为“文贵情真”是至理名言。那么作为语文老师，面对那么多垃圾文章怎么教？你要做的是指出作为“反面教材”的文章它不好在哪里，并和学生一道分析不好的原因是什么。这样做同样可以起到发展学生对于作品鉴赏力的作用。

语文教学目标的第三个层面是帮助学生丰富文化的底蕴。文化的底蕴包括学识的积累、情操的陶冶、人格境界的提升等等。尽管所有的课程都应该服务于这一目标，但语文课由于它自身的特征更应该在这方面做得更好一些。这包括通过对于那些文质兼美的文章的学习，通过充分挖掘课文的思想和美学内涵，去陶冶学生，培养他审美的鉴赏力，发展学生崇尚真理与学问的品质，培养学生具有敏感的开放的内心，引导学生确立起一个健康文明的生活态度等等。

以上是语文教学的目标。在基础教育的“六大领域”（包括语言、数学、科学、艺术、历史与社会、体育与健康）或“八大领域”中（还包括技术和社会实践），语文无疑都是最重要的学习领域。这是因为语言，特别是母语，与一个人的思维发展有着极其密切而重要的关系。语言也是个体获取信息、理解文本和表达自我的最重要的工具和媒介。况且，只有在母语中，才能触摸到民族文化之根，并与之建立起血脉联系。

那语文教学的策略呢？我用十八字概括：字词句段篇，听说读写思，整体感悟，细处摄神。字词句段篇，是就语文教学的学习内容而言的。许多作者都说要把语文课上成语文课，不要上成思想品德课、科普课。像《鲸》那一篇文章，教学的重点并不在于让学生了解鲸是个巨型的哺乳动物，而是重在通过这篇文章学习怎么向别人去介绍、刻画一个东西，认识一个事物。

词汇的积累、句子的积累也很重要。如我用这样的六句话来表述“教育的力量”：“真正的教育一定能够给无助的心灵带来希望，给稚嫩的双手带来力量，给蒙迷的双眼带来澄明，给羸弱的身躯带来强健，给弯曲的脊梁带来挺拔，给卑微的人们带来自信。”第一句话“给无助的心灵带来希望”是凤凰卫视一个广告的主题词，其他几句是我仿写出来的。语言就是这样日积月累的。

语文学习的基本途径就是听说读写思。在课堂上学生注意力非常集中地“听”往往被忽视。上课时往往是老师说上半句，学生说下半句。我觉得在小学高年级以后，教师可以连续几分钟说一段精致的话，培养学生认真听的品质。包括对我自己的孩子，我也强调用高品质的、规范的、优雅的语言与他交流。久而久之，他就会慢慢学会用一套高品质的语言去思考和表达。

“说”，强调的是给学生口语表达的机会。教师在备课时要注意创造话题空间让学生有得可说。“读”，包括快速阅读、浏览、朗读，特别是教师的范读等等。“写”则包括改写、续写在内的多种形式的写作，并要有意识地引导学生进行创作。“思”则是与“听说读写”密不可分的。我们的教学要着力培养学生的思考策略和探究意识，就需要在“思”上狠下工夫。

所谓“整体感悟”，强调的是将整篇文章作为感知的对象，要注意文章的篇章结构。我们如果对文章没有一个整体的把握，而过分地进行肢解，就不能很好地进行鉴赏。要在整体感悟的基础上，再品词品句。教育就是既见树木又见森林。森林就是大的背景，包括作者的倾向，文章所赖以存在的文化生态。比如说，文贵情真，文章不能虚假。可我们的一些大家也有虚假的作品，这与他们所处的时代、政治文化有关。

整体感悟的实现要注重作品的文化生态。如《岳阳楼记》也是美文，但其中的名句“先天下之忧而忧，后天下之乐而乐”在我看来就缺乏平等思想，没把自己放在普通的国民位置上，这与政治、心理、精神上的特权有着千丝万缕的联系。如《桃花源记》中对理想社会的理解，它里面就没有公平、公正的东西，无非是良风美俗、人际和谐。在今天看来，一个理想的社会包括“个人自由，社会公平，政治民主和经济繁荣”这四个要素。可《桃花源记》中的桃花源只是一个宁静、祥和、安逸的封闭社会，按鲁迅先生的说法，那充其量不过是一个做稳了奴隶的太平盛世。

树木是什么?就是细节,细微的地方。细处摄神就是要引导学生在细微处用心体味,包括品词、品句,品味那些独具匠心、耐人寻味的用字、用词。“整体感悟”与“细处摄神”二者是相辅相成的,处理得当就可以相得益彰、相映成趣。它们的对立统一可以通过一些具体的教学策略来实现。所以语文教学具体的策略就包括浏览。快速浏览也是一种技能。我从上中学时一直到现在都有一个本子积累一些词。好多从港台来的词,比如,层面、考量、打磨、打造、掌控、质素……我觉得这些词都很好,内涵比较丰富。还有一个便是批判性阅读,就是指去用审视的眼光去发现作者是怎么取材选材、布局谋篇的,表达了一种什么样的价值观、思想和情怀。

朗诵对于实现整体感悟很重要。因为语文教材中大多数课文是美文,是可以朗诵的,所以提高教师的朗诵能力也是至关重要的。教师的范读也应该包括朗诵在内——你一定要让学生知道你比他读得好的地方在哪里。教育的要求很多时候是通过教师的示范得以体现的。教师的朗诵要努力做到字正腔圆,声情并茂,以便让学生有一个学习的榜样。

教学中可以对一些问题进行讨论、复述。任何一个文体都是可以复述的,它是认知加工非常重要的方式。写,包括仿写、续写、改编。像小学课文《丑小鸭》就可以进行续写。假设丑小鸭回到它小时候生活过的地方,它的邻居会怎么对待它,它又会怎么对待曾经轻视过它的邻居,它们之间又会发生什么样的故事呢?这就是很好的续写的主题。让学生们谈阅读的体悟,学习完有什么感受,可以和大家分享,这既可以培养学生乐于分享的性格,也可以起到巩固和强化的作用。另外,有的课文还可以进行戏剧表演。

任何一节课都可以有一个回顾和分享。这节课,我们共同经历了怎样的精神之旅?我有什么体悟和感怀?还有怎样的困惑和质疑?我们应该鼓励并欣赏学生对于问题独到的理解,和对于教科书上的内容的质疑、修正、丰富和深化；我们应该鼓励并欣赏学生积极参与教学过程，成为对课堂有贡献的人。

通过语文教学不仅要发展学生阅读与写作的技能，而且要发展学生的精神力量。正如有的论者所指出的，语文教学把学生引向生活，引向现实，引向民族和世界文化的殿堂，引向现实和历史中的一个个活生生的人，引向人的精神世界，教师与学生一起质疑和思考，一起痛苦和快乐，一起义愤和悲哀，一起孤寂和振作，一起让心灵自由飞翔。阅读和写作都是对话，是灵魂的对话。教师没有权力以“知识”的拥有者自居，通过肢解课文、越俎代庖等等手段干涉和阻挠这种对话。教师能做的只是作为对话的一方参与进来，同时要表现出足够的真诚、好奇、热情、宽容、谦虚、理性和思想开放，并随时准备承认自己的错误和不足。

在历史中感悟永恒

我对于世界文明史,有着近乎痴迷的热爱。我总希望能够简约地勾画出人类文明进步的轨迹。在文化和历史的背景中思考问题,我们姑且称之为历史意识和情境意识。因为任何问题都不会是空穴来风,都不会是无源之水、无本之木,必定与诸多因素相互关联着。

有人说,怀旧是一种时髦病,又有人说是世纪病。可我并不这样看。对于过往的追忆与感怀,是人类精神生活的常态。不只是怀旧,而是自觉洞察人类文明的进程,这当是一件具有十分重要的智力价值和精神愉悦的事情,特别是它有助于我们形成自我与人类之间的丰富而深厚的联系,因为,"各个个人的世界历史性的存在就意味着他们的存在是与世界历史直接联系的"(马克思)。

法国"年鉴学派"和"新史学"的学术大师费尔南德·布罗代尔(Fernand Braudel 1902—1985)认为"总体史"应揭示历史过程的三个互相关联的方面:首先是历史运动的纵深性、层次性和阶梯性,即历史运动存在着几个内在层次;其次是作为纵深的历史运动的存在形式之一的统一的社会时间;第三是只有同时从时间和空间这两个方面来观察历史过程及其运动,把社会现象同其占有的特定时间和空间联系起来,才能认识人类的历史。布罗代尔的成名之作《腓力二世时代的地中海和地中海世界》及其另一部代表作《15—18世纪的物质文明、经济和资本主义》,描述和分析的就是一个世界体系在“长时段”内的发生和发展的不同层面空间和时间运动。

几乎所有的文明中，都有一些共同的要素，诸如诗词、歌舞、美术、神话、图腾崇拜、节日和礼仪，甚至包括酒，这些大概都是源于共同的人性。可“文明冲突”自古以来就时有发生。“文明冲突”是文明发展演进的动力。历史上每一次文明冲突的结果往往是形成文明共存与进一步的融合，而每一次经过文明共存与融合产生的新的文明又会孕育着更为深刻的文明冲突。文明共存是融合各种文明不同的特质，扬弃不合时宜的文明，形成多样化的新的文明体系。文明共存中必然有文明的冲突，文明的冲突中包含着文明的共存和融合。文明在产生同一性的同时必将产生多元性，两者密不可分并互为前提，是辩证统一在一起的。文明冲突和文明共存引发世界文明的变迁、演进、发展和多样化，不同文明在交融中发生碰撞而走向整合。

让人怀念是人们对其身后的一种向往，这其中又有着对永恒的追求。历史上许多人都希翼长生不老，权贵们建造豪华气派、坚如城堡的陵墓的努力，也是为了追求永恒。徐州龟山楚襄王刘注的陵寝就至少耗费了几百人十多年的汗水、心血以至生命。由此可见专制统治者的血腥、残酷、自私，这也是专制者罪恶的见证。按照弗洛伊德的观点，文明的进步是以对人的本能欲望的限制为条件的，权力的制衡就与此有关。

千古兴亡多少事，可都是实实在在地存在着的，任凭人们的品评。历史上那些为人类文明的积淀留下宝贵财富的人们，尽管我们不知道他们的尸骨何在，但他们分明活在我们的心中。陶潜守拙的向往，李白无奈的豪放，杜甫落寞中的感伤，苏轼出世中的入世，辛稼轩勇武里的细腻，李清照凄苦中的优雅，南唐后主富贵后的哀怨……人不只是生活在当下，而是生活在过去、现在与未来。过去，是整个人类的过去，自己民族的过去和自我的过去，它留存在我们的记忆里,留存在文字里,留存在历史的遗迹里。让我们的后人，以崇仰的心情谈论我们，正如我们今天谈论梁启超、章太炎、鲁迅、闻一多、钱玄同、朱自清、陈寅恪、林语堂、梁实秋……

真诚 深刻 丰富

——评闫学老师执教的《冬阳·童年·骆驼队》

一堂好课应该具备三个要素:真诚,深刻,丰富。所谓真诚,就是你讲的一切,与学生分享的一切,你都有切肤之感,一切都像是从你内心世界里流溢出来的。所谓深刻,当然是相对的,是针对学生已有的知识水平而言的。教学的深刻就体现在能够引起学生思维的警觉,带给学生理智的挑战,引发学生认知的冲突,唤起学生的惊异感和想象力。所谓丰富就是指课堂有意义的信息以及表现形式多种多样,没有单调、贫乏、空洞和苍白之感。为了创造丰富的课堂,我们要创造一个博大的、光明的精神氛围,让学生的心灵荡漾其中。教师对学习的主题要有非常丰富的个性化的理解,这就需要教师有丰富的学识积累,对学生产生广泛的影响,用你非常细腻的个性化的真诚的理解。我听过很多老师的课都感觉不具备这三个要素,当然,这其中的原因可能是多方面的。

令人欣慰的是,闫学老师执教的《冬阳·童年·骆驼队》一课使我看到了真诚、深刻而丰富的课堂。

在这节课上,我看到了真诚的师生对话。文章中有一个有趣的情节:童年的林海音站在骆驼面前,看骆驼吃草料咀嚼的样子,看着看着,不禁入了神,自己的牙齿也动了起来。学生对这个情节很感兴趣,闫老师就带领学生透过文字想象当时作者可爱的情态,自由发表内心的感受。这时,闫老师话锋一转,巧妙融入了学生的对话之中——

“忘记了周围的一切,觉得自己就是那头骆驼,所以自己的牙齿也动起来了。这一切让童年的林海音都看得呆了。可是当我读到这里的时候——我也见过骆驼,闫老师就觉得看骆驼咀嚼没什么意思,挺平常的事儿嘛!”

师生就此展开了一番真诚的对话。这样的师生对话让我们想起了美国课程论专家小威廉姆·E.多尔的观点:“作为平等中的首席,教师的作用没有被抛弃,而是得以重新构建,从外在于学生情境转化为与这一情境共存。权威也转入情境之中。……在情境性框架之中,施瓦布的‘地方性事务状态’里,教师是内在于情境的领导者,而不是外在的专制者(无论多么仁慈)。”(小威廉姆·E.多尔:《后现代课程观》,王红宇译,教育科学出版社,2000年第一版,第238页)在闫老师的课堂上,教师真正作为平等中的首席融入了课堂情境,成为“内在于情境的领导者”,而非“外在的专制者”。在师生真诚的对话过程中,学生进一步领悟到“学骆驼咀嚼”背后所蕴涵的那份童真、童心、童趣,而这些都随着时光的流逝一去不复返。

在这节课上,有过多次这种真诚的师生对话。师生心灵的舒展、思想的灵动,又使课堂变得深刻而丰富。

文章中有一个细节,描写童年的林海音和爸爸讨论骆驼脖子上的铃铛是干什么的。童年的浪漫与诗意,成人世界的现实与理性,在这样的描述中形成了鲜明的对比。闫老师提出了一个问题:“如果这时有人问你,骆驼脖子上的铃铛是干什么的,你打算怎样回答?”一石激起千层浪,学生基本分成了三大阵营:有的认可林海音的想法,有的认可爸爸的想法,还有的另有各种创造性的见解。在这个环节中,教师的设问引起了学生思维的警觉,孩子们表现了惊人的想象力和创造性,认知的冲突、理智的挑战在这样的对话中得到了淋漓尽致的展现。闫老师没有简单地判断谁对谁错,孰优孰劣,而是祝贺每一个孩子——

“我很高兴刚才很多同学觉得这骆驼脖子上的铃铛就是为了增加情趣，这说明在你们的眼睛里，一切还是那么美好，那么充满诗意，为你们还拥有这一份诗意的眼光，我要祝贺你们！刚才很多同学也用现实的眼光来看待骆驼脖子上的铃铛，比较同意爸爸的想法，这说明你们已经开始学会用现实的眼光来看待生活的一切了，你们在逐渐地长大。人总需要长大，为你们的逐渐长大，我也要祝贺你们！”

可贵的是，课堂挖掘到这一步并没有停止。闫老师在引导学生展开了充分的思考后，通过简单的小结把课堂引向了深入——“现实的答案虽然是正确的，但往往不那么完美，而完美的答案却往往不那么现实，我们的现实世界就是这么充满矛盾。”

看似深奥的道理就这样被层层剥开。我们说要营造深刻的课堂，并不是要把某个深刻的道理“告诉”孩子，而是要研究如何在孩子已有的认知水平上使他们能够水到渠成地领悟和理解。我以为，闫老师的课堂做到了这一点。

一堂好课除了真诚的情愫与深刻的感悟，还应该给学生提供无限的空间，使课堂阔大、丰满，展现多种可能性，在学生面前开启一扇扇窗，让心灵自由地放飞，这就是课堂的“丰富”。闫老师就是开启这一扇扇窗的人。

课刚开始，闫老师请学生讲讲自己小时候做过的最有意思的事。由于是非常熟悉和感兴趣的话题，学生争相发言，记忆的闸门一下子打开了。在此基础上，闫老师巧妙地过渡到林海音的童年，请学生通过题目中的三个词——“冬阳”“童年”“骆驼队” 想象画面。学生展开了想象的翅膀，在生动的语言描述中，一幅幅画面色彩斑斓，精彩纷呈。这个环节，引导学生从走进自己童年的记忆，到走进作者童年的记忆，从而自然地过渡到文本，学生的思维始终是开放的、自由的、灵动的。

在感悟童年时的林海音“总是问，总是问”这一点时，闫老师放手让学生想象作者可能会提哪些问题。爱问是孩子的天性，他们的思维被充分调动起来了：有的问题基于文本，有的问题基于设想，问题竟有十几个之多。在很多名师的公开课上，我们已经很少见到这样的情景了。不愿让学生问抑或不敢让学生问，已经成为许多课堂单薄、封闭的主要原因之一。

这节课的丰富还不止于此。比如，闫老师试图引导学生理解成年林海音的感受，让学生通过课堂写作练习来表达；为学生展示小说《城南旧事》的片段，推荐《城南旧事》这部同名电影；师生共同深情诵读闫老师的诗作《童年，心灵的故乡》……这些不仅让我们看到了闫老师丰富的学识积累，更看到了学生是如何在教师的引导下，真正领悟了作者心中那份淡淡的感伤与深深的怀念，正如闫老师所说——“品读此文，我们就像是在静静地品尝一杯淡淡的清茶，又像是在欣赏一朵素雅的小花。我们在感受到童心、童真、童趣的同时，也感受到了那份蕴藏在字里行间的深情。”

我想，品读此课，我们的感觉亦如此。

我反对少儿读经

现在全国已有六十多个城市、五百万家庭的少年儿童参与诵读儒家经典。一个呼唤自由民主、法治人权的年代，让孩子去读充满着生僻字眼和晦涩语句的“四书五经”，到底有没有价值？读经能不能读出一个道德的中国？这从中国历史中是不难找到答案的。历朝历代，什么时候不是贪污成风、政由贿成？以至于历史学家吴晗（1909—1969）感叹：中国历史就是一部充斥着贪污的历史。远的不说，就说末代皇帝溥仪。他总该是饱读经书的吧，可他为了一己之私欲，不仅置民族大义于不顾，认贼作父，为虎作伥，而且连个人的人格尊严都不讲，干下许多令人不齿的事情，这难道还不足以说明读经的无用吗？！

在上个世纪初，就有过“尊孔读经”的闹剧。北洋军阀段祺瑞政府的教育总长章士钊（1881—1973）1925年9月提出“读经救国”的口号，11月，又在教育部部务会议上通过决议，强令全国小学生四年级至高小毕业止，每周都要安排一小时读经。章士钊的倒行逆施，激起了文化界有识之士的强烈不满。鲁迅的《十四年的“读经”》（“十四年”指民国十四年，即1925年），严厉批判了章士钊“读经救国”、鼓吹少儿读经的谬论。鲁迅说：尊孔、崇儒、读经、复古，由来已经很久了。皇帝和大臣们，向来总要取其一端，或者“以孝治天下”，或者“以忠召天下”，而且又“以贞节励天下”（《十四年的“读经”》）。不错，孔夫子曾经计划过出色的治国的方法，但那都是为了治民众者，即权势者设想的方法，为民众本身的，却一点也没有。这就是“礼不下庶人”(《在现代中国的孔夫子》)。

1937年7月,胡适先生在庐山谈话时就多次说过,教育应该独立,其含义有三:“1. 现任官吏不得做公私立大学校长、董事长,更不得滥用政治势力以国家公款津贴所长的学校。2. 政治势力不得侵入教育。中小学校长的选择与中小学教员的任聘,皆不得受某一政治势力的影响。3. 中央应禁止无知疆吏用他的偏见干涉教育,如提倡小学读经之类。”在胡适先生看来,只有无知的人才会提倡儿童读经。在新文化运动中极力鼓吹解放儿童的周作人也明确指出:“我们反对古文,大半原为他晦涩难解,养成国民笼统的心思,使得表现力与理解力都不发达。”(周作人:《思想革命》,老品编:《二十世纪中国学术散文精品:奠基者卷》(上册),中央编译出版社,1996年第1版,第69页)

先哲之言仍犹在耳。历史的经验也值得注意。两千多年的中国古代教育就是让尚不懂世事的孩子去读“四书五经”,生吞活剥,甚至死记硬背,使学生养成不求甚解、盲从权威的学风。这种教育培养出来的思维方式严重地阻碍着实证科学的发展,阻碍着科学精神的养成,是中国传统文化的严重缺陷。陶行知先生更是对于这种“死”的教育提出了严厉的批评:“先生教死书,死教书,教书死;学生是读死书,死读书,读书死。”(董宝良主编:《陶行知教育论著选》,人民教育出版社,1991年版,第395页)

在当下,主张读经的人中,各自的动机是不一样的。我不排除有严谨的学者,出于良好的愿望来推动“读经”运动——让学生充分学习吸收中华民族优秀的传统文化,积淀深厚的文化底蕴,以此抵制现代流行的泡沫文化,并进而让我们的孩子成为民族文化的受益者和传播者。但也有个别人是为了自己的名与利,故意在污泥浊水中兴风作浪。说某些“读经”运动的推波助澜者是欺世盗名、以牟私利恐怕是没有冤屈他们的。

现在有人鼓吹:“现在中国人在生命、社会、政治等很多方面都存在问题,而复兴儒学,可以解决以下七个方面的问题。第一,安顿中国人的个体生命;第二,重建中国人的社会道德;第三,重塑中华民族的民族精神;第四,重建中国人的希望;第五,重建中国政治的合法性;第六,建立具有中国文化特色的政治制度;第七,奠定在中国现代化进程中的道德基础。"这简直就是痴人说梦,纯粹的无稽之谈。"读经"运动的沉滓泛起与这种错误认识恐怕不无关系。

我们今天的教育不是要培养什么圣贤,而是要培养具有民主性格的公民。我们必须清醒地意识到圣贤意识是与王道意识、救世主意识,与特权意识有着千丝万缕的联系的,是人治社会的心理基础。这正是我们在建设一个民主与自由的社会的努力中要极力消解的。翻开"四书五经",无处不充斥着"君君、臣臣、父父、子子"的尊卑等级观念,字里行间总离不开对"人治"的推崇和褒扬,其中所隐含的奴性文化,只能使人的思想僵化麻木。而这些正是和我们当今大力倡导的"政治文明"与"依法治国"理念背道而驰的!

"经"的意思就是恒常的正道,不变的法则。所谓"经学",正是圣人崇拜的一个产物。在自古以来中国人的传统观念中,学习就是读书,而读书就是读圣贤书。书中的话,都是圣贤之言,是不能逾越,更不容质疑的。学习的方法,则是恭读、背诵书中的被视为金科玉律的教条并用它们去规范自己和他人的一切思想与行为。结果培养出来的人基本上都是一些唯命是从、仰人鼻息的奴才,而少有具有创造力和开拓精神的探索者。

很显然,"四书五经"的内容很多都已过时,缺乏时代感,不符合现代社会文化发展的方向,更缺乏民主政治的意识,特别是脱离现在学生的生活经验,让学生生吞活剥、囫囵吞枣地记忆,只能造成学生学习与生命的浪费。"如果教育仅仅被弄成由被动、有依赖性的学生去对以往的人类成就做某种无益的复诵,那么,教育几乎就失去了意义。”(莱·克莱登:《课程与文化》,大连理工大学出版社,1992年版,第2页)教育的价值是解放学生的头脑,而不是封闭学生的头脑。

基于以上认识,我反对读经。我想大声疾呼:少儿读经,可以休矣。

“咬文嚼字”的积极意义

在一些语境中，“咬文嚼字”是一个含有贬义的成语，意为过分地斟酌字句、死扣字眼而不注重整篇、整段的精神实质(《中国成语大辞典》，上海辞书出版社，1987年第1版)。这层含义上的咬文嚼字的确是需要摒弃的。原因就在于：对于文章的阅读与理解，整体把握、整体感悟是第一要诀。

在此我想说的是，语言表达中为了措词的精当而反复地推敲，姑且称之为“咬文嚼字”，还是一个值得重视的品质。在我看来，文化人，即受过教育的人，与没有受过教育的人的重要区别是表达的规范、准确、完整，这自然包括措词的精当。措词的精当实质上是思想的严密和严谨——“语言的痛苦就是思想的痛苦”。我们都很熟悉古代文人用心“推敲”的典故，可不知你是否认识到，与其说那些“为安一个字，拧断数茎须”的诗人是在推敲恰切心意的字眼，不如说他们是在努力捕捉自己的感觉，明晰自己的意识。

我经常因听到或看到一些用词的不准确而感到不舒服。譬如，“老师要注重聆听来自学生的意见”，这句话就不妥。“聆听”是一个谦词，我们可以说“我愿聆听您老人家的教诲”，而不能说“大家要注意聆听我的报告”。又如“莘莘学子”被误用也非常普遍。“莘莘”是众多的意思，许多人却是望文生义，把它理解为“勤勉、努力、刻苦”了，大概是因为“莘”中有一个“辛”吧。还有，“德育教育”，同语反复、词意重叠就更是显而易见的，可即使在一些很正式的文件中也经常这么说。

我一直自以为我的书面表达是非常过关的。可当我将自己刚刚写好的文章送给我国著名的语言学家伍铁平先生指正时，他老人家还都能指出一两处语言上欠妥的地方来。可见，对于自己的文字多一些字斟句酌并不是多余的。

细腻的感受力和注重细节的品质如何培养，方法固然很多，注重推敲、咀嚼文辞的训练也是重要的一途。我们今天的社会中许多的法律法规过于“原则”，过于笼统，缺乏可操作性，对于一些可能的情况缺乏预见和细致的关照，这都与我们没有培养出注重细节的品质有关。在需要缜密的思考时，更多的人表现为粗枝大叶、马马虎虎、“差不多”、“大概其”。这也许和我们缺乏科学的精神和不注重实证的传统有关。

作为理想主义者的教师

自觉培植教师现代民主政治的理念

学校是培养人的场所，它作为社会机构，同时也肩负着一定的社会责任。在我们国家正在建设民主政治的今天强调自觉地培植教师的现代民主政治的理念，就十分必要。具体来讲，原因有三：

其一，正如美国教育家、心理学家布鲁纳指出的："不顾教育过程的政治、经济和社会环境来论述教育理论的心理学家和教育家是自甘浅薄，势必在社会上和教室里受到蔑视。"（[美]布鲁纳：《布鲁纳教育论著选》，人民教育出版社，1989年版，第367页）在现代社会中，教育日益成为一个先导性、全局性和基础性的实践领域。教育的先导性意味着教育日益成为引领社会前进的力量，全局性意味着教育与社会的各个系统和部门之间甚至与千家万户有着千丝万缕的密切的关联，而基础性意味着教育是社会各项事业存续和发展的前提与必要条件。无论是从教育与社会关系的意义上，还是从个人与社会的意义上，强调教育的社会责任都是良好教育的应有之义。

从理论上讲，教育具有维护社会稳定，并进而减少愚昧、迷信、贫困、暴力、犯罪、歧视、压迫、不平等、不公正等现象，从而促进社会的繁荣和发展的功能。但实际上教育的社会功能发挥得怎样，取决于许多的因素，其中一个非常主要的因素就是教师的现代民主政治的意识。

其二是与我个人的经历有关。就因为在大学的课堂上，涉及到一些民主、人权、社会公正等问题，我和我的一些同事都被大学本科的学生“告过状”，打过“小报告”。这种事尽管并不十分普遍，可也足以让我们警觉：思想专制的病毒是如何传染给我们的下一代的？如果我们中小学教师不具有现代政治的观念，如果我们不能在中小学学生心中播撒民主、自由、平等、人权、博爱的精神种子，上了大学却思想僵化、心智闭锁，我们的未来将是令人焦虑与不安的。

其三是依我个人有限的经验判断，当今中小学教师的现代政治观念是比较薄弱的。下面这则新闻报道也多少能够佐证这一判断。

河北沧州公办的东光县实验小学办学条件是县城最好的。该小学2005年6月20日公布今年招生简章，明确规定：“招生对象为县城内党政机关、事业单位在编干部职工子女。报名时必须出示父母一方的编制证原件及复印件、所在单位有局长核实签字的证明书。不符合条件者一律不予接受。”这则新闻透露出我们一些教育者连起码的平等的观念都没有。

更有离谱的。据报道，甘肃省定西市临洮县第二实验小学把学生分为两部分，能达到少先队员条件的戴红领巾，学习不好、综合素质不高等不符合条件的学生戴绿领巾。这个规定使家长和学生在精神上承受了很大压力。戴绿领巾是“差生”的耻辱。要知道，对孩子的歧视和凌辱，其负面效应将在孩子长大之后呈几何等级地发作出来。

什么是现代民主政治的观念呢？简要地说，有如下几点：

首先，现代民主政治是基于不同利益集团之间的平等对话，“商谈伦理”的制度建设是现在民主政治观念的应有之义。因此，“武装夺取政权”“枪杆子里面出政权”都是特定历史时期的真理。暴力、动乱只会导致社会的停滞、倒退甚至是仇杀。

公共权力起源于维护社会公共利益和社会公共生活秩序的

需要,本质上是一种凝聚和体现公共意志的力量。那么,决策只有建立在民主的基础上,充分综合和表达民众的利益和意志,才能树立决策权威,唤起公民参与意识和主人公意识,建构和谐社会。这也是为什么民意越来越多地受到关注和重视的原因。我们必须在保障公民知情权的基础上,保障公民对社会政治生活的参与权和监督权。只有知情权而没有参与权和监督权的权利,只能算是一种袖手旁观的消极权利。民主参与是公共权力机关与公民和社会之间的一个中介,它能够协调或矫正立法、司法和行政行为与公民意愿之间的关系。公民通过有序的参与,表达自己的意愿及目标选择,本身也是对公权机关的权力进行监督的一种形式。

其次,现代民主政治的观念也包括不相信任何个人能够改变整个国家和民族的命运,彻底破除"救世主"的神话和清官情结。若是我们思想上承认最伟大的人也有失误的时候,在制度上就会设置防止大人物失误的方法。否则,难免因迷信而盲目,因盲目而酿成大错。

相信教育的努力能够使每一个人成为独立的、自主的、主动的、开放的个体,这才是社会进步最根本的力量源泉。个人成为最终的价值源泉,任何个人或集团都无权决定另外一个人的情形应当怎样,所谓"共同利益"只能是个人偏好集合过程即民主过程的结果。因此,所谓"政治"就成为了不同人表达各自偏好的场合。

民主是重要的生产力。因为民主可以使更多的人占有足够的信息,对事情作出更准确的判断;民主可以集思广益,使各种观点产生交锋,并相互借鉴;民主可以有效地防止以虚幻的共同体的利益为借口谋取私利,因而民主可以促进资源分配的公开、公平与公正。事实证明,民主制度中有一个基本特征,它要求群策群力、公众评议、公开听证、公开讨论。它就是防止我们社会犯下严重错误的权力制衡。约翰·杜威告诉我们,提出问题是有益的,在执行计划或政策之前对之进行讨论是有益的。他说,民主的本质是让受决定影响的人参与到决策中。讨论本身是民主行动的核心。

长期的人治社会，对于统治者的神化，结果是对于制度建设的忽视和法律权威的丧失。“制度为一个共同体所共有，并总是依靠某种惩罚而得以贯彻。没有惩罚的制度是无用的。只有运用惩罚，才能使个人的行为变得较可预见。带有惩罚的规则创立起一定程度的秩序，将人类的行为导入可合理预期的轨道。”（[德]柯武刚、史漫飞：《制度经济学：社会制度与公共政策》，商务印书馆，2000年版，第32页）

其实，在现代民主政治的观念中，法律所具有的理性权威是没有什么人可以超越其上的。任何社会里的政府都有权威，但法治所要求的政府权威是置于法律之下的权威。这是现代政治文明的重要特征。法为维护人的尊严和保障人的权利而生，政府的重要责任之一，也是要支持和帮助公民实现法定权利。由此看来，法与政府是应当有共同的价值趋向的。

第三是保障人权和有效地限制公权的观念。从2005年宪法修正案新增加的“国家尊重和保障人权”和“公民的合法的私有财产不受侵犯”的重要内容中，都坚定地传递出这样的信息：中国社会正走在通向法治社会的路途之中。保障人权，被东西方各国公认为是宪政的首要价值，“宪政事实上已成为保护个人权利的同义语”。要保障人权，不仅需要通过宪法直接规定人的基本权利，而且要通过对国家权力进行合理配置，使权力之间相互制约，从而防止国家权力的滥用和对人权的侵害。同时，还要通过宪法精神框架内的一系列法律法规的执行来具体保障人权。

最后，宪法还需要一套保障制度，依照一定程序，采取一定措施维护其权威。“法无明禁即自由”的原则，只是指向个人权利即私利的空间。但公共权力威力巨大，影响广泛，所以在成熟的法治社会中，当对公权适用相反的原则，即由法律以“正面列举”的方式明确标明公权的空间尺度，此外便是“法无明定即禁止”，以此方能及时准确并有效地限制公权。

而在我们的社会中，权力是一根魔杖，它可以点石成金，它可以呼风唤雨，它可以慷公家之慨做顺水人情，它可以无往不胜——大事化小、小事化了。它有无尽的好处，难怪人们对它趋之若鹜。不受监督的权力是民族的灾难，是贫穷和落后的根源，一言以蔽之，是万恶之源。其实，这都是现代社会的常识，可就是有人无视这一常识，原因就在于不民主、不公正、不公开、不公平，对于他们最有好处。他们可以为所欲为，他们吃喝嫖赌都有人买单。

随着监督政府力度的加强，一个监督时代也在开始。中国"政治改革"，一手连着人权保障，一手连着权力监督，两手并用，则政治文明前途可期。为了切实保障人权，需要牢固确立三个司法理念：第一个是"疑罪从无"理念，第二个是"无罪推定"理念，第三个是"法无明文规定不为罪"的理念。

被告人没有自证其罪的义务。美国警察在抓捕犯罪嫌疑人时，都会强调一句话："你有权保持沉默，你所说的一切都可能成为呈堂证供；你有会见律师的权利，如果你请不起律师，政府可以免费为你提供一名律师。"这就是刑事诉讼中著名的"米兰达忠告"。"米兰达忠告"强调的是犯罪嫌疑人的沉默权和请律师的权利。

第四是平等、社会正义、消除歧视的观念。虽然，我们已经跨入了21世纪，但歧视这种野蛮社会的遗产还在我们的国家随处可见，如性别歧视、地域歧视、弱势群体歧视等等。我们不能不看到，占人口大多数的中国农民曾经是没有贱民身份证的贱民，这是我们这个民族抹不去的伤痛和耻辱。它折射出某些强势群体为了自身的利益而无视社会公平与社会正义的丑恶内心。

什么是我们时代的社会正义？美国政治哲学家罗尔斯的正义论是这样说的：第一，每一个人都有平等的权利；第二，社会和经济的不平等应该如此解决：(1) 使条件最不利者也能得到最大的利益;(2) 一切的公职和职位在机会完全平等的条件下对所有人开放。由慈善和志愿表达的,是一种同情原则,它是我们时代的第一社会正义原则。同情原则的表达主体是个人和非政府的、非营利性一类的组织,他们既是在表达自己的良知,又是在实现我们社会的正义。慈善和志愿还引申出社会正义的第二原则,即反哺。反哺,是一个健全自信的社会主体对弱势的补偿或回报,因为强势社会主体的获得正是建立在对弱势的社会资源份额的挤占之上的。因此,慈善或志愿不是一种施舍,由其引申的同情和反哺应该成为我们的社会正义原则。

在我们的日常表述中,需要注意的是,“老百姓”意味着“在社会等级序列中处于底层的庞大的社会群体。意味着无权无势,意味着强烈的人身依附”。因而使用“老百姓”的称谓不仅会减低公民的主体地位,而且会淡化我们的公民意识、权利意识。

常言道:“得民心者得天下。”这从历史的长度看,可能的确如此。但某一具体的历史时期却并非总是如此。有时不得民心的强权在上,你连表达内心真实想法的机会都没有,“民心”就成了可以涂抹上“强权”色彩的遮羞布或裹尸布。需要说明的是,“得民心者得天下”仍是帝王政治的观念,而不是民主政治的观念。

其实,早在1958年7月15日由联合国教育、科学及文化组织和国际教育局召集、在日内瓦召开的国际公共教育大会第21届会议上,就通过了如下建议:

“课程准备必须既考虑到男女儿童的能力和兴趣, 也考虑到社会的需要。”“小学教育的基本目的除了培养儿童对工作的热爱和尊重外,还给他们获得知识和发展完整人格提供必要的工具。”“造就自由人(free human beings),使他们意识到自己的责任,尊重自己和尊重他人,并在国家生活中发挥积极有益的作用。”“现代教育的主要目的之一,是根据儿童的年龄和发展阶段,指导他们有意识地积极参与家庭、社区和国家生活,参与建设一个更亲密友好的全球社会。这是一个在追求全人类的和平、安全和富有成效的合作等共同的目标上,既多样又统一的全球社会。”

我们的文化中似乎有某种“极左”的基因,那就是缺乏包容性,缺乏对多样性的尊重,缺乏民主的传统。有时读一些上了年纪的人的文章,字里行间仍可感触到“阶级仇恨”是那样的强烈。殊不知,阶级(亦或阶层)在相当长的时间内大概都会存在,阶级压迫和阶级剥削也就难以避免。其实,仇恨是不管用的,它的作用除了毒害我们的心灵和理智之外,没有更多的好处。重要的是寻求制度的公正,而不是一个阶级推翻另一个阶级,更不是一个阶级从肉体上消灭另一个阶级。

《东郭先生和狼》《农夫和蛇》,这些寓言故事,曾经作为播种阶级仇恨的教材,其后果只能是人与人之间的猜忌和防范、自我的封闭、真诚的逃亡和良知的隐逸。这就需要我们认真地思考我们究竟需要什么样的教育。尽管这个世界上的确还存在着无耻的骗子、势利的小人和各种各样的刑事犯罪分子,那是需要加强法纪建设来制裁、打击、遏制和杜绝的。作为教育,我们需要的是弘扬人性光明的、正直的那一面,培植人与人之间的尊重、信任、友爱与宽容。惟有如此,我们才能造就人格强健、和谐发展的美好人生与美好社会的建设者。

当我们有更多的教师具有现代民主政治的观念时,我们就有可能更重视培养学生清楚、准确地表达自己的观点,强调推理过程,注意分析和思辨,通过理性、合法的方式表达自己的利益诉求。我们就有可能真正自觉地为一个自由的社会培养人。其次,我们在看待许多问题时也会有新的视界。比如,让我们的子孙后代铭记那段悲惨的、屈辱的历史,是我们教育者的责任。外国侵略者固然可恨, 但同样可恨甚至更为可恨的是引狼入室的专制统治者。专制统治者们为了一己之私利,钳制思想自由,推行愚民政策,使得中国日益贫弱。他们愚昧昏庸,在与列强打交道时,授人以柄，引狼入室，自取其辱。

历史的经验告诉我们：只有民主，才能使一个国家走向富强和文明。所以在今天，我们的教师只有具有现代民主政治的意识，才是与我们肩负的责任相称的，我们才有望成为“为大多数人带来幸福的人”。“历史承认那些为共同目标劳动而使自己变得更加高尚的人是伟大人物；经验赞美那些为大多数人带来幸福的人是最幸福的人。”“我们的幸福将属于千百万人，我们的事业将默默地、但是永恒发挥作用地存在下去。”（马克思：《青年选择职业时的思考》，《马克思恩格斯全集》，第40卷，人民出版社，1970年版，第7页）一个代表人类文明前进方向的教师，一定是具有现代民主政治意识的教师。

教师的职业优势

在当今中国，教师作为一种职业，还不具有足够的吸引力，诸如待遇不高、工作繁琐、心理压力大、劳动时间长等等，这都是不争的事实。但教师这个职业仍有它的优势，那就是在认真钻研教学的过程中不断提高自身素质，对其子女的成长十分有帮助。在和学生的相处之中，在对教育的探索之中了解和研究孩子，就更有可能使作为教师的我们成为一个好的、称职的父亲或母亲。虽然还没有这方面的实证研究，但凭经验大体可以得出这样一个结论：在不同的职业群体中，教师子女成才率是最高的。

相信不少具有眼光的人都能够认同这一点：对于子女的投资，是最有意义的投资。如果在一个家庭中，无论是学业成绩，还是人格品质都很优秀，孩子成长和发展得都很好，那这个家庭就能够给人充满希望、充满活力之感；假如孩子不争气——不好学上进，品行不端，那不管家长如何的成功，如何的有权有势，都给人以没落之感。就算你凭权势给孩子找一个好工作，没准他哪天违法犯罪了；就算你可以花大笔的钱送孩子出国学习，一个没有好的学习品质的人，在国外的学校就更学不到东西，最终仍是一个不学无术的纨绔子弟。上学读书不单纯是为了能够做学问，当什么科学家，上学读书更重要的是受到好的教育，从而变得心地纯正，见识不俗，举止得体，谈吐文雅，成为一个受人尊敬和受人欢迎的人。

我认识的一个小老板，做生意挣了些钱，常向我吹嘘他如何有钱。我觉得他既可怜又可笑。这些时候我一般都不会作评价，但我内心充满对他的怜悯，他生活在一种多么狭窄的境地里。他大概是真的不知道人生有比物质、金钱更重要的东西，比如社会声望，比如纯洁的人际关系，比如展示智慧与个性魅力的舞台，比如美好的思想与情怀。当然那些不如他的人——那些一贫如洗、家徒四壁的人也是大有人在的，他得意洋洋也并非完全没有道理。他毕竟摆脱了生存的危机。不过在有精神追求的人看来，真正富有的人应当是物质和精神都很富有的人，而不是那些穷得只剩下金钱的人。

许多教师经常有一种消极的心态：对于厌学的学生，对于社会的偏见和制度的不完善，或者学校的官僚主义、过多的不合理的条条框框等等往往觉得无能为力，徒唤奈何。这种"无力感"是激发教师投入和创新的巨大阻力。因此，更多地看到教师职业的优势，让我们试着改变那些不合理现实的同时，也试图改变一下我们的心态：相信"水滴石穿"，相信"千里之堤，溃于蚁穴"，相信即使一切都不改变，我们仍然有努力的空间，从而唤醒我们职业的内在尊严和生命热情。这是我们在关注教师的专业成长首先要重视的一个方面。

任何职业都有它的优势和局限，重要的是我们如何去看待。安徽省合肥市第62中学小学部的薛瑞萍老师就深刻地认识到："单纯、率直、理想化、书卷气，这些特质已经融入我的血液，成为'我'本身。换一个行业，它们很可能成为致命的弱点，可是作为教师，它们却成了难能可贵的优点。在诸多职业中，教师是为数不多的可以让我上班时间公私兼顾、尽情饱读的一行。"优秀教师的共同特点就是热爱自己的职业，并能够从工作中寻找到乐趣。

最近我看到在许多城市居民的消费支出中，教育消费占第一位，这是一个好的迹象。人们乐于把钱花在教育上，民族素质的提高就有了希望。真正优秀的教育工作者，应该树立起"为国育儿"

的理想，努力培养好自己的孩子。在把学生当成自己的孩子的同时，千万不要忽视了自己的孩子。有的教师将全部的时间和精力都给予了学生，却对自己的孩子很少关注，这是不可取的。学校领导有责任提醒教师不要忽视对自己孩子的教育。作为教师，我们应当有这样的信念：每朵花都有盛开的理由。无论何时，要把自己的孩子当成你最重要的学生加以培养，这是我们对家庭承担的重要责任，同时也是对社会作出贡献的重要方面。我们国家有1 400万教师，至少有1 000万教师家庭。如果每个教师家庭都能培养一个优秀的孩子，那也是一个了不起的成就，那也是我们教师这个群体对于民族的巨大贡献。

老师，您好

曾读到过一则很可心的故事，讲的是一位老教授课讲得枯燥乏味，下课休息时，学生都跑到操场踢球去了，教室里就剩下教授自己。上课铃声敲响了，一会儿，有一个学生进来，回来拿忘在教室中的球鞋。教授以为他是来听自己课的学生，不胜欣喜，很认真而愉快地为这一个学生上了一节课。这故事很令我感动，虽然感动之余，也有一丝苍凉和凄楚。

台湾作家三毛在《雨季不再来》这集子中，有一篇讲叙她做教师的感受，其中有一句话颇值得玩味："教师并不是飞蛾扑火的烈士，教师本质上是有良知的生意人。"我想，上面那则故事中令人感动的正是教授先生所表现出的教师的良心吧。如果一个教师，没有这种敬业的精神，他决不会是一个好的教师。

在我们受教育的经历中，能遇到几位好的教师，那么确是一件很幸运的事情。有成就的人，大概都是遇到过对他们的人生产生过重要影响的教师的吧，正如滕野之于鲁迅、费米之于鲍利、杜威之于屈伯先、孔子之于颜回、苏格拉底之于柏拉图、徐特立之于毛泽东……

联想到《教师法》的颁布，其初衷就是维护教师的权益。是不是因为我们教师过于儒雅以至文弱而需要特别的保护呢？在我看来，教师的权益，首先是教师作为公民的权益，即信仰自由、思想自由、言论自由、结社自由、出版自由、罢工自由等等权利。如果作为公民的权利不能得到充分的保障，作为教师权利的保障就变得无足轻重了。

教师是人类千百年来积累的精神财富与年轻一代之间的桥梁和纽带，是人类文明薪火的传承者，是引导年轻一代与有教养的人类进行对话的人。在人类文明还时常经受着蒙昧与野蛮挑战的时代，社会民众来为文明薪火的传承者们披上一件虽单薄却华丽的外衣，来抵御寒冷的侵袭，毕竟是一件值得庆幸的事情，然而，我们渴望“环球同此凉热”的时代！

现代中国教育史上，曾有过教师节，只是后来无疾而终了。而现在，每年的9月10日前后，各种新闻传媒会争相报道一些有关教师、教育的事情。诚然教师节是一件不坏的事情，只是总使人联想到“三八国际妇女节”“六一国际儿童节”的儿童和妇女。在人们的眼里，他们是弱者。为他们设立节日固然是社会良心的表现，如果社会只是借庆祝教师节，排解一下对于教师的负疚心理，那就大打折扣了，更何况许多人连对教师的负疚心理都没有。

懂得尽可能多一点

所谓“懂得”,浅的层面是“知道”“了解”,我们可以称之为“知”;深的层面是“理解”,有所发现,心有所得,我们可以称之为“识”。对个体而言,“知识”就应该包括这两个层面。

“知道”是“发现”的前提和条件。如果连“知道”都不知道,当然就谈不上更进一步的“发现”和“洞见”。譬如,如果你真正知道世界上32个发达国家它们的历史文化传统、社会政治制度、自然资源状况、人口的数量及结构、产业优势、国土面积等等,你就会有许多的发现。你会发现,它们都是资本主义国家,都与以美国为首的西方世界有着良好的关系,都实行着市场经济(在某种意义上说,资本主义是市场经济的同义语;杰出的社会学家帕森斯就曾指出,“市场经济、民主政治、个人主义”三位一体)。“知道”并不必然导致“发现”和“洞见”。从“知道”到“发现”和“洞见”,需要一个复杂的认知加工的过程。这就需要我们学会思考并养成思考的习惯。

要真正把“懂得尽可能多一点”作为对自己不懈的要求,就需要有“人类的一切都与我息息相关”的意识和胸怀,就需要走出狭隘的自我,把眼光投向更为高远、更为广阔的世界。

懂得尽可能多一点,就要求我们经常问自己:我今天在学问上有长进吗?我掌握了什么新的概念或原理?我又多了解了世态人情的哪一方面?我是否了解人类有史以来那些改变了人类生活的发明与发现?我是否知道杰出的思想家们的思想成果以及对于人类社会有何影响?等等。当然,对于专家、学者而言,不仅要学识渊博,而且要专深,要成为对某一领域或研究主题有原创性贡献的人。

要懂得尽可能多一点,就需要“博学、审问、慎思、明辨、笃行”;就需要广泛阅读,仔细咀嚼,再三推敲,反复玩味,需要在教学中、写作中、日常交往中有意识地使用近期所掌握的你所“懂得”的东西。

另外,随时地利用网络,利用工具书,对一些我们不太熟悉的概念、习惯性的表达弄清楚它的真实含义,使我们对概念和命题的“懂”比较确切和可靠,这也是重要的。譬如,我们有时会看到对某个人的写作手法称之为“春秋笔法”。那何谓“春秋笔法”呢?所谓“春秋笔法”是指孔子首创的一种文章写法。《史记·孔子世家》说:“孔子为《春秋》,笔则笔,削则削,子游、子夏之徒,不能措一辞,不能改一字。”《春秋》是我国最早的编年体史书,它用语准确、选词严谨,常根据事件的性质、情形和结果以及作者对该事件的态度选用不同的词语。《春秋》的记事极简短,一般一件事只有一两句话。可是这极简短的记述往往微言大义,有着很丰富、很深刻的含义,不仅表达了作者的思想倾向,而且也给读者以深刻的影响。后来,人们就把这种文笔曲折、微言大义,并带有一定倾向性的文字称为“春秋笔法”。以上文字并不是我的理解,而是学者们公认的理解。当一种理解被公认并广为传播时,就成为了一个社会(或社群)的常识。

还比如说,中国传统的读书人学习的内容无非是经史子集。那“经史子集”究竟是些什么东西呢?查一下字典你就会得到答案,它不过是我国传统的图书分类法:把所有图书划分为经、史、子、集四大类,称为四部。“经部”包括儒家经传和小学方面的书。“史部”包括各种历史书,也包括地理书。“子部”包括诸子百家的著作。“集部”包括诗、文、词、赋等。

泰山不辞抔土而成其高，大海不弃涓流而成其阔。注重积累，不满足于一知半解，对任何现象都问一个“为什么”，力图给予它一个充分和有说服力的解释，这都是好的习惯，也是使我们懂得尽可能多一点所必需的品质。

懂得尽可能多一点，我们就不会有太多的空虚与无聊，正如牛在躺着休息时仍可反刍一样，在任何时候我们都可以细细地回味、咀嚼、琢磨近期所知道的一些资讯，从而丰富、提升或修正与完善我们的知识系统。

当我们的生活中有更多的学识渊博的人，我们的社会就会变得更有创造力，出现杰出人物的概率就会增大。因为，我们所有个人的发展都取决于我们直接或间接交往的所有其他人的发展。

强烈的求知欲、不倦的探求精神是从哪里来的呢？这是一个复杂的问题，三言两语难以解释得清楚。但可以肯定的是，推行思想专制的国度不能孕育出深邃的心灵，实用理性盛行的社会不可能培育出睿智的头脑，崇尚物质消费的人群不可能产生强烈的精神需要。只有充分尊重公民的知情权的社会，只有每个人可以自由充分言说的社会，只有高度尊重“自由意志、独立人格”的社会，才有可能让更多的人感受到智力劳动的快乐，感受到精神生活的美好，并进而培育出更多的具有强烈的求知欲和不倦的探索精神、内心世界丰富、明敏和深邃的人。

作为理想主义者的教师

教育作为价值引导的工作，存在于立足现实而追求理想的过程中。教育的这一特质，要求教师是一个不折不扣的理想主义者。假如一个教师过于讲求实际，而缺乏理想主义的光辉，他就不可能有足够的心灵的感召力和人格的魅力。理想缺失的教育，也许是"高效"的，但必然是苍白的、低俗的和平庸的，必然导致精神的荒芜和心灵的枯竭。

正如我十分敬重的伟大的居里夫人（Marie Curie 1867—1934）所指出的："人类的确需要注重自己实际利益的人，他们努力工作，谋取自身的利益，而且与人类普遍利益不相违背；但是，人类也不可缺少具有理想主义的人，他们追求大公无私的崇高境界，毫无自私自利之心，无暇顾及本身的物质利益。这些理想主义者因为无意追求物质享受，因此也没有物质享受的可能。但我觉得，一个组织完善的社会应该为这些人的研究经费和个人生活提供可靠的保障，以便让他们无忧无虑、百无牵挂地从事科学研究。"（[法]马丽·居里：《居里夫人自传》，杨建邺译，哈尔滨出版社，2003年版）假如一个社会是充满欺诈的，是充满着以强凌弱的，是充满着对于权力的崇拜和追逐的，那么，这个社会中理想主义者就会非常稀少。理想主义者在一个社会总人口中所占的比例，大体可以衡量这个社会的文明程度。

作为理想主义者的教师，其魅力就来源于盈盈眸光深处，他们皈依了单纯，灯火阑珊背后，他们选择了平实。理想主义者的心中是有神的。他们崇尚伟大的、神圣的、宏伟的、辉煌的、高贵的、典雅的事物，他们相信宇宙的内部隐含着某种深刻的秩序。他们有坚定的信念和道义的承担。理想主义者是有梦想的人。其实，没有梦想的人，他的世界是黑暗的。正如没有泪水的人，他的眼睛是干涸的。有梦才有追求，有追求世界才会更精彩，是梦想照亮了我们的世界。

作为理想主义者的教师，他（她）要告诉孩子这个世界的高度，即人性所能达到的高度。就像雄鹰总要去尝试珠穆朗玛的高度一样，孩子们的心中也应该有一个世界的高度和巅峰，那是他们的理想所在，精神的深度和高度都不应该被过早地削平。

作为理想主义者的教师，是充满热情和乐观精神的，有着健康和积极的心态。而这也是作为优秀教师最为重要的品质。“关于老师行为如何影响学生的成绩，回顾近几年进行的50次调查，我们发现主要有两方面，老师的热情和温暖。”（迈·凯梅·普林格尔：《儿童的需要》，禹春云等译，春秋出版社，1989年第1版，第29页）教师的热情和温暖，源自对于生活的热爱，对于儿童的热爱，源自对于人性光明与乐观的期待，源自对于和谐与温暖的人际关系的切肤之感，源自对于社会公正与人道的感恩。

在今天，作为理想主义者的教师，应该是先进文化的代表者。所谓文化，最根本的是人们的生活样式，即人们在政治生活、经济生活以及其他日常社会生活中作为行为模式以及指导这种行为模式的价值观、思维方式和审美趣味。

先进文化是一个历史性的概念，随着社会的发展和进步，“先进文化”将有着日益崇高和丰富的内涵。在今天看来，“先进文化”应该是合乎人性的、有助于个人自由而充分发展的文化，“先进文化”是有助于建设一个平等、民主、自由、公正、理性、和谐的社会的文化。等级与特权的观念，要成为“人上人”的观念，为了个人和个人所归属的小团体的私利而罔顾公平与正义原则的观念和行为，都是与先进文化格格不入的。哪里存在着一部分人对另一部分人的歧视和盘剥，存在着谎言和欺骗，存在着以权谋私、徇私舞弊的现象，哪里就不可能孕育出先进文化，就只能人心涣散，正不压邪，乌烟瘴气，物欲横流。

作为先进文化的代表者的教师应该是严正而又宽容，深邃而又单纯，执著而又潇洒，真诚而又练达，豪放而又儒雅，平实而又伟大。惟其如此，我们才有望造就更多的高尚的人，更多的理想主义者，更多的先进文化的体现者和创造者。

读书与成长

没有教师的成长，就没有高品质的教育。这已日渐成为人们的共识。道理很简单，教师本身是课程资源的重要组成部分，教师自身的成长是教育力量的源泉。教师的成长离不开学习，而读书是最为重要的学习途径。读书不仅可以丰厚文化底蕴，使自己更加具有文化眼光，读书更为重要的价值在于使教师的内心变得开放、鲜活、细腻和温柔，使教师具有不断增长的与人分享的内在需要，从而克服对于教学的倦怠感，从而使教学永远充满活力和内在的感染力。

读书的过程就是与世界进行交往的过程，一个从狭隘走向广阔的过程，它有利于提高人的精神品位，培养教师的读书人的气质。现在大多的教师阅读量太少，原因固然是多方面的，比如工作量太大、心理压力太大、没有时间也没有心境去阅读，但缺乏阅读习惯是一个重要的原因。这也可以说是我们的教育存在的一个缺憾：没有很好地培养学生自主阅读的习惯和品质。

好的读物的标准是什么？我想就是那些能够唤起你进一步阅读和写作冲动的读物，那些使你亲近书籍和人类精神生活的读物。记得卡尔维诺（Italo Calvino，1923—1985）说过："一部经典作品是一本每次重读都好像初读那样带来发现的书。"具体地说，一部好书给予读者的是倾注了作者强烈注意力（我们通常把注意力称为"心血"）的真情实感和真知灼见，而一部糟糕的书给予读者的是无所用心或用心很少地收集来的信息。张爱玲在评论爱默生的创作时说，爱默生(Ralph Waldo Emerson，1803—1882)的书不算多，因为他的书就像珊瑚礁一样，是在海面下缓慢地累积，直到最后才露出海面的。

那么，读什么呢？首先，读一读中小学各种教科书。尽管教科书编得还不是很理想，但仍然是最适合中小学教师的读物。对于现在中小学的教科书上的内容许多教师并不陌生，但古人讲得好："故书不厌百回读，要获新知读旧书。"林语堂先生就曾感慨："同一本书，同一读者，一时可读出一时的味道来……四十岁学《易》是一种味道，到五十岁看过更多的人世变故的时候，再去学《易》，又是一种味道。"系统阅读中小学教科书，有助于我们夯实知识基础，丰厚文化底蕴，也有助于我们更多地了解学生已有的知识基础和后续学习的内容，有助于我们在自己所教授的课程之中经常提及本课程与其他课程的联系。

其次，多读一些翻译过来的书籍。翻译过来的书籍或多或少经过了选择，更由于西方发达国家(英、美、法、德等国)有较为健全的知识产权的保障制度，简单的抄袭和剪接不太有市场，这就保证了出版物有一定的原创性和水准。另外，这些书籍中所渗透的价值观念和思维方式也是我们建立一个自由社会需要的。

再次，中小学教师可以多读一些滋养心灵、温暖生命的书，如席慕容、余光中的诗，张晓风、刘墉、林清玄的散文，王小波、周国平的随笔。我建议中小学教师阅读的视野要宽广一点。陆游说："功夫在诗外。"这是高度凝炼和充满智慧的表达。有一些书能够让我们增加善念和怜悯心，扩大智慧和见识，远离鸡虫得失的无谓争斗，把目光投送到更远大的天地，关注更根本性的、深沉久远的事物。读文笔和情怀优美的书籍，可以净化心灵、温润生命，可以使我们用更积极、更乐观的心绪看待世界和人生。

最后，在中小学教师读什么的问题上，我主张多读一些优秀的教育报刊。因为优秀刊物上的文章比较精粹，也比较集中于大家所关注的问题，比较前沿和新锐。《人民教育》、《中国教师报》、《明日教育论坛》(福建)、《教育参考》(上海)、《中国教师》、《小学青年教师》(河南)、《教师博览》(江西)都是国内一流的教育类期刊。

在读什么和怎么读的问题上，我认为后者更为重要。只要是有价值的书籍，都是能给人以思想、智慧的。对今天的读书人来说，则应倡导创造性地阅读。爱默生说："当心灵被劳动与创造所激励时，则无论阅读何书，每一页都会变得熠熠闪光，意蕴无穷，每一句话都意义倍增。……我们觉得作者的见识有如天地一般宽广无边。"

我个人的经验是，不一定要读得很多，但一定要读得透，那些真正有价值的作品应该反复读。就像西方虔诚的信徒用一生来读《圣经》那样，作为中小学教师也需要读几本常读常新的好书。"旧书不厌百回读，熟读深思子自知。"(苏轼)在一次又一次的阅读中不断有新的发现。"发现"，就是一种难得的阅读体验，这既可从轻松阅读中"发现"愉悦、轻逸、趣味，令人捧腹，令人莞尔，也可从沉重阅读中"发现"生命内部的震撼，灵魂的激荡风暴。

宋代朱熹提倡："为学之道，莫先于穷理，穷理之要，必在于读书，读书之法，莫贵于循序而致精，而致精之本，则又在于居敬而持志。"所谓"穷理"，就是做彻底的逻辑追问，就是追求理论的彻底性，就是努力求得思想的澄明，而不满足于一知半解。"读书譬如饮食，从容咀嚼，其味必长；大嚼大咽，终不知味也。"(朱熹)"读书欲精不欲博，用心欲纯不欲杂"……这都是如何读书的经验之谈。

许久以来，在南方的一座城市的一所知名的小学发生的悲剧性事件常常萦绕在我的心中。这所学校的学生在课间吃零食时，有一名学生往班级中装零食的桶里吐了一口痰，教师于是以罚站作为惩罚。该学生回家后，将此事添油加醋地告诉了家长，该家长系劳改释放人员，本来就有些心灵扭曲的他于是怀恨在心，潜伏在老师回家的路上，残忍地将其杀害。无疑，这起悲剧性事件的罪责在凶犯，但是作为学校和教师也可以从中汲取教训，那就是我们如何对待学生，特别是我们如何对待犯有较严重错误的学生，又特别是我们如何对待特殊家庭的犯有较严重错误的学生。如果我们能够在对待学生的问题上与家长有充分、良好的协商与沟通，上述悲剧事件就能在很大的程度上避免。

虽然那位教师的这种处理方式并没有过分的地方，但尚嫌简单粗率。身为教师，对学生的教育并不仅仅限于对错误行为的矫正，更在于关注学生心灵和健康人格的成长，尤其是那些有着特殊成长背景的孩子。也许那些顽劣的行为背后隐藏着的是幼小心灵在畸形环境中所受到的伤害，这就需要我们教师给予他们特别的关爱和宽容。

加拿大学者就体罚对孩子将来身心健康产生的影响做了全球最大规模的调查。被体罚的儿童成年后吸毒和酗酒的可能性是正常儿童的两倍，而且患上焦虑症、反社会行为倾向和抑郁的几率大大增加。在偶尔被打的受访者当中，有21%患上焦虑症，70%

患上抑郁症，13%酗酒，17%嗜毒。

一般来讲，学生对教师的地位优势和心理优势具有清楚的体会和认可。他们受到侮辱和伤害以后，基本上没有可能通过平等对话、协商、行政调解、诉讼等途径得到处理和释放，而是全部转化成内在的精神压力。这精神压力一般具有两种走向，一种是演变为由内向外的复仇冲动（包括对施暴者个人和对整个社会的复仇），另一种是对自我心理和身体的巨大摧残，造成各种各样的精神病和心理障碍。

怎样才能做到不伤害学生的自尊心呢？不体罚学生，不辱骂学生，不大声训斥学生，不羞辱、嘲笑学生，不随意当众批评学生，不随意向家长告状。其实，这不是太高的要求，可仍然有不少教师就是做不到。诗人摩罗说得好："体罚是人性中欺弱怕硬的阴暗面的又一种表征。"消极地承受暴力比积极抵抗暴力显然更容易受到伤害。体罚只能在儿童心中播下仇恨的种子。

我也不主张对于极个别教师的错误行为进行大肆炒作，因为它会使教师的社会形象受到损害。我倒是认为，我们需要解除对于教师的精神禁锢，少一点道德意味浓厚的指责和要求，多一点帮助教师提高专业化水平的举措，因为教师的精神压力已经够大了。

北京教科院基础教育研究所完成的《北京市中小学实施素质教育现状的调查研究报告》中的一项调查显示：现在的中小学教师普遍感觉精神压力大，半数中小学教师有调换工作的念头。在研究者从北京城区和郊区随机选取的300份教师问卷中，93.1%的教师感到"当教师越来越不容易，压力很大"，并认为这已成为普遍性的重大的生活和生存问题。既然当教师面临着越来越大的职业压力，因此在回答"有机会是否调换工作"时，50.8%的教师表示如果有机会，就会考虑调换工作。有31.7%的教师表示无所谓，只有17.5%的教师表示喜欢这一职业，愿意选择终身从事教师职业。这一调查结果，也得到最近来北京参加"第五届北京素质教育研讨会"的10个省区市的近百名一线教师的认同。

从社会的角度来看，我们需要将教师的地位提高到与社会对教师的要求相一致的高度。教师的地位和作用是辩证地联系在一起的。近年来，我国教师的社会地位有了显著的提高，但与教师肩负的责任相对而言，还有一定的距离。从与责权利相统一的原则来看，只有把教师的社会地位提高到应有的高度，对教师的要求——敬业精神的要求、专业水平和教育能力的要求——才能理直气壮，才可以毫不含糊。任何侵害教师的合法权益和贬低教师在教育过程中重要作用的言论与行为，都将直接或间接威胁教师的校园生活质量。

对教师的期待

教师是一个高尚和体面的职业，尽管它今天还不是最有魅力和吸引力的职业。对于教师提出过高、过多或过低的要求，都是不合适的。究竟需要对教师提出怎样的要求，是一件值得认真研究和讨论的事情。在这里，我参考一些学校制定的《教师手册》，吸收国内外有关专家的研究成果，以"对教师的期待"为题梳理出"教师的基本责任和在教室里的职责"以及"对教师进一步的要求"，聊做引玉之砖，以期引起大家的重视。

作为教师，你必须成熟、投入和具有专业精神。因此，有的事情你必须在别人没有告诉你时就会做，有的事情你应该为自己做，有的事情你应该为别人做。作为教师你必须明确你的职责，你的基本责任和在教室里的职责。

1. 基本责任

1.1 教师有责任使学校具有良好的学习环境——保证一个充满安全、爱心、鼓励、尊重、挑战和秩序的环境。

1.2 教师有责任模范地执行学校所有的规定和国家及地方政府的法律、法规，并以符合伦理的方式处理所有的问题。

1.3 教师有责任成为自己所扮角色的模范，因为教师的行为应该蕴涵对学生期望的价值观。

2. 教师在教室里的职责

2.1 当教师在教室里时，必须控制自己，教师应该适当和广泛地行使自己的权力，对教室里的所有事情负责，但不得故意刁难和轻视学生。

2.2 教师应该检查是否所有的学生都到了教室，如果有一个学生没有正常的理由而旷课，那么，教师应该立即发现该学生在什么地方。

2.3 不能把学生放在教室外作为惩罚，法律和合乎人道的教育不允许任何形式的体罚；应该尽力采取有效的措施保护学生，使其在学习、健康和安全方面免受伤害。

2.4 保证学生在精神上和物质上对于学习有充分的准备，保证学生有课本、作业本、笔记本和练习本。

2.5 上课时间绝不允许忽视学生，不得无故抑制学生的自我主导的学习，不得无故否定或粗暴地对待学生的独到见解，不得故意地压制或歪曲反映学生进步的事实。

3. 进一步的要求

3.1 保证选择适当的课程资源支持教学，以确保教学目标的有效达成。

3.2 创造一种安全、愉快与和谐的学习环境，保持一个充满赞扬和肯定的环境，使学生感到安全，受到鼓励，得到尊重和富于挑战。

3.3 积极、坚定地创造学生自主发展的空间，保证教室是一个有吸引力、有秩序的地方，确保教学资源的完善管理并便于使用。

3.4 学生的自主学习与小组合作均应得到鼓励，为此教师应将精神分散和干扰减到最小，要迅速完善地化解掉争执和破坏性的冲突。

3.5 在对学生进行评价和建设性批评的时候，应该通过师生间一对一面谈的方式。

3.6 重视并承认家长对学校事务的参与，并能够使校外人士参观，让他们感受到是受欢迎的。

3.7 欣赏并分享同事、家长和学生不同的文化背景和个人经验。

3.8 接受并学习新的教育方法和技艺，尝试新的方法，将新信息融入到教学中。

3.9 设置个人专业目标，积极地探索某一方面的需要和感兴趣的发展机会，关注个人发展和评价活动。

3.10 阅读各种教育资料，保持高水平的专业知识，采取措施与当前的教育趋势保持一致。

大多数中小学教师只掌握了所教学科的内容性知识（事实、概念、原理等），而不能很好地掌握学科更为深刻的、更为实质性的知识，即学科知识的内在联系、理论框架、概念体系、学科研究方法和思维特点、学科信念和学科发展史等，这就会使得教师的教学不太可能具有应有的高度、深度和大气。

教师只是普通的生活者，教师的内心也有委屈、不满、失望、沮丧、压力和焦虑，但不管怎样，我们内心仍旧要充满信心、希望、仁爱和实践与探索的勇气。孩子们需要的是鼓励、尊重、认可、欣赏、信任、宽容和体谅。也许你会觉得他们需要的太多，其实，所有这些不过是爱的具体体现。有爱，不见得就有一切；但没有爱，却没有一切。有了爱，就有了翱翔蓝天的翅膀。

更重要的是，要在学生的心中培植爱的情感。在美国，一所私立学校开学第一天，全体教师都收到了校长的一封信，信的内容如下：

亲爱的老师们：

我是集中营里的幸存者。我亲眼目睹了一般人看不到的事情：

毒气室由有学识的工程师建造；

孩子被受过教育的医生毒死；

婴儿被训练有素的护士谋杀；

妇女和孩童被受过高中或者大学教育的毕业生射杀；

所以，我怀疑教育。

我的请求是：希望你们帮助学生做一个有人性的人。永远不要用你们的辛勤劳动，去栽培孕育出学识渊博的怪兽、身怀绝技的疯子，或者是受过教育的纳粹。

阅读、写作、数学等学科，只有在用来把我们的孩子教育得更有人性时，才显得重要。

（[美]海姆·G.吉诺特：《老师怎样和学生说话》，冯杨、周呈奇译，海南出版社，2005年版，第239页）

可见，我们究竟要培养怎样的人，这才是关键中的关键。教师要致力于帮助每一位学生认识到自己作为有价值、有意义的社会成员的内在潜能。因而，教育工作者要激励学生的钻研精神，帮助学生获得知识、理解力和有意识地建构价值目标。作为教师，您首先是一位教育者，其次才是一门课程的教师。

给教师的建议

许多知名不知名的教育家，都给过教师许多建议，都曾经以“给教师的建议”为题贡献过宝贵的教育思想。这些建议，对于教师的成长，对于教师更好地胜任工作，都是有益的。作为生活者和教育者，我们都需要被提醒，被劝勉。由于每一个人所持的立场和切入的角度的不同，由于人们眼界不同，志趣不同，对教育理解的层次不同，建议的价值取向、精神内涵就会不同。但不管怎样，作为教师，听一听别人的建议，总会或多或少有些益处。既然是建议，我们就可以姑妄听之。不过，作为一个心灵开放的人，一定会用积极的态度对待别人的建议。这除了要有一颗开放的心灵，还需要有善于思考的头脑。

教育工作千头万绪，不管是一百条建议，还是一千条建议，总归是挂一漏万。我在这里给予教师们的建议仅仅几条，可我认为是比较根本的。

1. 让心灵变得丰富和深刻

在更多的人穷得只剩下贪婪的今天，让心灵变得丰富和深刻是一个近乎奢侈的话题。我始终认为，对教师来说，最重要的是文化底蕴。所谓文化底蕴，就是对于人类的精神成就的分享的广度和深度，就是学识的修养和精神的修养。因为，一个教师的文化底蕴，不仅决定着他理解、驾驭教材的能力，决定着他参与课程开发的能力，更重要的是只有教师具有丰厚的文化底蕴，才能创造一个真诚、深刻和丰富的课堂，才能带给学生以广博的文化浸染，才能让学生在广阔的精神空间中自由驰骋。

我发现,在许多教师和学生的头脑中,有一个根深蒂固的观念,那就是所谓“课内”与“课外”。教科书上的就是所谓“课内知识”,凡是教科书上没有的就是“课外知识”,在我看来,这有画地为牢的嫌疑。教科书上的“知识”只是“药引子”,只是“酵母”,而只有教师能够超越“课内”与“课外”的人为界线,教学才能左右逢源,才能引导学生的思维纵横驰骋。到了小学高年级,特别是中学以后,发展学生的思考力,为创造力而教,就应该成为我们自觉的教育追求。这就需要教学具有应有的广度和深度。

2. 捕捉你生命中的每一次感动

我们的生活中以及许多报刊杂志上经常有一些令人感动的故事。感动,为善良和美好的人性感动,为高贵的情怀感动,于是便对自己有一份感动着的感动。我想,一个易于被感动的人,一定是一个幸福的人,一个善良的人,一个纯洁的人,一个过着真正的人的生活的人。

喜欢发现并赞美生活的人,总能发现生活中点滴的幸福,并善于把它传递给身边的人。这种人就是真正成熟的人。真正的成熟不是摆出一副“看破红尘”的沧桑,不是整天嘲笑别人的“幼稚”,不是生活得百无聊赖却自以为曾经沧海……真正的成熟是以一颗感恩的心去接纳一切,包容一切,并学会重新去热爱,热爱一切美好和充满希望的人和事,而使自己变得“百炼钢成绕指柔”!

常言道:“送人玫瑰,手有余香。”让凝固的岁月生动起来,让感动常驻心田,并努力向这个世界贡献一份让人感动的思想和情怀,爱心与诗意。爱心本质上就是诗心!当我们的内心荡漾着诗意,生活也就变得无比的清新、明丽和温暖。

3. 给自己积极的心理暗示

消极和悲观是我们追求卓越的最大的心理障碍。我们往往以为人生当中有太多的“不可能”,其实它们无不是我们自己所设置。我们总是被受挫、失败的想象吓住，并且害怕这种经历令自己蒙羞。我们总是把“不可能”的圈子划得很大，“可能”的边界也就越来越小。其实，任何有所成就的人，必定要把许多不可能变成可能。每一次真正的创造，每一次自我的提升都必须直接面对失败，面对“不可能”。而只会沿着“可能”的小圈子的轨迹行事的人，注定是平庸的；他“不可能”拾级而上，而只能原地打转。

给生命一种向上的力量，让崇高回归人们的情感世界，拒斥伪崇高，消解伪善，保持一颗积极、绝不轻易放弃的心，尽量发掘你周遭人或事物最美好的一面，从中寻求正面的看法，让自己能有前进的力量，而不要让借口成为你成功路上的绊脚石。

科学家指出，社会参与是人类的一个根深蒂固的愿望，任何形式的社会排斥，例如失恋、离婚、同事关系恶化、遭到拒绝等等，都会对人的身体和大脑造成一定程度的损伤。所以，人们要学会拥有一个乐观积极的心境。

美丽是人生的一种格调。一个具有自省的能力，眷注心灵，善取善舍，与时俱进，而又步履从容的人，必定能够将物质消费变成一种彻底的精神享受，将生存的艰辛与平淡琐屑调理为甘美与意味隽永。给予自己积极的心理暗示，我们需要经常对自己说：“我是重要的！我是能干的！我是快乐的！我是美好的！”作为教师，我们是如此的重要，从小处来说，我们可以影响几十个孩子一天的心情，从大处来说，我们可以影响一个孩子一生的命运，甚至可以影响一个民族和国家的命运。

4. 给予学生更多真诚的鼓励

我相信每个成功的人的经验之中，都一定具有最初的鼓励所给予他的温暖和力量。虽然说鼓励并不能使所有人都成才，但每个成功的人毫无疑问都离不开鼓励。更为重要的是，无论是一个人的信心的获得、价值观的确立，还是一个良好习惯的形成，鼓励无疑是非常重要的。鼓励会使我们每一个人更多地感受到生命的美好和提高一个人的自尊。

人的一生究竟有多少甜蜜和美丽？生活的美好，往往是经过岁月的洗淘，在风雨沧桑过后，从心底涌出来的细腻温暖的回忆。给予别人鼓励需要对生活的闪光点进行敏锐的捕捉，能够细致地把握住生活中的点滴事件，从容而又传神地表现那些温馨的细节。魔鬼就在细节之中，天使也在细节之中。你的成功，你的失败，都是由一滴一滴的小水珠组成最后的汪洋大海。人生就是由每一天、每一个事件、每一个危机的处理、每一个工作的业绩组成的。如果你在小事情上苟且，那么你在大事上、你在一生中一定是一个苟且的人。

5. 有意味地言说

美好的词、美好的表达并不能消融现实的残酷，但美好的表达所包涵的信念、希望和爱心却可以使我们以从容的心态和乐观的精神直面残酷的现实。世界其实就是我们自己。人不是被决定的，态度决定一切，我们的思想就是我们的处境。

“任何一个人的精神世界总是和他的语言世界相连接、相吻合的，精神世界的开拓同时就是语言世界的延伸，语言世界的扩展也同时就是精神世界的充实。”教师教学使用什么样的语言，其实传达的是一种趣味和境界。

德国著名教育哲学家O.F.博尔诺夫(1903—1991)说过：“人不仅在其说出的话中代表自己的意见，而且也正是在其说出的话中真正形成这种意见并使之明确起来。在这个过程中，人同时获得了其内在的坚强性，从无名的集体存在中摆脱出来，变成一个名副其实的‘自我’。”(O.F.博尔诺夫：《教育人类学》，李其龙译，华东师范大学出版社，1999年第1版，第117—118页)比如，课堂教学中，精彩的导语可以把学生引入一方绮丽的天地，让他们品味到知识之花的芬芳，采撷到智慧之果的魔力。

与言说的草率与粗糙相反的是言说的精心打磨与精致优雅。这是教育力量赖以栖居的心灵家园。对您的言说多一点用心吧。

我们可以做得更好

我刚开始走上讲台时，看到学生听课不专注或迟到早退现象，就会很生气，有时也会恶语相讥，表现出非常情绪化的一面。因为，我上大学的时候，学习是非常认真的，觉得现在的大学生不珍惜难得的学习机会，很有些“恨铁不成钢”。后来，学校有教学评估，有一张表要让学生填，有十几项，诸如“教师的教学内容的系统性”、“课堂气氛的和谐融洽”等等，从低到高分为5级，5分为满分。

我的一些同事，给学生上课时，基本的态度就是：我尽心地讲，至于你学不学，听不听，一概不管。大学生是成年人，自我负责好了。这样的老师一般教学评估的成绩都在80分以上。可是我非常在意学生的出勤，这背后可能有自我中心的倾向。上课时，有同学请假，我说：“任何理由都是借口，如果一件事情你认为很重要，你就找不出理由不去做。”这在绝大多数情况下，当然是对的，但也的确可能有例外的时候。所以，有的学生就不服，不服就产生情感的隔膜。由于地位、资历、人生态度、眼界等等方面的不同，师生之间会有冲突的一面。

我自信我的教学是有明确的教育追求的，是体现了大学教学应该具有的探索性与开放性的，我也自信讲课的内容非常丰富而深刻，语言精致且十分敬业和投入。可有两次，学生对我的评分居然没有及格(70分为及格)。后来我看学生填写的评价表，发现有几位学生在所有的项目都画为最差，而且从笔迹不难看出“恶狠狠的”，我想一定是那些被我严厉“批评”过的学生的情绪的发泄。后来，我汲取了教训，尽量营造宽松融洽的课堂氛围，尽量的不用尖刻的言词批评学生，我的教学评估的成绩也就有明显的改观。

既严格要求学生而又不伤害学生的自尊与自信，这的确不容易做到。这需要教师有很高的修养。我的孩子现在上小学二年级，他几乎每天回来都会讲在学校中发生的事。我发现在学校中羞辱孩子的事简直是家常便饭。比如，一年级的孩子考试交头接耳，监考老师居然会把他们的试卷撕得粉碎。至于呵斥、讥讽、嘲弄那就更多。孩子在学校中受了委屈，我们总是开导他，告诉他老师不容易，我们每一个人都会有情绪失控和言辞过激的时候，让他能够更多地体谅老师，帮助他化解消极的情绪和对于老师的敌意。

对于好教师的特征，已有大量研究。热情，宽容，幽默，善于管理自己的情绪，能缓和学生的焦虑感，呵护学生的自尊与自信等等，都是一些重要的品质。其实，我们可以有意识地培养这些品质。

教师是一种职业。中小学教师这个职业在今天，特别在经济发达的大都市，并不是一个非常有吸引力的职业。教师的工作碎屑而艰辛，对教师过高的要求是不现实的。目前，教师的素质不高，但这不单单是教师本身的问题，在我们的社会中，各级各类人群的素质也都不高。而优质教育需要教师有高素质。面对这个矛盾，一方面我们需要等待，等待整个社会文明程度的提高，而不宜操之过急，不宜对广大中小学教师有过多的压力和过高的要求；另一方面，我们每一个教师，都完全可以给自己更多的更积极的暗示和提醒，我们完全可以学会情绪的自我管理，学会对学生的宽容，对待学生的态度和言辞都不宜过于肆意和随便，我们完全可以做得更好。讲台，是我们在人生舞台上的一部分，凡事也都只能“不能尽如人意，但求无愧吾心”。

中国古代的教育智慧

尽管我认为我们这个民族缺乏良好的理论修养，但我也认为中国历史上还是有许多心灵丰富和细腻的智者。在中国古代那个宁静、舒缓的社会，一些眷注心灵的精神贵族，在一些重大的思想领域细心揣摩，千锤百炼，打磨出不少微言大义的隽言秀语，虽有局限，但确也有不少智慧的光芒。

无论是在永恒经典的"四书"之中，还是在荀子的《劝学》，老子的《道德经》中，更不用说我国最早的教育专著《学记》和唐时韩愈的《师说》之中，都有我们今天在教育领域中进行理论创造的源头活水。中国古代的教育智慧集中体现在对于教育及其学习的意义的阐发上，也体现在对高品质的教育过程所应该具有的特质的把握上。

中国古代思想家都重视教育的作用。孔子认为："少成若天性，习惯成自然。"(《孔子家语》)这实质上强调了早期教育的重要性。宋代理学家张载别开生面地提出了"天地之性"和"气质之性"两层人性论。"天地之性"是本然之善性，"气质之性"则是后天形成的有美恶智愚之别的性。他又认为："为学大益，在自能变化气质。"(《理窟·义理》)"有气质恶者，学即能移。"(《理窟·气质》)明代学者王廷相又重申"习与性成"的命题，强调"习"在人的个性发展中的重要作用。

孔子说："学则不固。"(《论语·阳货》)学习是使人去固解蔽的重要手段，它可使人消除偏见，可使人变得开明、开放而不固执。

王充说:“如无闻见,则无所状。”又说:“实者圣贤不能性(生)知,须任耳目以定情实。”(《实知》)荀子说:“多闻曰博(广博),少闻曰浅(浅陋);多见曰闲(渊深),少见曰陋(浅薄)。”(《修身》)“不记,则思不起。”“能记得便说得,说得便行得,故始学亦不可无诵记。”(张载:《理窟·义理》)“记诵者,学问之舟车也。人有所适也,必资乎舟车。”(章学诚:《文史通义·内篇三》)如《学记》所说:“记问之学,不足以为师。”“书多阅而好忘者,只是理未精耳,理精则须记了无去处也。”(张载:《理窟·学大原上》)这就是说,记忆牢固,必须建立在切实地理解的基础之上。

泛道德主义是中国传统思想的重要特征。所谓“泛道德主义”,是指一切以成就个人道德为依归,一切以服务于道德为目的,一切以道德评判为最高和最终的评判。因此,在中国古代,学习的主要目的在于德性的养成,孔子强调:“君子欲讷于言而敏于行。”(《论语·里仁》)这固然有其合理的成分,但中国古代教育思想对于人的理智好奇心的满足,理性精神的涵养,缺乏应有的重视,是其严重的局限和不足。

在对教育过程的揭示上,《中庸》认为“为学之序”是“博学之,审问之,慎思之,明辨之,笃行之”。“温故而知新,可以为师矣。”(《论语·为政》)温故何以能知新?缘由就在于学习者能够超越所给定的信息而生发出新的信息。

荀子把外界和与教育对人发生的客观影响作用称之为“渐”。他以为,“君子之所渐”,“犹玉之于琢磨也”(《大略》),必须慎加重视。他举例说:“蓬生麻中,不扶自直;白沙在涅,与之俱黑。”并且,人在社会环境中生活,应该“居必择乡,游必就士,所以防邪僻而近中正也。”(《劝学》)“积土而为山,积水而为海,旦暮积谓之岁……涂之人百姓,积善而全尽谓之圣人。……故圣人也者,人之所积也。”(《儒效》)荀子强调积累的价值,这也是对于孔子的温故知新思想的继承和发扬。

《礼记·杂记下》说："张而不弛，文武弗能也，弛而不张，文武弗为也，一张一弛，文武之道也。"用它来比喻学习只有张有弛，劳逸结合，有节律地进行，才能保证精力旺盛，身体健康，学有成效。

庄子说："且夫水之积也不厚，则其负大舟也无力。……风之积也不厚，则其负大翼也无力。"(《逍遥游》)"海不辞水，故能成其大；山不辞土，故能成其高……士不厌学，故能成其圣。"(《管子·形势解》)可见，重视积累，是古代思想家们共同的主张。

朱熹是儒家思想的集大成者，他强调："时时温习，觉滋味深长，自有新得。"又说："须是温故方能知新，若不温故便要求知新，则新不可得而知，亦不可得而求矣。"(《朱子语类》卷二十四)诵读是我国传统的学习方法。它一般分为朗诵法和默诵法两种。"诵"就是背诵、念。如"熟读成诵"。朱熹就曾说："诵得熟，方能通晓；若诵不熟，亦无可得思索。"(《朱子语类》卷六)凡读书，"须要读得字字响亮，不可误一字，不可少一字，不可多一字，不可倒一字，不可牵强暗记。只是多诵遍数，自然上口，永远不忘"(《朱子读书法》卷一)。

王夫之在论述学习过程时也认为："实则学之弗能，则急须辨；问之弗知，则急须思；思之弗得，则又须学；辨之弗明，仍须问；行之弗笃，则当更以学问思辨养其力；而方学问思辨之时，遇着当行，便一力急于行去，不可曰吾学问思辨之不至，而俟之异日。若论五者第一不容缓，则莫如行。"(《读四书大全说·卷三》)"未得乎前，则不敢求乎后；未通乎此，不敢志乎彼；如是则志定理明，而无疏易陵躐之患矣。"(《朱子读书法》)王廷相提出了"学博而后可约"(《雅述上》)的见解，并指出"君子之学，博于外而尤贵精于内"(《慎言·潜水》)。要真正做到通过读书而明理，就必须对问题理解得非常通透，而不是一知半解，似懂非懂。

为了使学习的内容巩固，并实现由"知"到"信"的转化和提升，许多中国古代的思想家都极其重视"疑"的价值，强调"学贵有疑”。朱熹就曾说：“读书无疑须有疑，有疑定要求无疑。无疑本自有疑始，有疑方能达无疑。”著名学者陆九渊的观点更是精辟：“为学患无疑，疑则有进，小疑则小进，大疑则大进。”另一学者张载也讲过：“于无疑处有疑，方是进矣！”“疑而后问，问而后知，知之则信矣。”(陈献章：《明儒学案·白沙学案》)没有经过“疑而后问”所获得的“知识”并非真知，是不深刻和难以转化为个人的精神财富的。这些宝贵的思想遗产值得我们很好地继承和光大。

中国古代的教育思想，存在的局限也是非常明显的：缺乏严密的逻辑体系和理论论证，往往是只言片语，更不用说缺乏基于实证研究的有关各种变数之间关系的揭示和解析。另外，从先秦到晚清，两千多年在思想的广度和深度上都没有多大程度的拓展，因袭前人、“代圣人立言”的弊端也十分突出。当然，我们不能苛求古人，这也与农耕文明时代的中国两千多年“年复一年，丝毫没有长进”不无关系。社会生活的停滞必然带来思想的因袭，因为死寂的社会生活不能为思想者提供丰富的、具有挑战性的思想资源。更不用说，“文字狱”的盛行，思想自由、言论自由的缺乏所必然导致的思想的贫困了。

校本教研与教师成长

教学是教师职业生涯中最为重要的日常生活方式，也是每一位教师将其全部青春和心血用于浇铸的职业生命的存在形态。对教师来说，教学是如此的重要，以至关注教学、研究教学成为教师永保教学热情并能够享受教学的一种必要。

自从英国课程专家斯腾豪斯（L.Stenhouse）于20世纪60年代末提出"教师成为研究者"（Teachers as Researchers）和"研究作为教学的基础"（Research as a Basis for Teaching）这两个异常响亮的口号之后，行动研究（Action Research）就逐渐成为影响后世教育研究理论与实践的一个重要力量。在今天"教师成为研究者"和"研究作为教学的基础"一再成为鼓舞教育工作者热情参与和积极投身于教育改革的宣传标语而倍加受人瞩目。

教师成为研究者，最为经济和可能的途径就是校本教研。校本教研的真正目的是将先进的教育理念通过教师的教育探索过程变为教师的教育素养。如何理解新课程背景下的校本教研？为什么要进行校本教研？校本教研与校本培训是何种关系？怎样理解教师是校本教研的主体？其他国家和地区开展校本教研的案例有哪些？如何建立有效的校本教研制度？怎样创建校本教研与学习型学校？怎样看待校本教研与学校发展规划？如何制定校本教研方案？如何通过校本教研促进教师专业发展等等都既是理论问题又是非常具体的实践问题。

教师职业的特殊性，特别是教师所肩负的责任，对教师群体的综合素质提出了很高的要求,这一特殊性也使得教师在完成教学工作的同时需要面对来自多方面的压力。为了使教师对自我有更明确的职业定位、以更扎实的理论素养和更良好的精神面貌投入到教育中去,关注教师自我发展,增强教师职业认同感就变得尤为重要。

尽管教学是每位教师每天都要面对和进行的日常工作,但是过去我们却仅将教学当做单纯的工作来看待,忽视了教学对于激发教师的职业发展的内在动机。究其原因,恐怕不只是教学太普通了以至于大家觉得没什么专门研究的必要这么简单。教学之所以在过去被人们有所忽视,广大一线教师的职业生命之所以表现出会有枯竭的危险,这在教学叙事研究诞生之后,被认为是由于研究者和教师都忽视了教学对于教师的职业生命价值的重要性所导致的。

在教师专业化发展业已成为全社会关注的一个教育焦点话题的今天,如何使得我们的教师成为一名合格的专业化教师,这确实是摆在我们教师教育研究者和教师培训者面前的重大的理论与实践课题。在解决理论与实践严重脱节的问题上,行动研究为我们提供了很好的实践策略,这便是校本行动研究(school-based action research)与校本教师培训(school-based teachers education)。所谓"校本",其义盖言之无非就是三点:"在学校中""基于学校"和"为了学校"。结合学校的实际和教师的特点进行校本教师培训和校本行动研究,这不仅能密切理论与实践的结合,还能为教师的专业成长提供一个活生生的实践舞台,其实效性是显而易见的。因而,将行动研究转化为校本行动研究,进而再转化成校本教师培训,并将校本行动研究作为教师的一种职业生活方式,这对教育、学校和教师都是大有裨益的。

校本教研的目的在于行动研究,而行动研究的最重要的途径是叙事研究。教学叙事的魅力源自其对教师职业生命形态与存在方式的不懈的眷注。这是一种对教师生命的人性关怀。众所周知，教师所从事的教学工作是一项甚为艰巨的、琐碎的工作，其面对的又是一个个活生生的亟待教化的年轻生命，稍有不慎便可能会使孩子们的发展遇到不必要的挫伤。因此，教师的职业压力是非常巨大的。由于教师所肩负的巨大的职业责任，因而教师们成天埋头于如何教好学而无暇顾及自己的职业生命。而教学叙事正好是以教师历历在目的职业生活为基本的立足点，通过激发教师对自己的日常职业生活的描述与记叙以及整理和反思，从而使得教师亲身体验到自己作为一名教师的职业生命之美和职业生命之乐。

与其他重在术语堆积的枯燥的教学研究不同，教学叙事研究不刻意追求什么花样和西化的研究名词，重在教师眼中的真实图景和内心的真切感受，并以此作为教学叙事研究的第一手素材。正因为如此，教学叙事研究正日益成为一种非常受广大基层一线教师们所喜欢的教学研究方法。

其实，教育中的叙事研究早在卢梭那里就得到了非常极致的发挥。卢梭的自然主义教育理论有两大特色：一是以人的自然天性发展作为起点，教育要遵循自然，即教育法自然，一切教育都要依据自然人的发展规律来进行，任何教育活动都不能僭越自然；二是他对教育理论的建构是建立在一系列的有血有肉的活生生的教育叙事之上的，其伟大的《爱弥儿——论教育》就是人类教育思想史上最为典型的教育叙事的经典之作。正是通过叙事性的写作，卢梭成功地撰写出了以假设的他对爱弥尔实施自然主义教育的《爱弥儿》一书。《爱弥儿》作为被誉为西方三大教育经典巨著之一，其魅力正是在于它那平实而生活化的语言与平易近人的叙事风格。恐怕连卢梭本人也没有料想到那主要是其满卷的生活化语言与叙事风格深深吸引了读者的心。

人类最早对教育思想的表述就是通过总结教育经验开始的，随着人类思维的不断发展与思维素质的进一步提升，后来才出现抽象性较高的理论论述。如今，教育叙事研究的重现和受人重视，我们可以将之视为正是教育研究向原点回归的一种现代表征。在有的教育学元理论的研究者看来，当下的教育理论研究的重大缺陷之一就是缺乏与实际教育的生活联系和话语过于艰涩，有严重脱离实践的倾向。这样事实上给广大一线教师造成了教育理论是很难接近的认识误区。

现代教育理论有某种意义上的越来越走向“去生活化”(de-lifelization)道路的危险倾向，致使教育理论与教育实践之间似乎越离越远，教育理论与教育实践的脱节现象日趋严重。在一些人看来，理论一定是高深的，这种不良现象必须得到有效的遏制。有识之士提出的“大众的教育学”的命题在我们今天就有着特别重要的意义。由于教学叙事研究正好以教师的日常教学为核心，让教师能够切身体会到自己参与教学叙事研究的乐趣与意味，因此它在激起教师参与教学叙事研究的同时也激发起了教师们对教育理论的兴趣。

那么，我们又应该怎样来做教学叙事研究呢？首先是基于“教学问题”的课题研究；其次是基于“有效教学”理念的教学设计；第三是基于“教学对话”的教学行动；第四是基于“教学事件”的教学反思；最后是基于“教学回放”的叙事整理。教学叙事的终极理论诉求是全面促进教师的教学反思、激发教师参与教学叙事研究的积极性、广泛倡导教师开展基于以课堂教学为阵地的教学叙事研究。

因此，要做好教学叙事就需要教师行动起来，与此同时还需要专职的教育研究者深入到中小学一线亲自指导并解答教师们在研究中遇到的疑惑与问题，并和教师们一起探究改进教学的策略，从而最终达成共识，实现有效教学，促进教师专业发展和学生的全面发展。惟其如此，广大一线教师的职业生命才不会枯竭，才会获得源源不断的职业生命升华之源泉。

校本培训的具体路径

教育改革和发展的根本目的在于使每一个个体获得有尊严的存在所必备的素质。我国教育的现代化的成败取决于能不能办出一大批优秀学校，而办好学校关键是教师，这已成为了人们的共识。但在我国绝大多数地区和学校，包括大都市和发达地区的薄弱学校以及为数众多的农村学校，教师素质不高，仍然是影响教育质量提高的最为重要的因素。开展多种形式的教师培训不仅必要，而且可能。包括学历教育、脱产进修、在职进修在内的多种形式的培训，都能收到一定的效果。但笔者认为，“以校为本”的教师培训是较为务实和有效的教师培训的途径和形式。

所谓“以校为本”的教师培训，比较理想的是由多个教育专家组成的“教学诊断—评价与教师培训”小组深入到具体的学校，针对该校的实际情况，在对教师的教学进行诊断与评价的基础上所实施的培训。当然，学校在没有专家引领的情况下所组织的、基于学校发展需要、在学校中进行的校本培训也是有价值的。

如果说，一般的教师培训主要是帮助教师提高本体性知识，那么，“以校为本”的教师培训主要是提高教师的条件性知识。本体性知识是指教师所具有的特定的学科知识，如语文知识、数学知识等，这是人们所普遍熟知的一种教师知识。

有研究表明教师的本体性知识与学生成绩之间几乎不存在统计上的“高相关”关系。教师的条件性知识是指教师所具有的教育学与心理学知识。这种知识是广大教师所普遍缺乏的，也是“以校为本"的教师培训所特别强调的。我们可以把教师的条件性知识具体化为三个方面,即学生身心发展的知识、教育学的知识和学生成绩评价的知识。

另外,"以校为本" 的教师培训特别强调教师教育能力的提高。教育能力所包括的范围非常广泛,韩进之教授将其归纳为七种能力:教学能力,言语表达能力,教育观察能力,注意分配的能力,思维的系统性、逻辑性和创造力,教育想象力和教育机智。

"以校为本"的教师培训工作力图达到以下目标:

1. 以先进的教育教学理论为指导,协助学校领导和全体教师将学校办成一个具有自己特色的现代化学校。

2. 以课堂教学的诊断与评价为切入点,协助教师制定通过努力可以达到的工作目标,增加教师的个人成就感;依靠全体教师全面推进学校的教育教学工作,发展学生的主体意识和提高学生获取知识、解决问题的能力和创新能力。

3. 帮助教师全面关注学校的各种形式的教育活动,包括通过提供学习策略的咨询和辅导,使学生更多地理解自我成长中的价值,唤醒学生内在的学习需要,促进学生学会学习和全面成长。

4. 帮助学校营造浓厚的教学研究氛围,增加教师与学生之间、教师与教师之间、教师与学校领导之间的信息反馈和沟通,从而增强学校的凝聚力和教师的归属感。

"以校为本"的教师培训工作通过以下步骤来推行:

1. 通过听课和会谈来深入细致地了解教师,融洽感情,建立友谊,取得教师的理解与信任;向校长和学校有关领导反馈教师的教学状况和教学需要。

2. 结合对教师教学情况的了解,集中对教师进行培训。教师培训的具体内容包括:①培训最新的学习和教学理论;②帮助教师备课:个别辅导和集体备课;③帮助教师进行教学科研,提高实际教学水平。

3. 和学校领导共同制定一套教学过程和质量的诊断评价量表,并结合具体教学内容,进行形式多样的教学培训,包括培训教师计算机辅助教学方法和技能,指导教师设计和使用教学软件。

4. 帮助教师备课,评点课堂教学,促进教师反思,并帮助教师进行教学科研,在适当的时期进行一轮更高起点的教学培训。

"以校为本"的教师培训工作的具体程序:

1.研究教材、了解教师;2.听课、课堂记录;3.与教师会谈,评价会谈程序:A.阐明会谈目的,以调动教师的参与的积极性;B.讨论教学中存在的优点和创新之处;C.讨论教学中存在的问题与不足之处;D.讨论教师所需要的帮助;E.商讨进一步提高和改进的方法;F.制定可行的新方案。4.参与主题班会的设计和具体活动;5.参与备课和教研活动。

"以校为本"的教师培训工作在我国有着十分重要的价值和推广前景。各级教育学院、教研室、教师进修学校都可以,而且应该参与到中小学的校本培训中去。

文明是一种眼光

快乐是一种美德

快乐是一种美德。言外之意,不快乐就是一种缺德。何以能这么说呢? 因为每一个人都生活在一定的社会之中,我们都是构成他人生活环境的一部分。人的情绪,不论是积极的情绪,还是消极的情绪,都会相互感染。我相信没有人会喜欢一个整天愁眉苦脸、唉声叹气、充满抱怨的人,我们都会喜欢那些非常阳光,能够带给我们欢乐,能够唤起我们对于生活的热爱与柔情的人。

正如斯滨诺莎所言,"快乐不是对美德的赞赏, 而是美德本身"。快乐是一种人生态度,一种个性品质。快乐是心灵的清新剂,它能够使我们的内心变得明朗、亮丽、旷达和温暖。只有在感受到快乐的生活境遇中,才能发展出健康的人格。我们不难发现,绝大多数刑事犯罪分子,特别是那些穷凶极恶的罪犯,往往是那些心智闭锁、内心阴暗的人。如果追溯他们的成长经历,我们也不难发现,他们基本上是在缺乏温暖、缺乏真诚的关爱、缺少快乐,在被人歧视、被人欺凌的境遇中长大的。从某种意义上说,他们也是不幸的人。我们要惩罚罪恶,但也需要同情罪人。

俄国伟大的生理学家巴甫洛夫指出:"愉快可以使你对生命的每一跳动,对于生活的每一印象易于感受。不管躯体和精神上的愉快都是如此,可以使身体发展,身体强健。"快乐就是健康,一种愉快的心情,比十服良药更能解除生理上的疲惫和痛楚。

优秀的人不一定是那些高智商的人, 而是那些与人友好相处、能获得别人爱戴和信任的人。科学家对人的大脑进行研究的最新结果表明：富有激情的人远比老气横秋的天才更富有创意。更重要的是，烦恼、不快或痛苦是你自己的，别人没有义务为你分担。和别人分享你的快乐，把自己心灵的阳光撒播到别人的心中却是人性的高贵。

“这个世界就是我们现在生活的地方，是永恒的世界之一，它美好、快乐，我们不仅能够、而且应该尽最大努力，为了与我们同在的和在我们之后仍将生活于其中的人，把它改造得更加美好，更加快乐。”这就是托尔斯泰的人生目标，同样也应该是我们努力追求的目标。任何现实的、短暂的、外在的目标，都不应该压倒超越这个目标。活着不是为了痛苦。生活给了你100个哭的理由，也一定要找出101个理由让自己笑出声来。“不要总感到自己缺什么，只要快乐，你就什么都不缺。”

让成长中的孩子感受到童年生活的快乐，这是学校教育的职责。今天我们强调教学的三维目标，其中之一便是“过程与方法”。所谓过程，就是说教学过程同时是学生的生活过程，在这一过程中，应该让学生感受到智力劳动的快乐，感受到精神的充实，感受到当下生活的美好。看一堂课好还是不好，有一个非常直观的标准，那就是看学生快乐还是不快乐。一个充满快乐的课堂不见得是一个优质的课堂，但令人疲惫、令人压抑、令人枯燥乏味、缺乏快乐的课堂一定不是好的课堂，也就是说，快乐是良好教学的必要质素。

怎样为孩子们创造一个充满快乐的学校生活呢？首先，学校应该非常宽松、宽厚、宽容、温情、温暖、温馨，没有恐吓，没有威胁，没有强制，没有讥讽与嘲弄，有的只是欣赏、认同、建议、惋惜和同情，只是乐观的期待和真诚的信任。让学生的心灵可以自由地舒展，让学生的个性可以充分地张扬。

这就需要我们教育者自觉地防范我们的“权威人格”，少一点道貌岸然和煞有介事，多一点宽和与宽厚，要相信宽容比惩罚更有力量，只有在充满宽容和信任的氛围中，才能发展出自尊与自律的人格品质。犯错误是儿童的权利，正因为他们不谙世事，才需要学校和老师。

其次，创造富有魅力、充满欢乐的课堂。为了使课堂充满欢乐，一是要使教学内容与学生的生活有紧密的联系，让学生能够发现所学知识的个人意义。另外，应该努力使课堂变得丰富和具有智慧的挑战性，让我们的学生在每一节课上都能享受到热烈的沸腾的多彩多姿的精神生活。

第三，让学生学会正面地看待问题，拥有积极乐观的生活态度。心态决定着世界在我们眼中的样貌。有一个故事很能够说明这点。一个老妇人有两个女儿，大女儿是卖阳伞的，小女儿是卖雨鞋的，她总是雨天发愁大女儿的阳伞卖不出去，晴天发愁小女儿的雨鞋卖不出去。一个聪明人就劝她，为什么不这样想呢：如果天在下雨，小女儿的雨鞋就会被买走，如果天晴了，大女儿的阳伞就有人买了。从此老妇人天天都感到开心了。其实生活还是老样子，只是换了一种思考问题的角度。台湾作家刘墉说得不错，快乐心灵之旅，不需签证。

伍先生

伍铁平先生是国内学术界鼎鼎有名的语言学家，他通晓五门外语，到过十多个国家。对伍先生我早有耳闻，可真正与伍先生相识，并成为忘年交，却是因为2005年3月在《北京师范大学校报》的《肖川快语》专栏上发表的《遏制“能者多捞”》一文。伍先生看后十分欣赏，他老人家与校报编辑部联系，要了我家的电话，亲自打电话约我到他家叙谈。这时的伍先生已是年近八十的老人了。

伍先生的家陈设十分朴陋，几乎没有什么像样的家具。但和伍先生聊天，对我来说，是一种难得的学习与享受。我们聊中国的过去、现在和未来，聊我们共同熟悉的故去或还健在的人，聊国际国内的新闻，聊语言文字的改革……

与伍先生相识后，他写的文章都给我看，我写的文章也会请他老人家指正，真正的以文会友。伍先生多次对我说：“你的文章是要传世的，所以引文要有出处，要精益求精。”我的作品能不能传世需要时间的检验，伍先生这么说无疑是对我极大的激励与鞭策。学术论文不用说，即使只是随笔，我也力图注明引文的出处。这得益于伍先生的教诲。

在伍先生身上湖南人那种疾恶如仇、不畏权贵、刚直不阿、倔强执拗的性格有充分的体现。十多年来，他为维护学术尊严，坚持不懈地反对学术腐败，高举打假大旗，义无反顾地捍卫学风的纯洁。伍先生学术打假的最可贵之处，就是实事求是，让事实说话，以理服人。

学术打假是需要有高度的自我牺牲的精神的。首先,你自己要在学术研究上走得正,过得硬,否则不仅可能树敌,遭致引火烧身,还可能有贼喊捉贼的嫌疑。在今天,对社会中的阴暗与丑恶,还可以拍案而起的人,已是不多见了。更多的人是只要不直接伤害到自己的利益,就会熟视无睹,就会明哲保身。在这样的背景下,伍先生身上表现出的正气,就更显得宝贵。

伍先生已近耄耋之年,且百病缠身,却仍笔耕不辍。他在健康每况愈下的十多年中,写作了几十篇有理有据的学术打假的论文。顾炎武诗曰:“苍龙日暮还行雨,老树春深更著花。”伍先生对我说:“我剩下的时间不多了,还有许多工作要做。”听先生这么一说,不禁有烈士暮年的感伤,在心中默默地为他老人家的健康和长寿祈祷。

伍先生真诚的治学品格,严谨的治学精神以及长者的若谷襟怀,大家风范,尤其令人钦佩。他对我的习作一个细微的地方都十分认真,这对一个老人是多么的不容易,而对伍先生来说仿佛是一种责任。路德维希·维特根斯坦(Ludwig Wittgenstein,1889—1951)在他的《战时笔记》中写到:“只有生活在自己的‘趣味’中,才会有身心的安妥和应对环境的从容。”这在伍先生身上得到进一步的验证。

伍先生让我懂得:心有定力的人,肯定不会在红尘中飘摇,他懂得绚烂背后的真相,从一开始就过一种属于本性的、朴素的生活。虽然我们不必对“语言无味,面目可憎”的人报以轻蔑与不屑,但对于腹有诗书、品性高洁的人却需要投以无比崇敬和艳羡的目光。一个书香满怀的人更可能有着美好的情怀和美好的品性,如伍先生。

同 学 肖 非

肖非是我大学时的同学，也是同乡。1980年我们一同从湖南考入北京师范大学教育系。

肖非的老家在湖南宁乡，我的老家在望城，相邻的两个县，现在已同属于长沙市。我的家乡正好与宁乡接壤，我的许多亲戚也在宁乡，所以宁乡就是我童年最熟悉的一个外县。我们两家的距离大约就百十来里路，可在连自行车都很稀有的年代，这个距离就很遥远了。

1980年到北师大教育系，因为是同乡，我和肖非很快熟络起来。他只大我两岁，和他相处却能够从他那里感受到兄长般的温暖。我在一班，他在二班，同一年级两个班总共八十多人，大课都在一起上，但班级活动就很少在一起。

那时上大学虽不要学费，还有二十几元的生活费，但日常消费还是要家里负担的。他的家境比我的要好一些。在我缺钱又需要花钱的时候，就需要借。这时我都会想到肖非。今天我手头上比较宽裕了，学生时代的窘迫仍记忆犹新。因为我有一个深切的体会，向人借钱是一件很难为情的事，我的感觉是小心翼翼加诚惶诚恐，所以现在我经常主动地借钱给我的学生。

1984年本科毕业后，我们都上了研究生，仍旧同学。那时研究生招生规模还很小。宿舍分配是按报到先后，所以，一个宿舍五个人可能来自五个系所。研究生二年级时，一个同学将肖非女友写给他的情书私自拆开并给其他同学传阅。肖非没有声张，更没有对那个同学大加讨伐，而只是默默地将信收回，给相关同学以极大的教育。

研究生毕业后，我们一同留校任教，我们又成了同事。由于他学术研究上的杰出成就，特别是他在系里主要领导的岗位上表现出的勤奋、踏实、廉洁、公正，他赢得了大家的一致好评，早早地破格晋升为教授。

作为生活中的人，他也曾遭受误解和委屈。每当这种时候，他都只是羞涩地一笑，无奈地摇摇头。由于他所在的专业没有博士学位授予权，所以他一直没有读博士学位。也仅仅是由于这个原因，他申请博士生导师的资格多年来一直未获通过，他却没有因此在工作上有丝毫的懈怠。

肖非矮胖矮胖，就这点而言，我俩算得上难兄难弟。咧嘴嘿嘿一笑，摇摇头，一脸的无奈和无辜，是他经典的表情。他性情温和，宽厚冲淡。我常常将我处理问题的方式和肖非相比，这往往会令我汗颜。我性子直且急，每每不平则鸣，也时常口不择言，偏激中透着尖刻。尖刻，就是略带深刻的尖酸和刻薄。言辞尖刻的人，人缘往往不好，在一个缺乏理性修养和宽容精神的国度，尖刻的人的日子就更加不好过。

智慧圆融的人是不会尖刻的，也能宽容尖刻之人。具有这等人生境界的人，他总能设身处地地理解他人并能从别人尖刻的言辞中发现闪光的思想。这标志着一种生命状态，未完成的和敞开的生命状态。同学肖非就是这样的一个人。大学教师私下交谈的时候也难免会说别人的一点闲话，正所谓“谁人背后无人说，哪个人前不说人”。可这么多年，我却没听到谁对肖非有负面的评价，这是多么的不易。古人说：“以人为鉴，可知得失。”从同学肖非身上，我感受到的是宽厚，是善良，感受到的是天道酬善，是德福统一。

2006年4月底，在从北京飞往深圳的航班上，我含泪看完著名歌手、爱心大使丛飞因病英年早逝的消息以及社会各界追悼丛飞的报道。丛飞带给我们的不仅有感动，还有无尽的哀伤。我不希望再有另一个丛飞，我希望所有的人都幸福、快乐。我倒希望有更多的像同学肖非这样平凡、朴实、善良、乐观和开朗的人。

文明是一种眼光

《三湘都市报》和《潇湘晨报》上常有好文章，现全文摘录发表在《三湘都市报》2004年2月18日署名黄一龙的《太监眼光和心态》。

北京密云县灯会踩死37名游人，灯会主办单位密云县委书记夏强对记者“沉痛地表示”：“痛定思痛，这起事件给我们的教训十分沉痛，十分深刻。”夏书记十分沉痛，十分深刻的教训是什么呢？他说是“我们深感责任重于泰山，我们深感首都无小事”。《南方周末》如此报道说。

县里举办活动，办出了这么大的人命事件，一县之首的县委书记吸取的教训沉痛也好，深刻也好，都属应该。出人意料的是他“们”(应即密云县委、县政府吧？)的沉痛教训深刻教训竟是“首都无小事”！这是什么意思呢？这就是说，这事不是小事了，闹大了。但是它之所以不是小事，并非因为死了人，而是因为它发生在首都！那么假使密云县不属首都管辖，它就只是小事一桩了？

37条活鲜鲜的人命，在夏书记们的“教训”里，居然只因为它“幸而”发生在首都才不算小事，才使得夏某一批官员沉痛了深刻了。这是说的什么屁话！而且在谁的眼睛里，小事一到首都就变大了呢？我看具有这样慧眼的人，只可能是太监。在太监的眼里，天下不会有比皇帝和皇宫里更大的事了，皇帝打喷嚏挖鼻孔吃饭拉屎“幸”女人以及进行以上活动的环境都是头等要事，他们对此都“责任重于泰山”。虽然皇帝太监俱往矣，可是太监的眼光依然余韵犹存，植入了不少官员的神经。

记得许多年前全民大饥馑，全国紧急调粮进京，理由是“饿死人也不能死在北京”，那视角就与太监无异：人只要死在京畿以外，就“两害相权取其轻”了。不想现在这位夏书记总结教训的时候，那眼神依然毫无进步。有朋友认为，“中华文明”早就被“文革”消灭殆尽了。他太悲观了。请看附丽于其上的太监眼光和心态不是完好无损地被继承着么？

读罢此文，不禁拍案叫绝。对于同一件事情我们怎么看待，很多时候不是一个简单的对错问题，但一定有眼光的高下，有一个立场的问题。我们社会中，总有一些人，自然多是些觉得自己是重要人物的人，特别是在公共场合，在媒体面前，说起话来，一副义正词严的样子，煞有介事、振振有词、道貌岸然，骨子里却是充满了虚假与伪善，是言不由衷，是混淆视听，没有真情，没有良知，甚至没有人性，可耻可恶。这就是人们常说的“打官腔”。

要彻底杜绝这种“官腔”，就需要改变过去那种干部任命的体制。这种体制实质上是“人治”传统的制度保证，这种体制的弊端就是对上负责而不对下负责。让我们大大小小的政府官员始终牢记普通公民的利益，牢记他们的苦乐安危，不是一个简单的思想教育问题，首先是一个政治文明的建设问题。

诗与诗人

诗歌是文学作品的最高形式。诗歌之所以当之无愧地荣膺这种褒奖，是由于其历史渊源、文体的讲究和强烈的抒情性等多种因素。所谓"疾苦之问易为，欢娱之辞难工"，诗歌既要讲求表达的方式，又要讲求真实而强烈的感情，的确是其他文学形式不可比拟的。

"诗歌是想象的精灵"，它和现实也许会有一定的距离，甚至是大相径庭。诚如英国散文家和文学评论家威廉·赫兹里特(William Hazlitt，1778—1830)在《时代精神》一书中所说的："诗是我们生活中的精细部分，它扩展、净化、提炼我们的心灵，它提高整个人生。"读到古诗中"一笑百虑忘，松风奏笙竽""不愁屋漏床床湿，且喜溪流岸岸深"等句子时，常对古人的宽阔胸襟和豁达心境向往之至。

严羽(1192—1245)在《沧浪诗话》中说："诗者，吟咏情性也。盛唐诸人，惟在兴趣，羚羊挂角，无迹可求。故其妙处透彻玲珑，不可凑泊，如空中之音，相中之色，水中之月，镜中之象，言有尽而意无穷。"(转引自郭绍虞：《中国历代文选》，上海古籍出版社，1986年版，第424页)叶燮(1627—1703)在《原诗》进一步指出："诗之至处，妙在含蓄无垠，思致微妙，其寄托在可言不可言之间，其指归在可解不可解之会，言在此而意在彼，泯端倪而离形象，绝议论而穷思维，引人入冥漠恍惚之际，所以为至也。"(同上)

《文心雕龙》的作者刘勰(约465—约532)，在《明诗》篇中明确指出诗歌的本质是人的感情之表现,感情的激荡是外感于物的结果。“诗者,持也,持人情性。”“人秉七情,应物斯感,感物吟志,莫非自然。”他在《诠赋》篇中说:“赋者,辅也,辅采摛文,体物写志也。”“原夫登高之旨,盖睹物兴情。情以物兴,故义必明雅;物以情观,故辞必巧丽。”诗,是一种性灵的抒发,是情和物交互感应的产物,是活跃的情愫,是通向心灵的最后一把钥匙,是隐藏于每个人心灵深处的最后一块绿地。诗之所以为诗,就在于它保留了想象的空间,保留了童贞的心灵,保留了童话般的意境,保留了温热的乃至震撼心灵的回声。

所谓“诗”,非仅韵文之谓,乃文学的“想象之方法”之谓也。“想象之方法”,其依据在于人同此心,心同此理。它是合乎逻辑的假想,不问其曾否发生,只就逻辑而言某一事件可以发生、应该发生甚至必须发生,此亦陈寅恪先生所谓“通性之真实”。历史作为人类生活过程的“集体记忆”,逻辑作为历史经验浓缩的思维法则,在前提普泛一致的条件下,是可以相通而互证的。

英国湖畔派诗人之一威廉·华兹华斯(William Wordsworth,1770—1850)言之凿凿地提出:“诗是强烈情感的自然流露。”他要求诗人:“比一般人具有更敏锐的感受性,具有更多的热忱和温情,他更了解人的本性,而且有着更开阔的灵魂;他喜欢自己的热情和意志,内在的活力使他比别人快乐得多……他还有一种气质,比别人更容易被不在眼前的事物所感动,仿佛它们都在他面前似的;他有一种能力,能从自己心中唤起热情……”(威廉·华兹华斯:《抒情歌谣集·序言》)他的朋友、另一位湖畔派诗人柯勒律治也提出:“诗就是人的全部思想、热情、情绪、语言的花朵和芬芳。”

“诗人必须从内心外表两个方面去认识人类生活,把广阔的世界及其纷纭万象吸收到他的自我里去,对他们起同情共鸣,深入体验,使他们深刻化和明朗化,为着从他这个主体个性出发(尽管这要受到一种狭窄的特殊范围的局限），去创造出一种不像由外因决定的自由整体，诗人就必须摆脱这种题材的实践方面，或其他方面的约束，对这种题材以巡视内心世界和外在世界的自由眼光去临高俯视。”（黑格尔：《美学》第三卷）朱光潜说华兹华斯一句话就说完了尼采用一部书要说的道理——“诗起于经过在沉静中回味来的情绪”（朱光潜：《诗的境界——情趣与意向》，《朱光潜美学论文选集》，湖南人民出版社，1980年第1版，第193页）。大凡真正的好诗，都不是硬作出来的，是灵光的倏忽一闪，是积淀的突然爆发；所谓写，只不过是早就成竹在胸，巧遇触发点之后，水到渠成地自然表达。

中华民族有悠久的诗歌传统，诗是产生最早、发展最充分、成就也最为辉煌的一种艺术形式。中国有“诗歌大国”之称，古代诗歌以《诗经》和《楚辞》为源头。前者是我国第一部诗歌总集；后者以我国文学史上第一位伟大诗人屈原的《离骚》为代表，气势磅礴，想象奇特。古代诗歌发展到唐宋时期，进入黄金时代，诗人辈出，诗篇累累，形成了以律诗为标志的近体诗。仅唐一代，见于《全唐诗》的诗人就有2 300多人，诗作近5万首。唐诗从内容上包括征戍、谪迁、恨别、思乡、伤时、怀恋之作，唐诗成为诗歌的海洋并为一代又一代的读者百读不厌。

有论者对唐诗作了诗意的解读：“一处山水，一段明月，就那么静静地凝固于唐诗之中，一千年过去了，又三百年过去了，它默默地等待你的到来，等待你的感知。如果你的微笑里有大漠的孤烟，有杨柳岸晓风残月，有羞涩牵马的少年，有寂寞地开且落的芙蓉花，有敦煌悲苦的面容，有咸阳游侠九死一生的豪情……那么，对枯燥的变幻的人生，对起落的无序的命运，你会有很多很多更好更深的理解，懂得从容，懂得感激。”

特别值得推崇的是经久不衰的杜甫的诗。不仅因为其“语不惊人死不休”，还在于如梁任公所解乃为“用极少的字表极复杂极深刻的情绪”；同时杜诗又可称得上是最平淡朴素的，描绘人间疾苦，且在这艰难中焕发力量和光芒，“活生生的画面，随时能够撑开疲惫的眼”。因而，“如果说诗是中国知识分子的灵魂，那么，杜甫的诗就是灵魂深处最明亮的灯”。

宋元之间，同诗有着密切联系的两种文体“词”和“散曲”，得到长足的发展，甚至分别成为宋、元时代的文学重要标志，故有“宋词”“元曲”之说。词与曲是诗与音乐的产物。它们比律诗更自由、活泼，更利于传情达意。启功先生说：“唐以前的诗是长出来的，唐人诗是嚷出来的，宋人诗是想出来的，宋以后的诗是仿出来的。”

古代的中国人，“父母在，不远游”。没有万不得已的原因决不会离开家乡，一旦离开便是数不尽的离愁，溢满了诗词文章。中国古人也很早就意识到个体生命的短暂和有限，幻想着在有限的生命里追求无限的价值，在相对的存在中追求绝对的意义。这在山水诗中表现得最为突出，古人在面对自己在量与力上都无可比拟的大自然，同时又感到自己就是其中的一部分时，他们就把生生不息的自然山水看做寄托个体生命的载体。于是，悼往感来，怀古伤今，就成为历代诗人共有的心态，也成为山水诗文反复咏叹的主题。

梁任公说：“新事物固然可爱，老古董也不可轻轻抹煞。内中艺术的古董，尤为有特殊价值。因为艺术是情感的表现，情感是不受进化法则支配的；不能说现代人的情感一定比古人优美，所以不能说现代人的艺术一定比古人进步。”启功先生认为，诗是非逻辑的，因此“妙义难从句下求”，更不能作实地去解释句中的字义。

好诗是诗人对生命真诚的揭示，“诗歌不能凭仗了哲学和智力来认识，所以感情已经冰结的思想家，即对于诗人往往有谬误的判断和隔膜的揶揄”（鲁迅）。诗艺之学，复杂微妙，解读诗歌，难有“标准答案”。昔时有“诗无达诂”之说，今人有“接受美学”之论，都是强调诗歌解读,往往是见仁见智。深厚的诗词修养可以陶冶你的情操,修炼你的品位,敏感你的嗅觉,使你不至于成为面对美丽的大海而自惭形秽的渔夫,使你面对夕阳晨雾、春华秋叶、细雨如丝、迷蒙霰雪,面对每天都见到的日月星辰不至于熟视无睹,你就能成为一个异于常人、超于常人的人,成为对社会、自然、人生有着特殊感受力的人。所谓"夕阳芳草寻常物,解颐都作绝妙词"(袁枚:《潜兴》)是也。

可正如方印中先生敏锐地指出的那样,在中学生的感情需要宣泄、理智需要抚慰、情操需要陶冶的时候,考试却反复告诫他们"不要写成诗歌",教学时把诗歌写作看做禁区,这合理吗?诗歌中的种种风格,豪壮雄伟,凝重深沉,含蓄蕴藉,华丽典雅,豪迈奔放,明朗开阔,生动活泼,爽朗高亢,旷远雄浑,自然流畅,清新俊逸,刚健质朴,明净轻灵,响亮和谐,委婉缠绵,工巧细密,潇洒隽永,警策严谨,风趣真挚,瑰奇优美,对青少年身心健康成长,是乳汁,是维生素。有什么能取代诗歌吗?

"一切纯文学都要有诗的特质。……诗较别类文学谨严、纯粹、精微。""要养成纯正的文学趣味,我们最好从读诗入手。"(朱光潜)诗能有效地抗拒心灵的衰老和生命激情的消退。在阳光灿烂的午后,或是在晚霞满天的黄昏,远逝了喧嚣劳累,淡去了功名浮华,静静地品一首小诗,自有一番滋味。有诗的日子,生活便慢慢丰润起来,充盈起来。

我的2005年

在晨钟暮鼓的又一次循环中，时光终究要把一些带走，把另外一些留下。带走的是历史，留下的是记忆，而写下的将永远是灵魂。当日历翻开到12月31日这一天时，2005年就即将成为历史了。回顾一年所走过的路，盘点一下一年的收成，对于未来的日子当会不无意义。

2005年是我出版上的丰收年。首先是我的《教育随笔四部曲》之二《教育的智慧与真情》在3月初由岳麓书社出版，《中国教育报》两次对本书发表长篇评论，在9个月内本书3次荣登《中国教育报》的《教师用书排行榜》，《今日教育》（重庆）杂志还专门介绍了本书。接着，4月，我和张文质君合著的《基础教育课程改革的关键词》一书由福建教育出版社出版，该书也受到了业界的高度好评。5月南京师范大学出版社出版了我和我领导的学术团队共同探索的成果——《办好学校的策略》，全书40多万字，深受广大中小学校长们的青睐，出版不到两个月即加印1万。这3本书其实是多年来的探索的成果，不过凑巧在同一年出版罢了。我是主张"大胆作文，谨慎出书"的，书出得太滥，就会失去人心，就会败坏读者的胃。

"在浩如烟海的当代中国教育出版物中，肖川的随笔，正不停地制造着神话。短短两年间，其《教育的理想与信念》一书印数已逾10万。行者肖川，吐纳不断。今年新出版的《教育的智慧与真情》，更加纯净、坦荡、蕴藉、动人。近年来，肖川且行且吟，毫无倦意，他的名字和形象，已组合成为中国教育界一个迷人的符号。"

这是在《中国教育报》的《读书周刊》上“2005年图书盘点”里的一段话。也许不无过誉之嫌，但对我无疑是莫大的鼓舞。

在2005年，多家报刊为我开辟了专栏：《基础教育参考》继2004年后继续开辟《肖川文人随笔》专栏，《教师博览》开辟了《肖川走笔》，《中国教师报》开辟了《名家说书》，《现代教育报》开辟了《名家随笔》，《福建评论》（教育版）开辟了由我和刘铁芳、刘良华、张文质三位先生共同撰文的《四方桌》，吉林市的《青年教师》也继上一年开辟的《肖川随笔》，一期一篇，从未间断。特别值得一提的是，我校的《北京师范大学校报》也是一份公开发行的报纸，从4月起开设了《肖川快语》专栏，这在我校的历史上也是第一次。

我一年内发表了3篇学术论文，学校在科研上的考核我就可以过关了。我更在意的是在《中国教育报》发表了16篇文章，在《人民教育》《教育参考》（上海），在《小学青年教师》《明日教育论坛》《中国教师》《福建教育》《河北教育》《师道》《教育文汇》《河南教育》《教育时报》等几十种报刊也多有文章发表。所以，我在一些场合说：“没有读过肖川文章的人，不太可能是一位好教师。”我的推论是，肖川有这么多文章，你都没读过，说明你是一个闭目塞听的人。一个闭目塞听的人怎么可能成为一个好教师呢？有人就曲解了我的意思，说我狂妄。狂妄就狂妄吧，其实，在我内心深处倒真的是很想狂妄的，遗憾的是我现在还没有狂妄的资本。我一直认为狂妄的人有救，卑琐怯弱的人没有救。

2005年我最大的成就恐怕要算和张文质君一道主编《生命教育》的地方教材了。历时半年多，可谓日夜兼程。本套教材从小学三年级到高中二年级，9个年级共18册，编写人员多为湖北、武汉、咸宁、潜江和钟祥的中小学教师，我和文质负责设计整体框架、编辑思路和最后把关。我再一次真切地感到湖北中小学教师的素质是普遍比较好的。

网上有“南朱北肖”之说，真是抬举我了。除了有点惭愧，在我内心深处我并不认同这种说法。朱永新先生是官员，我是自由知识分子，我们不是一类人。朱永新先生很有亲和力，精力充沛，这些我都自愧不如。相同的是，我们都强调教育的理想，都为民进会员。“中国民主促进会”，我理解应该是为了促进民主而设的政党，我是冲着字面意思加入这一组织的。其实，自由主义知识分子是我最好的身份标识，也是我的自觉追求，我应该属于无党无派的那一类人。

我做任何事情的动机无非有二：一是看我从做这件事中是否可以获得成长。譬如对于没有去过的地方，我就比较有兴趣，我可以熟悉那里的风土人情，因为亲自去过一个地方，那个地方就会在我心灵的版图上鲜活与生动起来。譬如，焦作在郑州的西北方向，大约两小时车程，焦作产煤，离山西晋中很近，约一小时车程，焦作附近有一个风景旅游点，青云山，可以和武夷山媲美。去了之后，焦作就不仅是一个地名了。每当我新去一个地方，我都会有一种成就感。我喜欢新奇，也喜欢挑战，我始终认为成长是每一个人生命中永恒的主题。

二是看我的所作所为能否给予更多的人以积极的影响。我做讲座，总希望听众多一点，因为，人多人少，花费的时间和精力是差不多的。听众多一点，也就是受众多一点，受到我的影响的人自然就会多一点。

北京二中是北京市非常有名的学校，有着悠久的历史，也有着许多的辉煌。从9月开始，我作为名誉副校长到这所学校听课，参加他们的教研活动。我的目的是希望了解教师的生存状态，了解学校中的人际关系，向校长学习，向老师们学习。非常值得一提的是钮小桦校长是一位很有教育追求的校长，该校正在开展生命教育的研究。

2005年我首先到的城市是甘肃的天水，这也是我有生以来第一次去的城市。天水，古称秦州、成纪，秦统一后在此设陇西郡。这里是华夏文明的发祥地之一，这里是河西走廊的水草丰美之地，这里是黄河、长江两条母亲河的分水岭，渭水在这里穿流而过……天水的名片恐怕要算麦积山。第二座我有生以来第一次去的城市是广东的韶关，这里有丹霞山。第三座我有生以来第一次去的城市是江苏的连云港，是和文质君一道去的，这里有花果山。接着是湖南的湘潭。湘潭以前我曾路过，这次去雨湖区参加他们的活动，闻着初夏的青草的味道，唤起我许多童年的记忆。而后是四川的乐山，江苏的无锡，河南的焦作，河北的沧州，湖北的宜昌、咸宁和潜江(县级市)，山东的菏泽，辽宁的锦州。每当我新去一个城市都有一点成就感。我真正地走遍了中国，这令我非常得意和自豪。

我最主要的社会角色当然是大学教师。教学与指导研究生是我最主要的工作。2005年，我上了两门课:《教育文化学》的函授教学与05级高校中职硕士班的《教育原理》。对于我的教学，向来就存在两种极端的评价:认为好的，简直就佩服得五体投地;认为不好的，就会觉得一无是处。我与我校教务处王一川教授谈及此事，他就很能理解。他是少有的明白人。他说富有个性的教学就会出现这种情况。怎样提供给学生选择，让每一个学生都能得到他希望的教学，而又不磨灭教师的教学个性，这是值得研究的问题。喜欢我的课的学生，往往是比较聪明、内心敏感、阅读面比较广、善于建构知识(特别是有一定哲学修养)的学生，像蒋凯、杨旭东、顾梅、余小茅、田盛梅等同学，都是我记忆中的优秀学子。

我现在有12位研究生。他们都很不错。王琪、魏远远、白雅娟很有才华，胡乐乐很勤奋，文献收集与整理的能力很强，梁向斌阅读面很广，毛卫群踏实、认真、善良、正直，李姝待人真诚、善于沟通、乐于助人，刘发虎宽厚、质朴。他们令我感到自豪和骄傲。在我们的国度不是缺乏有潜质的人，而是缺乏一种机制使有才华和智慧的人在合适的岗位上发挥作用。

细数阳光：我的2006

在12月26日从长沙返京的航班上，我想2006年一年的奔波就此结束了。回顾一年所走过的路程，体会到的是幸运、喜悦和感恩。

2006年是我的出版年。先是人民出版社出版我和文质共同主编的《生命教育》教材，教育科学出版社出版我主编的《名师备课丛书》。随后是福建教育出版社出版我和文质、黄旭共同主编的《生命化探索丛书》，由我审校的《名著精品》在岳麓书社出版，我主编的《当代教育思想精要》在开明出版社出版。最后是四川教育出版社出版我和李晓东教授等著的《造就自主发展的人》。

2006年也是我的旅游年。3月底和全国十多位校长赴新加坡教育考察，深切地感受到花园国度的美丽和魅力。4月去河南济源王屋山游玩，5月去神农架，7月去丽江，8月在呼伦贝尔大草原，10月到九寨沟和黄龙。都是风景如画的地方。12月去湖南怀化，怀化号称是“大西南的桥头堡，古建筑的博物馆，原生态的植物园，多民族的文化村，杂交稻的发源地，抗战受降纪念地”。怀化的洪江古城其实比丽江更有文化底蕴，烟馆、青楼、盐局、衙门、钱庄、药铺、客栈等等一应俱全。丽江和洪江，都是保存完好的古城，前者游人如织，后者却门可罗雀，二者境况判若云泥，足见事在人为。

这一年，我在大学的教学任务都在假期中完成，这使得我有许多的时间在全国各地传播我的教育主张。2006年，深圳、长沙和成都，这三个城市分别去过七次。在这一年有生以来第一次到过的城市有：广东的惠州，湖南的岳阳和怀化，湖北的十堰和神农架，云南的丽江，四川的绵阳，山东的烟台，河南的三门峡和济源，广西的玉林，内蒙古的包头，吉林的辽源和松原，还有延安和大庆。留下我足迹的地方，也在我心中留下温暖的记忆。

在这一年中，最令我难以忘怀的是河南商丘第一实验小学高阿莉校长亲自策划的“肖川作品倾情吟诵”。16位教师先后登台朗诵了选自《教育的理想与信念》《教育的智慧和真情》两本书中的十多篇作品，并配有音乐和精致的画面。那份精心，那份情谊，带给我许多的感动，好几次我都感动得泪眼朦胧。

著名教育专家、翔宇教育集团总校长卢志文先生曾问我：“你为什么能写那么多文章？”我回答：“我全部的时间都用在读书、思考和写作上了，我不用为生计而奔波，也几乎没有什么应酬，更不用做家务，生活纯粹而闲适。我做任何事情的最主要动机是为了获得体验和思想资源。”

我不会单纯的为了金钱而劳作。譬如，我经常乘飞机。几乎所有航空公司都有自己的会员卡，如果积分达到一定的量，就能获得免费机票等好处。但我一张会员卡也没有要过，因为我不愿在这些事情上耗费心思。我觉得在像这样的事情上，我付出的时间和精力，没有导致社会财富的增加，虽然我能得到一些好处，但也纯粹只是一种经济上的好处。很多人都觉得我“怪”，我想是由于我的推理与大多数人不一样。“推理”的不同不是由于“推理”的逻辑法则的不同，而是由于“价值原点”的不同，即“前提”的差别。人们行为自然都是趋利避害的，但何为利，何为害，各人的认知是不同的。况且，同样为“害”，其程度如何，人们的认识也是各不相同的。所以，每个人心中都有一个“利害”的谱系，而这个谱系也就是各不相同的。

在我的著述和言说中，高高地举着两面旗帜：一个是生命教育，一个是公民教育。我很高兴地看到许多老师已经渐渐地注意到了。作为一个普通学者，能有如此广阔的活动舞台，感谢我们疆域辽阔的祖国，感谢一个经济快速发展的时代。

南方一位校长在发给我的电子邮件中写到："在临近岁末的时候，盘点一年的所得，竟奇怪自己脑海中有了一个出现频率很高的名字——肖川，于是让这个形象定格在脑中，想与他相识的种种，想他的品性特征，居然充满了喜爱与欣赏。一个可爱、率真、单纯而丰富、忧郁而乐观、孩子气十足的文人，一个可以信任的朋友，一个可以激起你想象，点燃你激情的人，很高兴有了这样一位能让人常常想起的朋友。"我从被需要、被认可中感受到自己存在的价值，作为一个读书人有什么比"发现真理"和传播真理更令人感到快乐和美好呢？感谢上苍，感谢命运，感谢生活，感谢生命中相遇的人们。

我非常认同叔本华的观点："只有那些纯粹为了一吐为快、不得不奋笔疾书的人，才会写出有价值的东西。似乎写作之业，实为对金钱诅咒之业：任何一个作家一旦为挣钱而写作，他的写作就会陷入一塌糊涂之境地。最伟大的作家写出的最杰出的作品，一概属于这样的时候：此时他们的写作一无所获或只有一点报酬。正是在这个意义上，那句西班牙谚语甚为妥帖："名誉和金钱并非装在一个皮包里。"我认为，人生有三个层次：为生存而劳作；受欲望的驱使，而处心积虑的计较、钻营；为自我实现而不懈的努力追求。"人类需要高尚的、充满理性的和不计私利的头脑。难得的是，秉真情，不作伪，不媚于权，不惑于利，保持自己的独立情操，虽孤寂清贫、乱云飞渡，而不随波逐流。"一个健全的社会也一定是不会使智慧的人贫困的社会。

在2006年即将结束时，12月30日传来了萨达姆·侯赛因被执行绞刑的消息。对于这一事件，我感情非常复杂。对他个人，我并无恶感，甚至对他充满了同情和惋惜。但对于萨达姆所代表的专制、独裁和暴政，我却是深恶痛绝的。从肉体上消灭他有很重要的警示意义：一个人无论拥有多大权力，都要尽可能公正、人道地处理一切问题，否则总会有人找你算账的。希望随着萨达姆的逝去，人类从此不再有暴政、杀戮、专制与独裁，民主、自由、平等、博爱、人权真正成为全人类共同守护的核心价值。这也是我孜孜以求并愿意付出所有努力的目标。

茶是最好的饮料

对我来说，最大的享受是在家中用心爱的茶具沏一壶茶，确切地讲，是上好的铁观音，坐在阳台上看书。

据专家考证：中国是茶的故乡。中国是最早采制和饮用茶的国家。《神农本草经》中记述了牛首人身的炎帝“神农氏尝百草，日遇七十二毒，得茶而解之”的传说。

自古以来，人们喜欢饮茶，这与茶的“芳香冠六清，溢味播九区”“鲜明香色凝云液，清澈神情敌病魔”的防病治病作用密切相关。关于茶的药用功效，历代有关医药的文献中多有述及。

今天业内人士将茶的医疗效用总结为：生津、止渴、解热、消暑，除口臭、助消化、增进食欲，兴奋神经中枢、消除疲劳、少睡、益思，利尿、增强肾脏的排泄功能，防治坏血病，固齿强骨，去脂、减肥、防治动脉硬化，清肝、明目、保护视力，解毒、防癌、抗衰老、延年益寿等20多个功效。饮茶不仅能防止人体动脉硬化的产生，而且还能去脂减肥，使人不易发胖。

饮茶满足着人们的物质与精神的双重需求。人们以茶为对象，书画记事，诗赋唱和；人们以茶明志，以茶会友，以茶待客，以茶礼佛，以茶敬祖。千百年来，茶悄悄融入我们生活中的各个领域，形成独特的茶文化。随着岁月流逝和世事变迁，茶渐渐成了中华民族的举国之饮，默默地滋润着一代又一代的炎黄子孙，而中国茶文化也形成更为深厚的内涵。

文人雅士多喜喝茶，并有诗文反映茶事。“茗外风清移月影，壶边夜静听松涛”“为爱清香频入座，欣同知己细谈心”“戏作小诗君勿笑，从来佳茗似佳人”，都是意味隽永的佳句。茶之称为茗，乃是其来自草木吸取了万物精华，所以茶是有灵气的。文人富有才情也许和喜欢喝茶有关。

唐代是中国茶文化的成熟时期，是茶文化史上的一座里程碑。唐人将饮茶视为美的享受，以茶会友，以茶入诗，蔚然成风。茶作为普通饮品已经和酒具有同样重要的作用，唐诗中“驱愁知酒力，破睡见茶功”将二者相提并论。这有赖于禅宗的提倡。佛家有“过午不食”之说，禅宗注重禅定，这都需要通过饮茶来振作精神。茶也是中原地区与少数民族贸易的主要物品。茶税收入也因此成为国家财政的重要组成部分。

唐人视品茶为风雅之事，咏茶之作举不胜举。唐代元稹《赋茶词》云：“茶，香叶，嫩芽。慕诗客，爱僧家。”唐代僧人皎然的《饮茶歌》云：“一饮涤昏寐，情思爽朗满天地，再饮清我神，忽如飞雨洒轻尘。”中唐陆羽所著的《茶经》的出现标志着饮茶已经不是单纯的起补充体液的作用了，它上升为生活的艺术。

茶之味清淡，平和，甘洌，相伴国人数千年。饮茶不仅是为了解喝，饮茶也是一种心境和趣味。茶之意趣在于品，品茶是件快慰的事，人们从品茶当中还会发现很多人生哲理，寻找出为人处世之道。真正的品茶是需要有富裕的心态、空闲的时间，以及“和、静、清、寂”的氛围，才能达到神清气爽、心气平静，“其旨归于色香味，其道归于精燥洁”。古人说“莫道醉人惟美酒，茶香入心亦醉人”。饮茶的妙处不只在品其香，还在于清香袅袅中一壶在手，清心怡神，万古长空，一朝风月。

茶是清静的、内敛的，清茶素淡却隽永绵长。品茶的闲情逸致，在乎山水之间，在乎风月之间，在乎诗文之间，让人有所忘怀，有所领悟。细细地品味，慢慢地琢磨，一丝一毫也不漏掉。只有这样，才能品味出茶的意境，茶的真味。“一碗清茶谢知音，半生知己有几人?”与友烹茶长叙,如入世外桃源,喧嚣纷扰烟消云散,于茶间安享人生况味。

乌龙茶是所有茶类中最耐人寻味的茶叶,属半发酵茶,由于色泽呈青褐色也称青茶。乌龙茶的发酵程度介于绿茶和红茶之间,所以乌龙茶既有绿茶鲜浓之味,又有红茶甜醇之美。典型的乌龙茶,叶缘呈红色,叶片中间呈绿色,故有“绿茶红镶边”的美名。汤色黄红,滋味浓醇,具有独特的花香和果香,回味无穷。铁观音便是乌龙茶的一种。

乌龙茶于19世纪中期由闽南首创,后传播到闽北、广东和台湾等地。乌龙有八仙,仙山隔云海,海海漫漫一盅盅淘尽,待饮到酣时,便觉两肋清风,心境高远。茶是经了洗礼与严寒,经了白日与黑夜,将土地的真气、日月精华尽敛一胸。

茶是文明健康的天然饮品,是中华民族对世界文化的重大贡献。茶叶在欧洲的风行,最终导致了欧洲人特别是英国人生活习惯的改变。比如,在下午5点钟喝下午茶成为许多英国家庭的习惯,这一刻也成为家庭中最温馨的时刻。

在北京,下午茶的功能大概有两个:一是休闲,二是交际。一个人、两个人躲在靠窗的一角,享受下午缓慢而又甜蜜的时光。在一个快节奏的今天,我们已经很难享有悠闲自在的时光。下午茶就是仅存的为数不多的休憩与喘息,偶然的驻足与停留。

在世人对健康和回归自然日益关注的趋势下,茶饮必将更为深入人心,大行于天下,茶文化也将发展出更多崭新的内容和形式,焕发更夺目的姿彩。而于我,自从体检查出血糖偏高,所有的饮料都不再喝,就更觉得茶是最好的饮料。

微笑是一种力量

在我们的身边有一个精灵，它产生于刹那之间，却可以定格成为永恒。它不会因为你富甲一方而不需要它，也不会因为你的一贫如洗而不能拥有它。它如夏花灿烂，它如春风温暖，它如清泉甘洌，它，就是微笑。微笑是心灵的阳光，微笑是扑面的春风。

可以肯定，当我们看到真诚和善意的微笑时，我们的心灵会绽开一朵玫瑰。它可以化干戈为玉帛，化乖戾为祥和。它也可以使人和人之间变得更友善，使世界变得更温馨。正所谓“我见青山多妩媚，料青山见我应如是”。那时，春花秋月、冬凌夏露都是那样美好，你会明白，世界充满了爱。

微笑富有魅力，微笑招人喜爱。英国诗人雪莱(Percy Bysshe Shelley，1792—1822)说：“微笑，实在是仁爱的象征，快乐的源泉，亲近别人的媒介。有了笑，人类的感情就沟通了。”确实，微笑可以缩短人与人之间的距离，化解令人尴尬的僵局，沟通彼此的心灵，使人产生一种安全感、亲切感、愉快感。当你向别人微笑时，实际上就是以巧妙、含蓄的方式告诉他，你喜欢他，你尊重他，他是一个受人欢迎的人。这样，你在给予别人温暖与鼓励的同时，你也就赢得了别人的信任，也更容易博得别人的尊重和喜爱。

人的面部表情与人的内心体验是一致的。笑是快乐的表现。笑能使人产生信心和力量；笑能使人心情舒畅，振奋精神；笑能使人忘记忧愁，摆脱烦恼。没有人会喜欢一个忧郁的、灰暗的、令人压抑的环境。没有信心的人，经常是愁眉苦脸，无精打采，眼神呆板。这样的人不会很有亲和力，因为每一个人都是构成他人环境的一部分。而一个亲切、友善、雄心勃勃的人，眼睛闪闪发亮，满面春风，更容易赢得人们的欣赏和喜爱。

到过西方发达国家的人都会有一个深切的感受：西方人的微笑比我们要多得多。这背后的原因很值得玩味。在建设和谐社会的今天，提醒人们更多地微笑，是非常有意义的。生活中多一些微笑，也就多了一些安详、融洽、和谐和快乐。美国最著名的人际关系学家与成人教育学家戴尔·卡耐基说："微笑，它不花费什么，但却创造了许多成果。它丰富了那些接受的人，而又不使给予的人变得贫瘠。它产生在一刹那间，却给人留下永久的记忆。"

学会笑，学会微笑，学会在受挫折时还能够笑得出来，就会增强信心。你不妨仔细地体验一下微笑的心理感受：请你对着镜子自然地微笑，体验一下此刻你内心的感受。看起来这个方法很简单，但是做起来确实有效果。当你逐渐养成了经常微笑的习惯，你就会觉得内心充满了力量，充满了阳光，充满了信心。

在校本培训中，"微笑训练"就是一个很好的培训项目。你看空姐的微笑多么灿烂，多么温馨，尽管那微笑一开始也许是职业性的，习惯了，天长地久就变成了自然。希望老师们有更多灿烂的微笑，要知道，您脸上的微笑有多少，学生心中的阳光就有多少。当您离开教室时，请把你的微笑留下。

微笑是一种力量，让我们用微笑面对一切吧！不管世事如何变迁，祈愿总有微笑莲花般绽放在泥泞的现世！

给老年肖川的提醒

中国传统文化是“长者本位”的。这是因为直到几十年前，中国一直是一个农业社会。在农耕文明中，春耕夏耘，秋收冬藏都是（且只能是）根据经验行事。由于科学技术的不发达，自给自足的自然经济缺乏生发新的生产力要素的土壤，社会变化极其缓慢，因而使得过去有效的经验，今天仍然有效，明天也还用得着。在一个发展十分缓慢且科学技术非常落后的社会中，经验自然受到特别的膜拜。而一个人的经验总是与年龄成正比的，所以，在这样的社会中，年长就是资本，老年人是智慧、德行和权威的象征。这个传统在我们今天的社会生活中仍旧极有市场。

生老病死是谁也逃脱不掉的宿命。随着各种器官生理机能的退化和老化，心理上也往往会变得保守、固执、封闭和狭隘。趁我现在才刚刚步入中年，神智暂且还算清明，给老年的自己一些提醒，免得老糊涂了，晚节不保，不仅毁了一生的努力，还可能留下千古骂名。

如果不出什么大的意外，到我古稀之年，混个“知名学者”的名头，应该是问题不大。“名人”说出来的话，未必是名言，也甚至未必是“明言”（明智之言）。对此鲁迅先生早有觉察：“名人的话并不都是名言。”名言也不一定非要是名人说的话不可。平头百姓所言，经过实践检验，百试不爽，照样可以成为名言，只是言有名而人无名罢了。而名人说的话，若是眼光偏狭，信口雌黄，可能真的会臭不如屁，一试即爽。但因为他是名人，他放的屁也可能会被某些人当作金科玉律,那些迷信的人总以为龙身上的虱子也会有龙气的,其实不知道它跟普通虱子没有两样。”年轻时是时代的弄潮儿,到了晚年,尽说昏话、胡话,而成为阻碍社会进步的顽固势力,这样的例子在历史上并不鲜见,“其实先驱者本是容易变成绊脚石的”(鲁迅),这就需要我们格外地警觉。

人老了,最好不要去写那些又长又臭的所谓“学术论文”了。没有什么新的东西,不过是些陈年旧账和说过无数遍的套话,这样的东西不写也罢。要知道,那些刊物的编辑们,可能是我们自己的学生,自己学生的学生,或者是学界至交好友的门徒。那些又长又臭的文章会使他们很为难:发吧,实在是浪费资源,且徒然耗费读者的时光;不发吧,感情上又过不去,面子上也过不去。中国有尊老敬老的传统,正因为这样,老年人就更需要自尊自重自爱,对年轻人更多地体谅、体恤和扶持。老年人如果有更多的“落红不是无情物,化作春泥更护花”(龚自珍:《己亥杂诗》)的美好情怀和作为,像鲁迅先生说的那样,“只要能培一朵花,就不妨做做会朽的腐草”,当会赢得人们更多的发自内心的尊重。

中国民间有“七十不留宿,八十不留饭”之说。大意是说,人过了七十,就不要轻易在外面过夜了,过了八十,就不要随便在别人家吃饭了。想必是人老了,随时有可能发生意外,为了少给别人添麻烦,所以要特别慎重地对待自己的社会交往。至于作报告,那就更要慎之又慎,万一讲到激愤之处,闹个脑血栓、心肌梗塞之类的,将给别人带来多大的麻烦呀。天有不测风云,老年是人生的多事之秋,不可不慎,这是为了别人也是为了自己。

当人老了,可千万不要倚老卖老。要知道,长江后浪推前浪,这是历史的铁律。倚老卖老,与贩卖青春一样,是一种十足的浅薄。所以,在任何时候都不要对年轻人说“我吃过的盐比你吃过的饭还多”之类的话,为老不尊可是人生的大忌。

一个人年过花甲,基本上就可以与世无争了。这积极的方面是可以有一种超然物外的心态，活得潇洒和旷达，活出真我的风采，表现出无畏和执著；消极的方面是什么都无所谓，什么都不放在眼里，更有甚者以势压人，在对待年轻人的一些事情上表现出肆意妄为，因为老年人容易觉得谁对于他们也都是无可奈何了。

本来虚名浮誉这些东西于人生就无多大意义。人老了，荣誉、地位这些身外之物就变得更加无足轻重。所以，挂名的事还是少一点好，否则就会有掠人之美的嫌疑，从而有累清德。君子成人之美，但绝对不会掠人之美。

在我所认识的老一辈学者中，有许多老先生令我由衷地景仰。见到他们，我总会想到“睿慧”这个词：深刻、丰富、睿智，而又善良、慈爱、高贵，一派大家风范。他们有一颗朴素和仁慈的心，他们淡泊名利，奖掖后学，令人高山仰止。他们是我一生的榜样。

中国在日益走向老龄社会，怎样做一个受人尊敬的老人，特别是作为智识分子的我们，怎样对待自己所做的一点工作，所取得的一点成绩，怎样对待年轻学者，认真地思考一下是不无裨益的。像启功先生（1912—2005）那样，做一个知恩图报的人，做一个提携后学的长者，这应该是一个学界老人立身行事的两个基本点。

我向往暮年超然物外的心境。以上是“给老年肖川的提醒”，立此存照，愿接受诸位同仁的监察。

乡村的惆怅

直到1980年我到京城上大学，我在长沙西郊的湘江之滨生活了整整17年。我喜欢乡村的宁静，乡村的宁静在天籁之音中变得恬淡而又祥和。乡村的散淡与悠闲，成了深入我骨髓的东西，成为了我的性格。我放任着这种散淡的性格。这尽管常常会使我失去一些机会，可我仍然放任着。我总觉得，人生在世短短数十载，不要因为追求世俗的名利，而迷失了天然的本性。

"五一"长假，携妻儿到湖南老家小住，希望重温儿时的乡村生活的感受，并以今天的眼光审视乡村的世态人情。我失落于今天的乡村那些古老的、诗意荡漾的景象已难以寻觅：十里荷花，三秋桂子，炊烟袅袅，牧笛悠扬，蛙声一片，清泉汩汩……站在家乡高高的河岸，仿佛看到乡村渐行渐远的背影。我常想：现在是否还存在真正意义上的乡村？乡村不过是一个进化中的城市而已，这也许就是历史的必然吧。记得法国思想家、情境主义代表人物居伊·德波(Guy Debord)在《景观社会》里写道："世界历史诞生于城市，并在城市战胜乡村的决定性胜利时刻达到成熟。"

城市由于人们的聚居促使着商业的繁荣和公共生活领域的扩张。在城市中，人们聚居，却又相互隔离；空间紧凑，交往却并不自由。这种隔离和不自由其实是违背人们聚居的初衷的。生活在现代化的城市中，人们感受到的是"喧嚣的孤独"。个人与个人之间，群体与群体之间，交往行为在主观上、客观上都存在很多障碍。

如果说，城市是文明的推进器，那么乡村才是灵感的源泉。以色列第一任总统钱姆·韦茨曼（Chaim Weizmann，1894—1952）在其著作《考验与谬误》一书中就写道："城市生活的某些特征无论怎么吸引人，但产生文明的基础主要是农村、上帝的土地，而不是城市。正是在农村的各个谧静角落中，一个国家的语言、诗歌和文学才得以丰富。"一个人如果在青少年时代未曾采摘过植物和捕捉过昆虫，他对于乡间小道、田园山水、树丛池塘的兴趣就会大打折扣。远离自然，会使儿童缺乏感受力、灵性、诗意和想象力。难怪18世纪英国诗人柯柏（William Cowper）有"上帝创造了乡村，人类创造了城市"的诗句。

对乡村生活的憧憬，对田园风光的眷念，一直是中国文化血脉里一个浪漫而又执著的"母题"。明清时期的文人山水画，表达的就是曾经生活在乡村的士大夫对于代表自然的乡村的怀念。他们之所以寄情山水，部分原因是童年生活的记忆，召唤着他们回归自然，部分的原因是庙堂之上的尔虞我诈使他们焦渴疲惫的心灵需要寻求一个休憩之地。人们需要心灵的安顿，也许只有在迥然相异的乡村，才不会产生此处究竟是他乡还是故乡的疑问。

岁月的流逝，也改变着城市的颜容和风情。尽管我们仍能从作为文物保存下来的砖瓦、木质结构的亭台楼榭触摸到自然的灵性，但都市的许多方面与过去相比已经有了天壤之别。在中国，150多年前的都市，除了小商小贩的吆喝声，恐怕没有其他更多的噪音和喧嚣。而现代都市给人的印象就是高楼林立、车水马龙。隔绝着的是泥土和青草的芬芳。过去是城池和城墙在城市与自然之间掘开一道鸿沟，今天城市疯狂的扩张使得乡村向后卑怯地退缩着，退缩着。

在熙来攘往的都市里，历史是由多数人创造的，也是由少数人改写的，正如财富是多数人的追求，但从来只有少数人能拥有巨额财富。而能够改写历史的人大多是从乡村走出来的人，因为他们的心灵深处有自然的灵性做基石。

用心培育一个读书的民族

我对国人的不读书，有着切肤之感：我们很多人对书籍没有兴趣，对精神生活没有兴趣，我发现很多人离开学校以后就几乎与书籍绝缘了。当我们走进许多家庭，就不难发现，什么高档电器都有，唯独没有几本书。我们这么大的国家，图书销量却很小，而且主要是教辅读物。以色列每年人均读书是55本，俄罗斯是50本，美国是44本，我们只有4本，而且90%是教参和教科书。大家不妨想一想，你一年读了几本书？

中国人中有阅读的需要和兴趣的人在总人口中的比例无疑是很低的。很多非常好的书发行量也只有一两千册，这固然与中国经济不发达、70%多的人尚在为生计而奔忙有关，但那20%多的人呢？尽管他们摆脱了生存危机，他们中的大多数仍旧不爱看书，这就很值得深思了。

政府官员大多不读书，他们忙着应酬，忙着出国考察和谈项目，他们热衷于去大学或研究机关兼职，热衷于捞学位，热衷于拿项目、搞课题，可就是不读书——他们没有时间也没有必要读书。商人大多不读书，他们忙着公关，忙着猜拳、喝酒、洗桑拿。今天的中国是“仕场经济”，而不是知识经济，读书值几个钱？他们没有心情读书。工人农民大多受教育程度偏低，收入也低，既没有钱买书，又读不进去，读书对于他们是一件奢侈的事情。教师读书的也不多——中小学教师工作太劳累，没有精力读书。大学教师在为课题交差而读书，确切地说，是翻书，是查书。真正的阅读，超越功利的心灵阅读，恐怕是很少很少的。

一个民族不读书，这个民族的文化就丧失了创造性、批判性，个人就会被群体所淹没。国人为什么不读书？我仔细揣摩，大致有以下几个方面的原因：

一是国人经历了漫长的、刻骨铭心的物质贫困，今天挣钱的机会突然多了起来，于是出现一个物质的时代，一个物欲横流的时代，人们普遍地浮躁，自然难以静下心来读书。

二是长期的思想专制使得人们头脑禁锢，才情枯竭。人们既不易创作出思想深刻、文质兼美的作品，即使有很好的作品，阅读时也难以产生豁然开朗、悠然心会的美妙感觉，人们难以从阅读中感受到快乐。

三是学校教育和家庭教育中没有成功地从小培养起人们的良好的阅读习惯和理智的好奇心。应试教育的泛滥使学生自由阅读的空间变得十分狭小，并使学生从小养成阅读的功利取向。

四是中国文化是一个“皇权至上”的官本位的文化，是一个讲究伦常日用的文化，而对纯粹理性和精神超越缺乏强烈而深刻的追求。历史上频繁的改朝换代，使得中国缺乏贵族传统，从而也就缺乏一种崇高而强大的精神传统。中国传统中其实非常缺乏对于纯粹精神的崇尚。“万般皆下品，唯有读书高”，只因为读书可以做官，可以成为“劳心者治人”的“人上人”，功利的取向是赤裸裸的。

没有出版自由与言论自由，阅读就难以成为大众深刻的精神需要。一个读书的民族一定是一个智慧的民族，一个充满生机与活力的民族，一个必定有着光明前途的民族。过去我们讲：一个人的心灵，高尚的东西不去占领，低下的东西就会趁虚而入。一个不读书的民族，是不会具有智慧和力量的，也不会具有崇高。以色列是全世界人均读书量最大的国家。直到今天，以色列人口也不过600多万，而它在全世界是一个很有影响力的国家。读书对于一个民族的重要性可见一斑。

看过一幅对联："为善最乐，读书更佳。"为善之乐在于"予"，读书之佳在于"取"。读书应该是我们的精神体操，来锻炼我们的思维，来丰富我们的认知，来保持我们内心的和谐。锦州铁路中学的苏凌老师说："读书是一种可以忘乎所以悠然的自足，只要一卷在手，便可以拥有许多许多，我喜欢读书的感觉。"是的，有两种东西能让人的心灵永葆青春：真爱与好书。为了让我们的内心不再脆弱，让我们的心灵拥有力量，越来越多的人认识到了阅读的重要性，"多看点书，少看点电视"成为幸福人生的秘诀。更为可喜的是越来越多的学校把教师的系统阅读作为学校工作的重要议程，作为校本培训的重要举措。

如何培养一个读书的民族呢？

首先，作为家长要培养孩子的阅读习惯，让阅读成为孩子生活的一部分。据研究发现，爱书的孩子其人格特征是温柔、善良、开朗、快乐、幽默、自信、有气质、有同情心，语汇丰富，人际关系良好，在学业上的表现也比较好。所以父母要循循善诱，引导孩子从小亲近书籍，崇尚学问，尽早养成阅读习惯。

其次，学校教育中要着力培养学生阅读的内在需要。学校要努力营造书香校园，让学生切实体会到明代于谦所说的："书卷多情似故人，晨昏忧乐每相亲。眼前直下三千字，胸中全无一点尘。"（《观书》）当学生能够认识到，读书可以使精神充实，可以使人远离蒙昧和低俗，可以提升生命的质量，使人觉悟到人之为人的根本，那么他们就会终身与书籍为伴。

在学校图书馆不一定要建在固定的地方，而可以建在楼层的各个角落，学生读书不一定要到图书馆去，图书对学生来说越近，阅读便越有可能随时发生。为了方便学生读书，利用一切可能的时间和地点建起流动图书馆，以期让学生在不经意间接触到更多的书。学校固定图书馆和流动图书馆可以交替开放，而且实行超市式全天候开放，使借书看书特别方便。

再次，要打造具有时代精神的高品质的大众读物。让读书成为每一个人日常生活不可缺少的一部分，成为一个民族一个国家的社会风尚，学者具有不可推卸的责任。哲学界的周国平，文学界的余秋雨，史学界的易中天，经济学界的梁小民，伦理学界的何怀宏，他们的学术随笔都写得很好，对于唤起人们阅读的冲动和提升民众的阅读品位，功不可没。

“以人为本”的“人”是谁

“以人为本”今天成为一个时髦的口号(这多少也反映了我们社会的进步),人们耳熟能详。可若问“以人为本”的“人”是谁,恐怕很多人会一时语塞。这反映出我们许多的人对一些口号的理解是空洞的,漫不经心的。

2400多年前的古希腊哲人普罗塔哥拉(约前481—前411)就指出:“人是万物的尺度,是存在者如何存在的尺度,也是非存在者如何不存在的尺度。”尽管他主要是从认识论的角度,而不是从价值论和伦理学的意义上作出这一命题的,但他指的“人”是作为“个体的人”。人是人世间一切事物存在的根据和理由,这是不言而喻的真理。可这个朴素的真理在我们的社会中一直被扭曲的意识形态扭曲着。所有的人仿佛只有为“真理”而“献身”,只有为高远的目标而“奋斗”,只有为宏伟的事业而“牺牲”,生命才有意义。作为劳苦大众的个体,他们的需要与期盼,他们的痛苦与酸楚一直被有意无意地忽略着。

作为一种价值的引导,“以人为本”的人,只有是现实的、具体的个人,特别是每一个现实的、具体的普普通通的劳苦大众,它才真正具有价值。高官们,以及其他社会精英们固然也会有自己的烦恼,也还会有感到生活不便的时候,但他们生活的舒适,特别是他们享有的社会资源的丰富和优质,是广大劳苦大众所无法比拟的。

“以人为本”不仅要落实在政策的制定上,而且要落实在我们每个人的日常行为之中。在任何时候都要做到“心中有他人”，做任何事情的时候都要考虑一下可能带给别人的影响。2006年11月中旬，我在广州作讲座，住在越秀区白云路的如家快捷酒店。中午吃完饭回到房间休息，保洁员在楼道用吸尘器清理地毯，噪音极大。我提醒她在中午12点半到2点之间是顾客的午休时间，这个时间不要使用吸尘器工作。可过了一会，她在另一个楼层仍在制造噪音。这个保洁员在履行她的职责的时候，她大概没有想到过会给别人带来消极影响。使用吸尘器工作完全可以在上午8点半至中午12点半和下午2点半到晚上8点半之间，为什么非要在客人午休的时间呢？类似这样的事每天都大量地发生在我们身边。

还比如，据我有限的个人经验，至少有80%多的酒店的窗帘都关不严。要让窗帘关严，技术难度并不高，需要的只是一颗为客人着想的心。

“以人为本”应该体现在我们生活的每一个细节中，而正是这样一些细节体现着一个社会的文明程度。我们为权势者们的方方面面考虑得非常周到细致，以致他们都无法体验到普通民众生活的艰辛，可我们为普通民众却考虑得太少太少。将我们对于社会和人生的关注点拉回到普通人平凡的需要中，拉回到对平凡的劳动者所付出的劳动的体恤中，对于警惕“以人为本”成为一个空洞的高调，无疑是值得反复强调的。

读《肖川这个人》

看了刘良华兄写的《肖川这个人》，特别是看到教育界那么多朋友的评论，首先是感动，再就是惭愧。感谢朋友们对我的厚爱。我觉得自己太平凡了，从来都没觉得自己有什么了不起。我说大学里百分之七八十的教授，都是草包，这其中也包括我。我这么说是想提醒人们注意：为什么我们如此平庸？我们整体上学术创新能力不强，对此，我们个人自己要负责，毕竟同样的社会里还有百分之一二十的人不是草包，更需要负责的是我们的社会和文化。

良华兄作此文，纯粹是一片良苦用心，就是告诉某些人：你不喜欢肖川，是你的权利，你离他远点就是了，不必恶语中伤、刁难打击，虽然肖川的确说过一些过头的话，容易引起人们的反感。对于良华兄的善意和盛情，我是感恩戴德的。

我认为，"骂"这个词传达的信息是不准确的，它容易模糊"恶意攻击"与"健康批评"之间的界限。一个好社会是应该有许多健康批评的社会——可以批评任何人，任何政党，任何机构和任何利益集团。批评自然是有立场的，有时也可能带点情绪，但不应是意气用事的、不负责任的"骂"，更不是恶意的人身攻击。

我清醒地认识到我们社会中存在的问题，我急切地希望社会变得更加美好，所以常有一些激愤之词。另外，也有传播学上的考量，一句不痛不痒、公允中和的话，经常说了等于没说。所以，有时激愤一点，尖锐一点，偏激一点，往往能收到让人警醒的效果。当然，面对那些内心狭小的人，偏激的话容易引起他们的反感，甚至敌意。所以,我每一次在公众面前做讲座,都觉得是一种生命的历险,因为我不知道坐在下面的人是怎样的人。

我倡导健康心态的批判性。嬉笑怒骂、放浪形骸、不拘礼数、愤世嫉俗是传统文人的形象。而作为现代自由主义知识分子应该是以平和的心态,以科学的精神,运用自己的专业知识和思想成果,对社会生活发表评论,这其中当然包括基于现代社会的伦理精神对社会中一些不良现象的批评。

良华兄在文中说我写的文章花里胡哨, 我认为是有些失真的。我追求的是朴实的文风,非常平实与舒展的文风。我不喜欢故作高深的东西,不喜欢过于雕琢。至于学术论文也还是写的,毕竟大学里还有考核的关:每年至少要在核心期刊上发表两篇学术论文。2006年我就在核心期刊上发表了3篇学术论文,学校的考核过关应该是没有问题了。

良华兄有很好的文体意识,善于在写作中运用一些写作的技巧,这是我自愧不如的。我的写作往往是兴之所致、信马由缰的。我只是尽量把我想和读者分享的内心想法娓娓道来,写作技法上的诸如铺垫、渲染、横云断岭、曲笔、夸张、反讽、蓄势等等,极少使用。文章的布局谋篇其实是一个表达的合理化程序。一个合理的思考程序用文字表达出来,自然也是一个合理的表达程序。

所谓自由主义知识分子,是指这样一类人,他除了服从自由内心的法度,他不服从任何外在的目标。他自觉坚守和维护社会的核心价值,他自觉地摒弃来自于任何个人、任何利益集团和任何政党对他的意识与行为的支配与控制。

中国传统中有“无才不怪”的说法。“无才不怪”,这只是一个在专制社会中普遍存在的现象描述。何以会如此呢?原因就在于富有才情的人,内在冲动会比较丰富而强烈,而专制社会的种种制度以及礼俗大多是禁锢人性的, 才子们丰富而强烈的生命冲动——这其中就蕴涵着文化创造的冲动,难以找到“合法”的表达路径，总有一种被压抑的愤懑与不快。久而久之，就会表现出愤世嫉俗、放浪不羁，甚至偶或有一些惊世骇俗之举。

不过，许多人说“肖川这个人真怪”，我都一笑了之。毕竟庸常大众有庸常大众的生活逻辑。比如说，有人请我作讲座，什么也不说清楚，包括他要达到的目标、对我报告的要求、听众的基本情况、我所能享受的待遇（当然包括报酬），就径直问可不可以去。如果你问他报酬是多少的话，他还觉得你张口就是钱，浑身铜臭气。你看，本来是他没提供充分的信息，妨碍你作出适当的选择，是他的不是，可他却说你的不是。他也许觉得知识分子就不应该谈钱，否则就俗不可耐。而在我看来，合作的双方，应该恪守“商谈伦理”，这首要的条件就是态度的真诚和充分的沟通。可良华兄也这么说，我有点感到意外，也有些许的遗憾，尽管我知道这么说是出于为文的需要。

许多和我私下里接触的人，都会说“肖川其实挺随和的”，我想他们一定是受了“肖川很狂妄”的误导。我本来就是一个极普通的人，我不想也不能装出卓尔不群的样子来。我只想做一个本本分分、中中正正、地地道道、实实在在、清清白白、干干净净、普普通通、平平凡凡、快快乐乐、健健康康的人。

尽管我也渴望伟大，我也向往永恒，但我正如《我是一只小小鸟》那首歌中唱到的：“我想飞，却怎么也飞不高。”我生活在思想贫瘠的背景中，这是我的先天不足，注定成不了我所景仰的大家。能有许多机会和教育界的同仁分享一些我对社会和教育的理解与感怀，并能获得许多的共鸣，我已经非常地心满意足了。我也是这个社会幸运的一类人，我一直觉得我获得的比付出的多，我对社会是充满感恩的，我对一些社会现象的针砭和批评，几乎都不是基于个人恩怨与私利。

我真诚地希望我们的社会变得更加美好，作为一个多少拥有一点话语权的人，我所能做的就是呐喊、呼吁，给人们一点建议和提醒。过去和现在我做得不够好,这是基于个人的局限,还是修炼不够,对此我也是自知的。

我高兴地看到,我们教师队伍中有许多心地和头脑都很清明与正直的人。有人喜欢我,我心存感激;有人不喜欢我,也觉得十分正常。多元社会才可能是和谐社会。我感谢朋友,也感谢“对手”,有对我批评的声音,能使我变得清醒和理性。在专制病毒流播的社会,成功的人往往容易自我膨胀。许多曾经非常成功的人,后来失败了,甚至毁灭了,就因为对于他们缺乏有效的批评,他们听到的都是赞美和恭维。所以,对成功的人基于健康心态的批评其实是对于他们的爱护。我在这里再一次感谢朋友们对我的鼓励和爱护。

祝福与感恩

我大学一年级就开始在校报上发表小文章，20多年来，总共发表过60多篇文章。校报曾经的主编，如常汝吉先生、江勇先生、肖文江先生以及现在的主编郑伟先生都成了我的良师益友。校报在培养我良好的写作习惯和兴趣上起了很大的作用，我由衷地感谢校报。

去年校报开设了《肖川快语》专栏，这是我在北师大26年来最令我自豪的事情。尽管其他报刊也开设了诸如《肖川教育随笔》《肖川人文随笔》《肖川读书》《肖川走笔》《肖川视点》等专栏，但校报上的《肖川快语》是我最为看重的。原因就在于，北师大不仅是人才济济、高手如云的地方，而且影响一个人对生活的感受，最重要的影响都来自于他身边的人。每当我听到校内同事因读了校报上的《肖川快语》而给予我温暖的鼓励的时候，就会有一种自豪与幸福充溢胸间。

一所大学的文化精神决定着她的品质。文化精神在哪里呢？就在大学中人的言行中。校报记录着我们的言行，也催生着我们的思想与情怀，也正因为如此，校报在大学文化精神的蕴蓄、传播和承续上有着不可替代的作用。

大学中要是没有自由知识分子的存在，那是不配称为大学的，充其量不过是“职业养成所”。我的智慧还不够圆融，一些文章言辞往往过于尖刻。在别的地方难以发表的文章在校报上却能够发表，我更没有因为尖刻的言论而受到过校方的批评。作为中国百年名校的北京师范大学今天也还面临着许多的挑战，也仍然存在着一些不足，但她对于自由思想的包容，却是值得称道的。仅此一点也足以令我自豪并生发出对她深深的爱。

校报创刊1 000期了，我估算至少有七八千人在校报上发表过文章，这本身就是一个了不起的成就。因为这七八千人会因为校报而对养育了我们的北京师大多一份亲切和感恩。

祝福你，北师大校报；谢谢你，为北师大校报付出努力的人；谢谢你们，一切关爱校报的人们。

在路上

捍卫言论自由

在缺乏充分的民主自由思想启蒙的群体中,“自由”是一个最容易遭到误读的词:在统治者(权势者、既得利益者)那里,自由是洪水猛兽,国民的自由意识有可能构成对他们享有的特权的冒犯和威胁;在被统治者那里,“自由”是为所欲为,是他们被长久压抑的本能的尽情的非理性的宣泄。

只有言论自由才能确保思想自由。不能自由言论的思想对于社会是没有多少意义的;况且,只有言论自由,我们的思想才拥有必要的资源和动力。在缺乏言论自由的社会中,也必然会有低水平重复、剽窃、抄袭等现象的蔓延。因为重复别人说过的话,说大家都说的话,是最为安全的。所以,限制言论自由必然限制思想的自由。无论是个人,还是一个国家,没有思想自由,创造力必然枯竭。在知识经济时代,一个国家创造力的枯竭,意味着对国外专制技术的依赖,意味着一个国家在世界上的失声。

捍卫言论自由,就是捍卫基本人权,就是捍卫宪法的尊严。我非常认同这样一种说法:“拥有言论自由不见得拥有一切,而没有言论自由却没有一切。”而这一观点是依存于这样一种生活信念:如果你失去了钱财,其实你并没有失去什么;如果你失去了健康,你就失去了部分;如果你失去了独立人格,那么你就失去了所有。无疑,享有充分的言论自由,是保有独立人格的必要条件。对于学者而言,享有言论自由更有着特别的意义。他们更需要有自由言说的平台和空间,因为这是他们存在的意义赖以确证的条件。自由言论丝毫不意味着可以不负责任地信口雌黄。况且，一个思维混乱、信口雌黄的人根本就不能称之为学者。

只有允许人们讲错话，我们才有理由要求人们在道德的意义上讲真话。人们讲假话，是在思想专制的文化生态中趋利避害的本能反应，讲假话是为了逃避惩罚和获取奖赏，是不宽容的专制作风逼良为娼的必然后果。泰戈尔（Rabindranath Tagore，1861—1941）哲理诗中有句名言："当你把所有的错误都关在门外，真理也就被拒绝了。"这话意味深长且发人深省，向世人揭示出讨厌的错误也有不菲的价值。

在任何一个国家，"因言获罪"（自然是不包括违法言论）的存在都只能表明政治的不义，是当今世界中最严重的"恶"。因为这比恐怖主义更能在人们心中造成恐慌，造成更大的社会危害。这也是极权主义的重要特征，那就是用无形的恐怖在人们心中制造恐惧，从而消蚀异己的力量。

"极权主义属于一种恰恰与我们文明同样古老或同样年轻的传统。"极权主义所构建的"封闭社会"乃是"开放社会"的死敌，是人道和理性、平等和自由的覆灭力量。在文化多元的社会，试图以一元挟持并控制多元是不现实的，尤其是在以市场经济为先导的社会转型期，社会利益和价值观念多元化的趋势不可逆转。可见，捍卫言论自由是我们时代的要求。

捍卫言论自由需要从两个方面来努力：一是给合法言论以自由充分表达的空间，与此相关的是出版自由和新闻自由；二是严格追究非法言论，净化自由言论的空间。对煽动危害公共安全的言论，对侵害公民人格尊严的言论，对泄露国家机密的言论，都应该严格追究。在网络日益成为我们表达言论的重要平台和空间的今天，对侵害公民人格尊严的言论的严格追究尤其显得必要。假如一个社会，可以肆意侮辱、诬陷、诽谤、恶语中伤他人，那同样会人人自危，令人窒息。

“反动言论”是一个人治传统下的意识形态化的说法，在法治社会中只有违法言论和自由言论之分，而无“反动言论”一说。自由言论就包括正确的言论和错误的言论。什么是违法言论，什么是合法言论，有明确的界线；而什么是正确的言论，什么是错误的言论却有着很大的相对性。因为不同的人分属于不同的利益群体，在我看来是正确的言论，可能在你看来是错误的言论，而我们各自的看法都有其合理性，因为利益决定立场，立场决定观点。在观点不一致的时候，如果必要的话，我们之间只能通过平等充分的沟通和协商来达到某种程度的共识。和谐社会只能是“一个世界，多种声音”的社会。

在对待西方资本主义国家的政治制度合理性上，在对待中国历史上农民起义的负面作用上，在对待国民党领导的军队抗战中所作出的努力和贡献上，在对待“文革”的成因和灾难性的后果上，等等，等等，我们都可以而且应该自由言说，当然最好是持之有故，言之成理。如果证据不是那么充分，推理不是那么严谨，那也但说无妨。我们有充分的理由相信：公道自在人心，清者自清，浊者自浊。即使是被社会历史实践证明错误的言论也没有我们想象的那么可怕。而且，一个国家的国民的理智判断力的发达也需要有充分的言论自由作为前提和条件。

一些人在言论自由、出版自由上的自我设界、作茧自缚、画地为牢，实际上是权利的自我放逐，是客观上的助纣为虐。在建设一个民主与法治社会的今天，我们需要警惕杯弓蛇影的自我恐吓，尽管形成这种心理是有历史原因的。我们需要自觉地从梦魇中走出来，首先不要用我们自己制造的烟幕去暗淡光明。

我们社会中个别手中掌握了权力的人，对于不同意见，特别是尖锐的批评意见，还是习惯于压制、打击、封杀的办法，这于一时也许有效，但从长远来讲，是无效甚至负效的。社会的长治久安要建立在人们理性的发展和内心的平和上，而这一点又只能建立在社会的公正与公平上。打压和禁堵，只能在人们的内心郁积起更多的愤懑和敌意。那些用简单粗暴打压、钳制不同声音，不仅是心胸狭窄、弱智和低能的表现，也是对我们的民族和国家极不负责任的。

历史和现实一再向我们昭示：对信息的垄断和封锁，自由交流的人为阻隔，公民知情权的被剥夺，都是一个国家落后和不发达的重要原因。在推行思想专制和愚民政策的地方，要么停滞不前，要么畸形发展；而在可以自由思想、自由言论的国度，社会充满了生机和活力，幸福像花儿开放。言论自由是宪法赋予我们的神圣权利。请问：我们有什么理由不用心来捍卫自由?!

我期待有更多的人能够做到如范仲淹（989—1052）所说的“宁鸣而死，不默而生”(《灵乌赋》)，让我们共同热烈地期待：在我们的国度里所有的人都能够酣畅淋漓地言说，自由而舒展地为文。

“小农意识”与“小民意识”

所谓“小农意识”就是目光短浅，过分在意蝇头小利，缺乏全局意识和公共意识。小农意识与平均主义、皇权至上、无政府主义、掠夺式占有欲之间有着千丝万缕的联系。曾几何时，与令人不齿的“小农意识”相对的是“无产阶级意识”。“无产阶级意识”曾经是一个“红极一时”的词，神圣而美好，“无产阶级”代表着“先进”、“集体主义”和“大公无私”，显然这是一个被意识形态涂抹的词汇。“无产阶级意识”里很少张扬个人的权利意识和民主参与意识。

站在“无产阶级”的立场上对“小农意识”的批判，曾经是那样的理直气壮。的确，小农意识是一种落后意识。这种意识产生的根源在于落后的生产方式和落后的文化与教育。

这种落后的生产方式就是被马克思所称之为的“亚细亚生产方式”，即“依靠小农业与家庭工业相结合而存在的中国社会经济结构”。德裔美籍学者魏特夫(K.A.Wittfogel，1896—1988)是中国古代社会研究专家。在所有20世纪对中国问题的研究中，魏特夫的影响最为深远，没有其他任何人可以与之媲美。魏特夫研究的出发点是，中国由于自然原因，大部分地区在农业需要水时缺水，跟地球的其他地区相比，建立大面积控制水利网络对中国来讲异常重要。鉴于中国地域广阔，这种对水的大规模需求只有依靠中央集权制的组织，才能得以实现。由此形成了一种监管供水网络的庞大的农业官僚，并造成政治权力的集中和专制。魏特夫称中国的这种特殊形态为“水利社会”。魏特夫进一步认为，在“水利社会”中只存在两种工作的组织形式，亦即：由农业官僚组织的集体工作以及自给自足的小农经济。这个自给自足的工作方式，也就是亚洲式的工作方式，是以一种特殊的统治形式——“东方专制主义”来进行的。君主专制政府对国家在经济上实行垄断，正是由于这种垄断使得东方社会只有君主意志而没有法律。

由于君主专制对于人们自由权利的漠视和践踏，也由于在漫长的年月里农业生产的技术含量极低，劳动收益也极低，“农民”作为一个卑贱的职业和低贱的身份，总是与“贫穷”“愚昧”相联系的（这一点在第二产业和第三产业兴起以后，变得尤为明显）。自给自足的小农经济使得各家各户之间缺乏利益上的关联，因而无法形成统一的意志和共识，专制统治者对于农民的盘剥和压榨也正是建立在“农民”这个群体的“一盘散沙”之上的。

“小农意识”与“小民意识”有共同之处，也有差别。“小民意识”与“贱民意识”“草民意识”“蚁民意识”是同义词，相对的是“公民意识”。“小民意识”中缺乏权利意识，缺乏社会主人翁的意识，缺乏民主参与意识，往往是抱残守缺，自轻自贱，逆来顺受，忍气吞声。当“小民”承受来自强权的欺压达到极限时，就很容易转化为“暴民”和“刁民”。历史上的“农民起义”几乎都是“苛政猛于虎”的官逼民反。

今天我们的国家正处在城市化的进程中，每年都有大量的农民工拥入城市。随着城市的扩张，城市周边的地区农民也在逐渐成为市民，然而这并不意味着他们自然而然地会摈弃掉“小农意识”和“小民意识”。公民教育不仅应该渗透在大中小学的教育内容和学校文化建设之中，整个社会也需要成为公民教育的大课堂。在营造公民教育的社会氛围这一点上，政府责无旁贷。

带刺的玫瑰

1. 每一个中国人都是一个潜在的专制者，只是有没有机会的问题。一是因为每一个人都有自我中心的倾向，都希望自己一言九鼎，希望自己位高权重，而不希望被质疑、被抨击、被批判、被否定，这大概是共同的人性，自然，每一个中国人都不例外。二是我们中国有漫长的专制主义的传统，我们既没有受过深刻的民主思想的洗礼，更没有真正亲历过民主的生活方式，所以我们的性格基本上是专制性格：独断、专横、听不得反对意见、缺乏包容、唯我独尊，有时还会盛气凌人。如果我有机会在重要的岗位上，大概也不会比现在多数领导人更民主，更有胸怀，这是我们的性格悲剧。

2. 我们在公开场合所说的话，基本上是些可说可不说的话，真正深刻的、能触到实质与灵魂的话我们是说不得的，这是我们的一种文化处境。这一处境一是使得我们缺乏丰富、充分的思想资源，使我们在浅层次上重复思虑，久而久之，甚至是自我禁锢、作茧自缚，最终导致我们内心的平庸和贫乏；这一处境也使得我们的内心备感压抑，积聚着一种强烈的、消极的、绝望的情绪。有时我真的很艳羡那些革命先烈，他们为了追求自由与光明，可以抛头颅、洒热血，可以酣畅淋漓地生与死，可我们没有这种机会，真感到有点生不逢时。当然，“革命的情结”是需要消解的，民主的进程要靠制度的建设来推进。

3. 我最瞧不起的人是贪官，更确切地说是赃官。那些偷盗、抢劫的人固然可恨，也必须依法惩处，但和赃官相比，他们还罪可饶恕。因为他们之所以铤而走险，相当一部分人是生计所迫。我相信没有一个人生来就是一个罪犯，当一个人生活在被人欺凌、被人践踏、被人盘剥、被人歧视而又没有足够的谋生能力，生存面临危机时，是容易产生反社会的情绪和行为的。如果我们不努力去消除刑事犯罪的社会根源，单纯地打击和惩处，只是治标之策。

但是赃官们都是生活极其优裕的人，民谣说他们是："工资基本不动，烟酒基本靠送，老婆基本不用。"我说他们是："自家的钱基本不花，自家的烟基本不抽，自家的酒基本不喝，自家的床基本不睡。"金钱对他们来说其实没有太多的用处：他们的子女比起普通民众的子女来，生活的起点不知要高出多少倍，可他们还是那么地贪，动辄几十万、上百万、上千万地贪，除了用"下贱"两个字来解释，我想不出更好的解释。他们没有信仰，所以内心中就有一个无底的空洞，要靠物质去填补，以求得暂时的麻木。其实，他们也是上帝的弃儿，他们是不健全制度的牺牲品。作为掌握公共资源的人，是需要一点贵族精神的，不见得一定要视金钱如粪土，但至少要有一点精神追求，少一点物欲，少一点贪婪。

4. 我们的干部基本上是选拔和任命的，而选拔和任命的标准是"靠得住、信得过"。在我看来，这是典型的人治传统的表现，是非常短视的。且不说你对他的"靠得住、信得过"的判断是否准确，是否为假象所迷惑，就单说"人是会变的"这一点，"靠得住、信得过"很可能是既不可靠，也不可信。我见到了太多的为官者：上任伊始，谦卑勤政，慢慢坐大了，脾气就渐长了，专制性格就逐渐显露出来。人是环境的产物，环境变了，人自然会变。现在他手中有权了，有权钱交易、权权交易、权色交易的筹码了，在无尽的诱惑中，他会变，他会不知不觉地变，以致变成他以前十分憎恶的人，甚至从人变成鬼。

历史的经验一再证明，人治传统是一个很坏的传统，是导致中国贫穷与落后的重要原因。人是会变的,“清官”也是靠不住的,唯有制度,唯有法治,唯有民主,唯有消除权力垄断,唯有彻底的新闻自由，才有可能使公共权力不至于退化为个人谋利的工具。而且,选拔和任命本身也是有问题的,它容易造成“对上负责而不对下负责”,也会导致人身依附,强化奴性人格,容易任人唯亲、形成小宗派,甚至买官卖官,毒化社会风气,泯灭正义和良知,这也是为历史和现实一再证明的。

5. 据可靠消息,中国社会科学院要评选“学部委员”了,我看这基本上是一场闹剧。我们的“社会科学”研究连起码的学术规范都没有建立起来,设立比研究员、教授更高的头衔,只能是使一些人又多了一个钻营并捞取资本的平台。之所以要这么做,据有关人士的解释是为了“内部激励”,我认为,这个理由是缺乏说服力的。假如一个学者要靠虚名浮誉的引诱才有研究的动力,那研究成果恐怕也难以摆脱急功近利的文字垃圾的命运。试问,评上了“学部委员”的人又靠什么去激励他们呢?中国是一个以权力和关系为中心的社会,在一个群体中,多一层头衔,多一层光环,就多一层腐败与阴暗的温床。我非常担心其他机构会竞相效仿,那不啻是一场灾难。为了社会的清明,为了人们拥有内心的宁静与平安,为了使那些混入学术队伍中的败类少一点打压正直学者的依靠和机会,为了学者们能够沉淀出更内在的研究动力,还是少一些评比、少一些功利的诱迫更好。对于我们今天的社会,我推崇“黄老之术”:无为而治。我们可以成百上千地评选出院士或者什么“学部委员”,可如果没有真正的学术自由、思想自由和言论自由,我们就很难造就哪怕是一两个世界一流的头脑。

6. 曾获美国科学界最高荣誉“美国国家科学奖”和中国政府授予的“国际科技合作奖”的著名数学家丘成桐,在2006年7月下旬接受《南方人物周刊》采访时表示:“《纽约时报》说北京大学40%引进的人才都是海外的,你去美国调查一下,我担保大部分都是假的。"他称北大这样做是因为可以拿到好处。"引进一个人，可以拿几千万的资金到学校来，学校拿了几千万，给你（指引进的教授）一两百万有什么关系？反正不是他的钱，是国家的钱。"（《北京新闻·时政》，《新京报》2006年8月1日）我不知道丘成桐先生讲的是否属实，更不知道谁可以给予我们令人信服的结论。如果丘成桐先生所言属实，说北京大学这样的行为是卖国行为恐怕是不过分的，与其有关的人则应该受到法律的追究，而北京大学应该被查封。不如此，不足以平民愤。我衷心希望更多有良知和爱国情怀的人用行动来关注这件事情。

7. 据《中国青年报》2006年10月16日报道，厦门大学校长朱崇实称："两个月后，目前国内最漂亮的高尔夫练习场将在厦门大学建成投入使用。今年06级厦大学生都要上高尔夫球课，其中对管理、法学、经济、软件学院的学生还是必修课，每个学生都要学会打高尔夫球。"校方的解释是，高尔夫球是时下商界领袖们喜爱的一项社交活动，学校要培养精英人才，打高尔夫球算是"精英教育"的必需了。我们不禁要问：大学究竟要培养什么样的精英？

现在有些人只要能吸引别人的眼球，只要能引起轰动效应，什么歪招都敢出，什么厥词都敢放！某些个别大学校长江郎才尽到这般地步，实在是该下课了，国家大笔的资金投放在大学，却用来修豪华气派的校门，用来建什么高尔夫球场。我们真的很不放心，那是纳税人的血汗钱。我真诚地希望那些掌握权力的人在涉及资金投入的问题上能够更加审慎一点。令人感到庆幸的是，消息传出后，招来几乎一致的批评之声，可见有正常思维的人还是占了大多数。可我还要问的是，个别人是怎样占有那些重要位置的？

解读“口号”

我们随处都可以见到各种各样的口号:从雄伟的天安门城楼(这是最具象征意义的一座建筑物)到穷乡僻壤摇摇欲坠的民房,从高速公路的道路两旁到电视屏幕。说中国社会是一个充斥着口号的社会恐怕并不过分。

文明社会并不是完全不要口号,有些口号是必要的。它可以是高扬的旗帜,如“加强民主与法治建设”,这对于使民主与法治的观念深入人心就很有意义。有的口号通俗易懂,容易做到妇孺皆知,如“山区人民要致富,少生孩子多种树”,这就巧妙地把“计划生育”与“保护环境”的基本国策都包括在内。

但口号的充斥泛滥,很可能是思想的懒惰和形式主义盛行、习惯于做表面文章而抗拒艰苦细致的劳动的表现。口号简单明了,易于流传,可“轻易得来的东西就将轻易失去”,这是一条铁律。正由于其简单,因而难以打动人心,难以具有鼓舞人、推动人行动的力量,即使口号的发布者用意很好,可“口号”仅仅是“口号”,由于缺乏实际、详尽的操作规程,实际效果恐怕非常有限。更何况口号泛滥,再好的口号,也难以引起人们的重视。什么东西一多以至于泛滥,就会贬值,这也是一条铁律。

一个社会总是要有所倡导。政府对于民众也应该有所引导。口号固然是必要的,但制度的建设更为要紧。而制度的建设就艰苦得多。它需要照顾到各方面的利益。它可能耗费一些立法资源,但是它的效益也是巨大而长远的。譬如,我们建立怎样的一种机制使每一个人都爱岗敬业，这比我们经常号召人们“学习谁谁谁”更有效。为了学习某位英雄，某位先进人物，我们就要大力宣传他（她）的优秀事迹，以至于我们经常有各种“英模事迹报告团”，在全国各地巡回演讲。效果如何呢？我们不能排除“听了激动，回想起来感动，行动上一动不动”的可能。

口号中的话语霸权也是需要我们予以警惕的，记得小时候一句喊得震天价响的口号：“文化大革命就是好，就是好，就是好！”不由分说，霸气十足。可历史证明“文化大革命”怎么样呢？究竟谁可以成为口号的发布者，恐怕也是一个需要研究的问题。

忽然想到

1. 一个人的一生中也许会遭遇到别人对他的不公正对待，但上苍会公正地对待所有的人。一个人在某些方面遭受的损失，上苍会让他在其他方面得到补偿。重要的是心中充满善念，在行动中体现爱心。

所以，我想告诫那些手中掌握权力的人，不要以为你可以决定别人的命运，你只能主宰你自己的命运。人力达不到的地方很多，那是神秘力量的主宰。中国古训中有“人恶人怕天不怕，人善人欺天不欺”“一时强弱在于力，千古强弱在于理”之说，可谓金玉良言，值得那些“小人得势”之人警醒。

有人一旦掌握一点权利，就表现出不可一世。他们大概是不懂得历史的。当年和绅很受乾隆的宠信，可谓权倾一世，后来结果怎么样呢？他不仅死得很惨，而且留下千古骂名。

2. “起义”一词，本身是含有褒义的，即为了反抗不义的统治，为了反抗暴政，而发起的武装革命。在传统中国，对农民起义蔑称为“刁民暴动”“匪患”“匪祸”。世界许多国家的历史上都有过农民起义，原因就在于“哪里有压迫，哪里就有反抗”，许多的农民起义实属官逼民反，是起义者绝处求生的无奈选择。但像中国历史上这么频繁的农民起义，在世界历史上是不多见的。这并不是因为中国人更具有反抗精神，而是由于“苛政猛于虎”。中国儒家所鼓吹的“仁政”的确在一些明君手中推行过，不过由于专制统治的本性决定了“国”是当权者的“国”，遇上暴君或昏君往往就是民生凋敝、民不聊生。所以，我很讨厌“太平盛世”这样的说法，因为中国从来就没有过什么“盛世”。所谓“盛世”充其量是广大民众“做稳了奴隶”，没逼到揭竿而起的地步罢了。号称“太平盛世”不过是无耻的统治者往自己脸上贴金的小把戏。

3. 自近代以来，中国人除了避免挨打、挨饿，还要避免挨欺——欺骗、愚弄、禁锢和钳制。让我们的子孙后代铭记近代那段悲惨的、屈辱的历史，是我们教育者的责任。外国侵略者固然可恨，但同样可恨甚至更为可恨的是引狼入室的专制统治者。专制统治者们为了一己之利，钳制思想，推行愚民政策，使得中国日益贫弱。他们愚昧昏庸，在与列强打交道时，授人以柄，引狼入室，自取其辱。

4. 有言道：苦难是人生的一笔财富。其实，并不尽然。对有的人来说是如此，他们深知人生的不易，总是能善待他人。可也有些人，苦难在他们的内心郁结出对他人与社会的仇视：“多年的媳妇熬成了婆以后”，变态成虐待狂，更加狠毒地对待“媳妇”。可见，苦难既可以成就天使，也可以制造恶魔。一切取决于个人的造化，亦或是上帝在投骰子？

5. 表面看来，中国人很在意别人怎么看自己，但这一点只局限于熟人圈子。其实，中国人社会性发展的程度普遍不高。这与公共精神的发展有限是互为因果的。比如在滚动电梯上很少有人会自觉地站在右边，以便让有特别需要的人快速通过。不爱护公共卫生和公共财物的行为就更是普遍。

6. 占人口大多数的中国农民曾经是没有贱民身份证的贱民，这是我们这个民族抹不去的伤痛和耻辱。它折射出那些强势群体无视公平与正义的丑恶内心。歧视弱者，是人性的硬伤。

有媒体报道说，“有超过4 000名中国贪官逃往他国”，导致了近500亿美元资金的流失（参见《打击贪官外逃需从国内固本》，《瞭望东方周刊》2005年2月）。这么巨额的财富的流失，我没有看见谁对此承担责任。的确，防止贪官外逃不是一件简单的事情，但不是一个两个，也不是几十个几百个，而是超过4 000个，这实在令人震惊。贪官们都是神通广大、手眼通天的人，逃到国外简直是易如反掌，可见对于权力的制约是何等必要。

2005年12月22日，安徽省宿州市灵璧县公安局原局长王建华因为涉嫌犯罪被司法机关逮捕。当地老百姓放鞭炮庆祝，人们张贴标语表达心情，“感谢党感谢人民政府，为我县公安清除一害，使我县广大人民得到安宁和谐生活”“天网恢恢疏而不漏”。我在想，假如灵璧县再出了个“李建华”“张建华”，并且同样被绳之以法，灵璧县的广大人民又该感谢谁呢？

中国是一个有着深厚的人治传统的国家，这一点至今在社会生活中仍有非常广泛的表现。宪法保护不了你，制度也保护不了你，只有有权势的人才能保护得了你。所以，经常有大人物保护比他地位低一些的人的“佳话”。被保护过的人自然是要感激涕零的，人身依附以及隐晦的人身依附就构成了我们这个社会人际关系的基本特征。因而，那些讲究“自由意志”和“独立人格”的人，当然就是要被边缘化的人。

社会生活中没有明确的行为底线，这就为是非判断留下一个伸缩性很大的空间，最终必然导致“强权就是真理”；人们为了避免遭受惩罚和被孤立，就只好向强权屈服或献媚。所以，人们大多发展出伎俩和心机，而不能够发展出智慧。这就是中国为什么贫穷和落后的又一原因。

我们的社会中有歌手丛飞这样有爱心的人，但更多的是贪官、赃官。我相信，普通民众对于赃官是切齿痛恨的，他们不仅侵吞国家财富，导致国有资产的流失，更重要的是败坏社会风气，使我们的社会缺乏凝聚力，社会交易成本奇高。何以会有如此众多的赃官？一是制度建设有缺陷，二是民众的精神修养不够。因为赃官也是从国民中被任命和提拔的，而前者是根本性的。制度的缺陷一是由于我们缺乏信仰，二是由于制度建设者们的理论修养差。

2006年4月15日，我乘早班飞机从北京去运城，由于摆渡车调配问题，飞机晚点一小时。早班航班尚且晚点，其他就更不用说了。国内航班何以总是晚点？除去人力无法抗拒的原因（这一原因造成的航班延误大概不超过2%），主要原因是地勤服务和管理不善。因为航班晚点我几乎给所有航空公司的高层领导写过信，但没有谁给我回复过。我猜想，除非是级别比较高的官员，他们会回复，普通乘客是不在他们眼里的。因为，普通乘客决定不了他们的命运，更影响不了他们的利益。

那些决策的人究竟在干什么呢？我不知道，但大概可以肯定不是在认真地履行工作职责。正因为如此，才导致管理松懈，资源运作低效，导致航班几乎百分之百的延误。

泰国总理他信因涉嫌在制定的政策中为其家族企业谋取利益而被泰国民众赶下台，这就是民主的力量。可在世界其他某些专制国家，领导人大肆为其子女为其亲友捞取好处，甚至鲸吞国家财富，人们却敢怒不敢言。这样的领导人是多么的可耻与可恨，这种国度的民众又是何等的可怜与可悲。

伊拉克新政权判决萨达姆·侯赛因绞刑。萨达姆专政时的不可一世，对不同政见者的残酷镇压，或许是该他遭到报应的时候了。

不能让任何一个独裁者、专制者有好下场，这也是人类正义力量的体现。不论是乔治·布什还是小泉大泉，只要是独裁者，就谁也逃脱不了人类正义力量的审判。让专制的力量从人类生活中消失，才能真正确保人类的尊严。21世纪的人类不能容忍任何形式的暴政的存在。专制之所以是一种邪恶的力量，就在于专制是对人们理智能力的极端不信任，对人的尊严的粗暴践踏，是专制者自我中心的恶性膨胀。

普通民众爱不爱国，事小，因为阴沟里翻不了船；政府官员爱不爱国，事大，因为他们掌握着国家的资源。你看，多少官员跑遍了世界？多少官员将子女送到国外？多少贪官携巨款外逃？多少官员与外商勾结出卖国家利益只为了一点回扣或回报？多少官员将钱存入国外的银行？究竟有多少，没有人告诉你，但经验告诉我，因此而导致的国家财富的外流是巨大而惊人的。我敢断言，如果我们的官员都爱国，不用宣传，不用教育，普通民众自然会爱国。对于普通民众来说，这个国家值得去爱，比任何的说教和宣传都管用。这是一个极简单的道理，可有人就是“不懂”，不知用心何在？

2006年3月26日看报，读到法国总统希拉克在出席欧盟首脑会议第一次工作会议期间“捍卫法语”的报道，很有感触。报道说，当听到身为法国人的塞埃用英语演讲时，希拉克打断其讲话，并询问他为什么用英语发言。“我用英语发言，因为这是商务语言。”塞埃回答道。听到这句话，希拉克带领身边的法国外长菲利普·杜斯特布拉奇、财政部长蒂埃里·布雷东齐身离席，以示抗议，直到塞埃发言完毕后才重新返回会议现场。结果使得各国首脑目瞪口呆。

在法国著名作家都德的短篇小说《最后一课》中韩麦尔先生说，法语是世界上最美丽的语言，这其中盈溢着浓浓的爱国情怀。某些中国人在非常正式的外交场合颇具炫耀地说着外语，在他们的心里，汉语是世界上最美丽的语言吗？

美国四年一届的总统选举，从其客观效果来看，是十分有效的公民教育。竞选者为了能获胜，必须对所有国计民生的问题和所有的内政外交政策作出系统的、明确的回答。这就需要一个真正富于智慧的智囊团，这些人是真正有头脑、有专长的，而不是一些马屁精。

竞选者在一场又一场电视实况转播的演讲和辩论中，必须正面回答竞争对手提出的问题，这就有利于促使其治国方略的完善。为期半年多的总统选举，是一个帮助未来的当政者完善治国方略的过程，也是将治国方略昭示天下、接受民意检验的过程。

“文革”时，“红”与“专”作为对一个人评价的两个方面被强调到很高的地位。所谓“红”就是指“政治”上“正确”，而“专”指业务水平。“政治”在一些人眼中不过是他们的既得利益，他们要去愚弄和欺骗人们的烟雾，他们要全力去维护的一种秩序，一个似乎可以一剑封喉的尚方宝剑，好像一旦以“政治”的名义，就有了无可辩驳的合法性和权威性。所以可以模仿西方一位思想家的话说:政治啊政治,多少罪恶假汝而行。

许多正直的学者和科技专家就是以“只专不红”为由而遭受权利的剥夺甚至人身的迫害。假如政治好的人反而不如有私心杂念的人钻研业务时干劲足,不正说明政治的无力吗?钻研业务而取得成果不也是对社会的贡献吗?知道走错了路,而又不敢回头的人,必然用歪理来解释真理,还要振振有词、煞有介事,只为了虚张声势。

名与实

名与实，是一对古老的范畴。从一个人，到一个地方，一件物品，一个事件，都有“名”与“实”的两面。名，即名称、名声、名望、名誉、名头、名分、名义。实，则为实际、实质、实在、实有、实力。名与实，既可以是统一的，也可以是分离的。前者如名至实归，名副其实，名不虚传；后者如名不副实，徒有虚名，名过其实，名存实亡。

“名”对于人和事来说，都是重要的。我们的前人早就意识到：“名不正则言不顺。”(《论语·子路》)做任何事都必须师出有名，才能赢得人们的同情和支持，如美国出兵伊拉克，布什政府要找尽各种理由，尽管后来人们发现那些理由都不太能站得住脚。在今天这样一个高度信息化的时代，“名”变得越来越重要，所谓“名人效应”的存在，人们更信任“名牌产品”，莘莘学子都更希冀上名牌大学等就是明证。

其实，“实”才更重要。譬如，我可以给一本书取一个动听的、诗意的、新奇独特的“名”，但内容可能是粗制滥造、缺乏灵魂，甚至是不知所云。一个商家可以给其产品不惜血本大肆做广告宣传，使得该产品妇孺皆知，可能产品的质量本身并不过硬。

如果用“名”来给芸芸众生分类，大致可以分为三类：声名卓著并可以名垂千古的；默默无闻的无名小卒；声名狼藉并遗臭万年的。只是每一类中又可分出若干等级。

在当下中国，名实不符是个普遍现象。这很值得分析。这大概与我们的体制有一定的关系。对一个人而言，所谓“有名”，就是指有影响力。但影响力有两种，一种是角色的影响力，一种是思想（精神）的影响力，前者是外在的，后者是内在的，正如香港演艺界，有偶像派明星和实力派明星之分。

一个人角色的影响力是因为他在那样一个位置上，出镜的机会多，慢慢地就有了名，但他有没有自己的灵魂与思想，有没有节操和学养，那就很难说了。而思想的影响力是源于文化的底蕴，眼光的独到和头脑的睿智。

角色的影响力是暂时的，思想的影响力是永恒的。在我们的社会中，有一些人他们要什么有什么：名誉、头衔、地位、资历、金钱、处世的伎俩、如鱼得水的人际关系……他们什么都不缺，唯独缺的就是文化创造力。他们却影响甚至支配着社会的运转，这也是我们落后和不发达的重要原因。

我们的教育愈来愈失落了对自我的灵魂拷问，疏离了"反躬自省"之学。人们愈来愈依赖于外在的名分对自我的定义，而缺乏自知之明。除了一大堆的社会角色、各种头衔，人们便无法确证自我。人成为盛装各种面具、道具的容器。不是有学问就能成为"博导"，也不是一定要有学问才能成为"博导"，但"博导"似乎是有学问的代名词。我经常会想到这样一个问题：对于假冒伪劣产品我们都深恶痛绝，那么，对于一个徒有其表、浪得虚名的人，我们又将如何看待呢？

至少有四家报刊的编辑对我说过：某位先生的文章就像白开水一样，淡而无味，可他们却对他的文章照发不误，就因为这位先生很有名望。我们能够从中解读出的意含是很多的。其实，一些人的文章，我是不会去读的，因为我知道他们说不出什么有意思的东西。我和一些学界的朋友聊天，他们也说是这样。这正应了"人心不可欺"这句古话。如果你说的都是别人说过的，你关注的问题都是别人关注过的，你没有自己独到的思想，不能给人以启迪，不管你是谁，都不能赢得读者。所谓的"名"就如同没有生命力、没有香味的塑料花。

语　丝

·艺术是人类表达自我的一种方法，艺术也是我们对于生活的一种态度，即用审美的眼光看待万事万物的态度，一种永不停滞、永不自我封闭的态度。

·美是教育的精神元素之一。美存在于美好的思想与情怀中，存在于美好的情境与氛围中。

·一个人的艺术创造的能力在很大程度上取决于天赋，但审美鉴赏力却与文化素养成正相关。

·创造一种尊重儿童、守护童心的学校文化，这是学校教育的应有之义和儿童获得和谐发展最切实的保障。

·不论是自然美，还是社会美，也不论是科学美，还是艺术美，和谐与新奇是一切美的共同特征。

·实事求是的品格是最为重要的。中国人的谦虚，实质上只是一种自我贬抑，一种自虐，就如冬日里街头赤膊的乞丐一样，靠作贱自我来讨赏：这种“谦虚者”差不多都有一种泼皮无赖的禀性，一旦得势，长期受到压抑的情性就会变态地表现出来，从受虐狂而变为虐待狂。

·一个人往往在自鸣得意的时候，心智才会处于最积极的状态，才有可能妙语连珠，并伴之有穿透力和征服力的眼光，带给人以触及心灵的震撼。

·只有经历过失意与困顿，经历过巨大的精神痛楚，才真正能体味出“平平淡淡才是真”这句话所包含的意蕴。

·人性的高贵就表现在：对于所拥有的无比珍视，而对于不属于自己的决不贪图。

·愈是个性的就愈是人类的，因为每个人都是一个宇宙。根植于自我的创造，都是对人类无限丰富性的确证。

·对于平凡的我们，在这个世界上，把我们看得很重要的人，和对于我们很重要的人，相对来说，都是很少的。用心去善待他们，实在是我们存在的理由与价值。

·能够健康而坦然的生活已经是足够美好的了，所有的追求，已然是一种生命的辉煌。

·生命本身只是一个过程，倘若有许多激情荡漾的刹那，有许多挚爱瞬间的永恒，生命就会如同灿烂的星空，由无数的亮点在广袤的天空上镶嵌而成。

·当我们感觉着自己生活幸福时，我们就更有可能成为对社会有价值的成员。因为，一个幸福的人更有可能珍惜生活，善待自我，友爱他人，奉献社会。

·成长是生命永恒的主题。但成长往往需要契机。离群索居作些沉思，沉淀纷繁的思绪，升华驳杂的情感，静视自己的内心，然后作些调适，这就是成长。

·生命历程中有两种不幸的境遇，即生命之重与生命之轻。前者是因生存危机或承担着沉重的责任，使人疲于奔命，使人力不从心；后者则是因无所执著，无所依傍，无所牵挂，也无人将他牵挂，他的存在对任何人和这个世界都无价值。

忙碌是一种病毒

我们生活的都市有旋转的上空和汹涌的人流,生活对于我们都是飞速运转的,速度之快常让我们茫然而不知所措。我们总希望有几缕闲暇,能安然坐于湖畔山边,看夕阳落下,看朝阳升起。我们细看风起云涌,感慨昨日之时不可留。太多的事转眼成空,太多的东西需要留下却又难以留下。每日里行色匆匆地奔走于单位与家之间,无奈与疲惫常常溢满心间,总觉得这不是我们想要的生活。偶尔不经意地望向天空,看到蔚蓝色的天宇里淡淡地挂着几丝云彩,悠然而飘逸,不禁感慨:你永远不能休息。否则,你就永远休息。这是当今许多人的生活写照,也是有点近乎残酷的社会现实。

我们常常太忙, 在不停的奔波中忘记了一天天奔波的理由。现代人的生活好像你开车一路狂奔到商店, 匆匆忙忙地下车,却竟然无法想起要买什么。在这个连梦想都那么实在的时代,城市的上空淹没在喧哗的灯光里,谁还会在寂静的夜晚抬头望一望天空?那些智慧的火花逐渐被湮灭,我们的感觉也变得越来越迟钝。原因恐怕就在于:无论怎样努力,都赶不上不断增长的欲望。人们忙碌着,奋斗着,博得财富与功名累身,但仍觉得缺一佳境,那就是托着腮帮子偷闲,或幻想,或虚构,或涂鸦,忙得忘记为我们身上的从容、优雅、淡定的品质保鲜。"一个病态的社会,其特征是极其简单的,这就是它为生物学需要提供得太多,但同时却处于精神的饥饿状态。"

思想需要经验的累积，灵感需要感受的沉淀，最细致的体验需要最宁静透彻的观照。累积、沉淀、宁静观照，哪一样可以在忙碌中产生呢？我相信，奔忙，使作家无法写作，音乐家无法谱曲，画家无法作画，学者无法著述。奔忙，使思想家变成名嘴，使名嘴变成娱乐家，使娱乐家变成聒噪小丑。闲暇、逗留，确实是催生创造力的不可或缺的有机土壤。

古人云："人之心胸，多欲则窄，寡欲则宽。人之心境，多欲则忙，寡欲则闲。人之心术，多欲则险，寡欲则平。""人之心事，多欲则忧，寡欲则乐。人之心气，多欲则馁，寡欲则刚。"（[清]金缨著、张琪译注：《格言联璧》，山西古籍出版社，1999年9月第1版，第22、23页）

生命中有些东西是值得我们为之赴汤蹈火的，那些东西中一定包括灵修和梦想。如果你愿意倾听，一个微弱的声音，姑且称之为良知或内在的自我，总会告诉你生命的真相。然后，你可能意识到你真正想要的是什么，布拉德里·格里夫（Bradley Greive）说："把手放在胸口，感受心脏的跳动。那其实就是你的生命之钟在滴答作响，细数着余下的时刻。有一天它就会停止，这是千真万确的，而你对此绝对无能为力。所以你不能浪费任何一秒钟珍贵的时光。精力充沛、满怀激情地追求梦想吧，否则你只好止步不前，眼看着梦想付诸东流。"正如清代文学家张潮（1650—？）在《论闲与友》所言："能闲世人之所忙者，方能忙世人之所闲。人莫乐于闲，非无所事事之谓也。闲则能读书，闲则能游名胜，闲则能交益友，闲则能饮酒，闲则能著书。天下之乐，孰大于是？"

一个只是为了物质消费而生存的人，在伟大的爱因斯坦看来，与一头被豢养的猪没有什么两样。他还指出，光有知识和技能并不能使人类过上幸福而优裕的生活，人类有充分的道德理由把对高尚的道德准则和价值观念的赞美置于客观真理的发现之上。

眷注内心，重视精神生活是有品位的人生的重要方面。这就需要经常给自己的心灵一个节日，让身心放松，静静地体会一下生命的纯净。要知道，内心的宁静才是真正的休闲。苏东坡赞美西湖诗曰："欲把西湖比西子，淡妆浓抹总相宜。"(《湖上初雨》)西湖如此，西子如此，每个人的人生也应如此，该浓则浓，该淡则淡，浓淡相宜。该浓时，就浓它个轰轰烈烈，撼人心魄，"乱石穿空，惊涛拍岸，卷起千堆雪"；该淡时，就淡它个心如止水，沉稳恬静，"采菊东篱下，悠然见南山"。得意淡然，失意泰然。沉潜下来，潜心体味，与真理为友。记住："心不欲杂，杂则神荡而不收；心不欲劳，劳则神疲而不入。"

写着这篇文章，耳边回荡着李宗盛低沉苍凉的歌声："我们来来往往，匆匆忙忙，从一个方向到另一个方向，忙，忙，忙，忙是为了自己的理想，还是为了不让人失望……"经常地扪心自问，经常地回眸走过的路，停下来想一想，下一步我究竟要走向何方？

·每年有多少官员携款外逃?这造成的损失是多少?这难道不是公民知情权中的一项吗?作为纳税人难道无权知道他们所交纳的税款做何用途了吗?如果不从一些具体的事情上来体现对公民权利的尊重,所谓“以人为本”,所谓“责任政府”等等就都只是美妙的言辞。

有那么多的官员——我们这块土地上的“上流社会”中的人——背叛祖国,这难道不应该促使我们深刻地反省一下爱国主义教育的实际效果吗?空洞的、虚假的说教,除了令人反感和培养伪君子,就是徒然耗费人的生命。

·教育学界曾经有“南北二成(陈)”之说。南是指华东师范大学的陈桂生先生,北是指北京师范大学的成有信先生。他们俩的确是老一辈教育学者中的佼佼者。可是,从世俗的眼光看,他们都是很不得志的人。陈先生著作等身——真正的著作等身,而不像某些人靠当主编才著作等身的,可老先生连博士生导师最后也没有被评上,个中缘由我不太清楚。成有信先生是中国教育学界在《中国社会科学》杂志上唯一一位发表过三篇有分量的学术论文的教育学者,可他老人家快要退休了才评上博士生导师,仅仅招了一名博士研究生,成为中国教育学界唯一只带过一个博士生的博士生导师。成先生为人宽和、正直,从来不搞拉帮结派和依附权贵的小动作,又成就卓著,所以既招人嫉恨,又觉得他没有靠山,欺负他不会有什么不良后果,才会成为这两个“唯一”。可公道自在人心,谁英雄谁好汉,人们心中自然有数。

·大学中有些人是什么奖都能够得到,因为他们主持了许多重大的研究课题,带了许多的硕士生和博士生,出过许多次国,主编了许多的书,他们的荣誉和头衔数不胜数。要能获大奖,就必须获得过许多的奖——这就是为什么会有“马太效应”的原因。他们有着或曾经有过重要位置,在一定的位置上,就可以建立一个关系网,有了这个关系网,就可以要什么有什么,至于是不是有高尚的人格,有没有真才实学,并不重要。这恐怕是中国人文社会科学落后、在国际学术界地位十分低下的重要原因。

·在中国,给健在的国家领导人出版著作或传记之类的东西,应该是一件十分慎重的事,因为这有可能给那些攀龙附凤、巴结权贵的无耻之徒以可乘之机。他们极有可能慷公家之慨,做顺水人情以取悦于人,为自己找后台、找靠山。其实,在西方发达国家,给健在甚至在职的领导人出著作和传记并不鲜见,为什么在我们国家要慎重呢?原因是我们官员手中的权,特别是对于金钱支配的权力太大了。如此公款消费才会异常地火爆。当然,慎重出书只是治标,治本之策还在于对权力的有效制约。

·看由发生在全国各地真实的刑事案件为依凭拍摄的电视连续剧《警界雄风》,在为公安干警打黑除恶的正义之剑拍手称快的同时,我一直有一个困惑:那些黑恶势力真可谓是无恶不作、气焰嚣张,他们鱼肉百姓,称霸一方,杀人越货,心狠手辣,十足的十恶不赦;一个个血淋淋的镜头,一张张狰狞的面孔,一幅幅恐怖的画面,令人触目惊心。可这些黑恶势力肯定不是一两天就形成的,为什么非得等他们坐大了、残害了那么多无辜的民众才给予铲除呢？在他们的形成过程中，究竟哪些人在充当他们的保护伞？又有哪些权力部门缺乏必要的监管以致失职和渎职才养虎为患的？如果不彻底铲除他们滋生的社会土壤，黑恶势力就有可能死灰复燃。这种担心恐怕不是多余的。

·西方官员因丑闻而落水，中国官员因落水而被揭丑闻。中国有"为尊者讳"的传统，一个身居要职、身在高位的人，做了什么见不得人的事，总会有人去摆平、去遮掩。当"多行不义必自毙"的规律在他们身上兑现时，当他们成了一条"落水狗""一只死老虎"时，他们报复不了别人了，人们也就不必惧怕他们了，知情者敢说真话，媒体也可以深度报道了。当那些遮羞布统统被撕去时，才发现他们是如此的肮脏和龌龊。这一方面反映出制度建设的缺陷，反映出"民主监督"的无力，也反映出国人欺软怕硬的劣根性，尽管"落水狗"被千夫所指是罪有应得。所以，民主对于我们每一个人也是一种保护。

·在可预见的未来，中国要产生世界级的大师是比较困难的，原因就在于我们各种各样的选拔机制具有"思想阉割"功能——不鼓励自由思想和独立人格。美国学者M.E.斯皮罗在《文化与人性》中所说："社会系统和个性之间有反馈关系，因此社会系统产生那些个性需要，而个性需要反过来又在社会系统的运行中得到满足并激励社会系统的运行。"在今天的文化生态中，作为学者，思考的首要问题不是言说的真理性，而是言说本身会招致一个怎样的后果。

·左宗棠教育子女时常说的一句话是"境遇以清苦淡泊为妙"。他宁肯让自己的子孙受苦受累学做一个好人，也不愿多留一点钱财荫庇子孙，使之受钱财之累学坏。可是今天的一些贪官们为了自己子女的“幸福”而不惜以身试法，这反映了他们的自私和狭隘，他们的愚昧和缺乏智慧。这些可耻的贪官太下贱，不说也罢。可大学中一些有点权势的导师，为了自己学生的利益而置公正于不顾，却需要提醒：这不仅不能赢得同行的尊重，恐怕也难以赢得那些被“特殊照顾”的学生发自内心的尊重。

是什么妨碍了我们说真话

所谓“说真话”，就是表达内心真实的想法，而不是说一些空话、套话、言不由衷的话，不是看别人的脸色说话，不是说迎合别人的趣味的话，就是敢于针砭时弊，敢于揭露一些社会的阴暗面，敢于触及到一些敏感的问题。“真话”并不见得都是正确的话，因为所谓“真实”都只是每个人眼中的真实。

之所以要强调“说真话”，就在于只有表达你的真实想法，人们之间的“视界融合”才有可能，充分交流也才有实质性的意义。否则，所谓的“交流”“分享”都只是自欺欺人的相互敷衍——既不能富有深度，推动认识的前进，也不会达成共识，凝聚成一种力量。一个民族总要有人不断说出真话，才会有希望。而且，如果一个社会不能让人畅所欲言，人们就会表现得十分做作，人与人之间就会缺少真诚。

究竟是什么妨碍了我们“说真话”呢？首先是几千年的思想专制在人们心中投下的浓重的阴影。在过往的中国社会中，因言废人的事时有发生。“真话”有可能让一些权势者不高兴，甚至恼羞成怒，暴跳如雷，而对说真话者大加讨伐，并有可能置于死地。因言获罪，从古以来，就举不胜举。由于公开谤毁朝政或是直接犯了皇帝的大忌而被杀头的，也不乏其人。“历史的经验值得注意”，人们为了避免惹火烧身，只好说一些违心的话。

其次，说真话会得罪一些人，会妨碍一些人去获取某种利益从而使自己的利益受损。比如说，我呼吁遏制“能者多捞”，那些身兼数职的能者们就会不高兴；我呼吁“期待官员从学界退场”，那些在学界呼风唤雨的官员们就会很敏感并进而很反感。你妨碍别人获得某种利益，别人不说伺机报复，至少在一些时候也不会帮你说话，不会把你当成自己人，有好的机会的时候不会想到你。你会处于一种比较孤立的境地，一些好的机会你就难以得到。中国是一个人情社会和关系社会，每一个人都有一些利益相关者，每一个人都是复杂的社会关系中的一个纽结。你说真话损害了一个人的利益，他的利益相关者即使不打击报复你，也会与你“划清界限”。

第三，说真话也容易给人一种幼稚、不成熟的感觉。比如说，美国毋庸置疑的是世界上最发达的国家。它为什么会成为一个最发达的国家呢？原因多多，其中非常主要的是它的机制比较好。好在哪里？在每一个公民身上，在每一个机构与利益集团身上，责、权、利三者统一得比较好。这是一句真话，可大家都不说。你说美国的制度好，岂不是赞美资本主义？岂不是说别的发展中国家制度不好？典型的政治上不成熟。一个政治上不成熟的人是不能委以重任的，是只能处于边缘的。可谁都不愿被边缘化。

当然，敢于说真话，也需要独立思考的习惯和能力。没有了独立思考，就只有人云亦云；没有了书生意气，就只有奴颜媚骨；不敢讲真话，又不得不说时，就只好说假话。

说来说去，是什么妨碍了我们说真话？一言以蔽之，利益。无私才能无畏，可每一个人都是有自己的利益的，谁都不希望自己的利益——合法的以及不合法的利益受损。所以明智的选择就是不说真话，尽量少说真话。迫不得已时，说些套话。其实，套话也是假话，因为它言不由衷。

可为什么总还是有一些敢于仗义执言的人呢？这是源于他们的人生信念和生命境界。在他们看来，因为说真话而遭受的那些损失是不重要的，至少不那么重要。他们有更高远的人生追求，在他们的心中有更大的利益。鲁迅先生是这样说的,“大胆地说话,勇敢地进行,忘掉了一切利害,推开古人,将自己的真心的话发表出来”。鲁迅先生也是这样做的,“苟利国家生死以,岂因祸福避趋之”(林则徐:《赴戍登程口占示家人》)。

当然,并不是什么时候都应该说真话,并不是什么时候说真话都好,也并不是什么时候说假话都不好。正如鲁迅先生所描述过的,当人家刚生了一个儿子,大家都去道喜的时候,如果有人说“这个孩子会死的”,那么他肯定会遭到众人唾骂。可是这确实是一句大实话!可见,说假话,有时是虚伪,有时却是智慧。

如果社会的大多数成员都不愿、不敢公开亮明自己的观点,那么,“隐瞒自己的观点”,说一些言不由衷的空话、套话,就主要不是个人的道德品质问题,而是社会本身存在某种问题。如果有制度的保障,人们说真话不会招致利益的受损,人们说真话的空间相对要大许多。可见,真正妨碍我们说真话的仍然是制度。我们要建立起一种人们“说真话”不会招致其利益受损的制度。

路,还很长。

我们必须面对

我们已足够强大，我们有能力、有自信面对我们的历史与现实。正如阿德诺(J.W.Adorno)所言："让苦难有出声的机会是一切真理的条件。"正视真实的现实和历史是为了使我们对于我们的民族和国家有更加真切和强烈的责任感，并更加清晰我们前行的路。

我们必须面对在抗日战争中的民族英雄所作出的牺牲，必须面对张自忠等两百多位为国捐躯的国民党高级将领，必须面对数以百万计的英勇牺牲的士兵，他们同共产党领导的抗日将士同样都是中华民族的光荣与骄傲。

我们必须面对在大跃进的灾难性后果中因饥饿而死的数以千万计的国民，那是我们民族永远的伤痛，我们必须面对在十年浩劫中数以十万计的屈死的冤魂。

我们必须面对张志新、遇罗克等烈士直面真理的灵魂，烈士殷红的鲜血应该成为我们永远警觉的清醒剂——在不允许自由思想的环境中，人们就容易变得醉生梦死，得过且过，并不把人的存在的真实、价值和意义放在心上。

我们必须面对我们缺乏足够的定力去抵制灯红酒绿、声色犬马的诱惑：我们既没有内在的信仰去抗拒纸醉金迷的诱惑，也没有制度的栅栏使我们与堕落的泥潭隔离开来。有那么多人因为物欲的膨胀而失去了自由甚至生命，也有人因为携款外逃而成为惶惶不可终日的丧家犬。

我们必须面对那些早期“羊吃人”的西方资本主义世界正在变得文明、人道、公正、富有、和谐，他们的社会福利保障，他们社会中的人际关系融洽与友善，是我们望尘莫及的。可我们没有从西方社会的变革中吸取足够的启示，值得庆幸的是，今天我们正走在通往和谐社会的路途之中。

大都市的灯红酒绿、车水马龙掩盖不了广大中西部地区的贫穷与落后。如果重新擦亮久被城市的繁华尘封的眼睛，我们会发现，他们与我们相隔千山万水，却又与我们休戚相关。我们必须面对我国约有75%的人没有任何形式的保险，来保障他们的基本健康，全国有近三成的家庭因病致贫。农村绝对贫困人口约2 610多万人。农村低收入人口约4 977万人。城市低保市民约2 200多万人。我们必须面对数以千万计的贫困人群，那些布满愁容、充满无助眼神的农民和城市贫困人群，是我们的骨肉同胞，他们的不幸同样是我们每一个人的不幸。

一张张失去儿子、丈夫、爸爸的悲痛欲绝的面孔，连接起了2005年的日子——这一年，可称作“矿难记忆年”。我们必须面对这样一个事实：太多、太深重、太长久的苦难会使人异化，会使人变得麻木不仁，情感冷漠，狡黠油滑，逢场作戏，犬儒虚无。我们必须正视我们民族经历过的苦难记忆以及造成这些苦难的缘由。

我们必须面对我们日益膨胀的城市有许多的零就业户。零就业户，就意味着这个家庭没有任何经济来源，意味着贫穷与苦难，意味着需要抛弃尊严等待救济。没有机会靠双手劳动是痛苦的，没有收入的生活是困窘的，这样的生活境遇不难想见：他们的心情不会是阳光灿烂的。如果他们长时间地处于有能力没机会的状态，处于主流社会边缘，难免胡思乱想，有的可能会自暴自弃，甚至铤而走险。

我们有9亿多人生活在乡村。乡村的教育质量决定着我们民族的未来。我们必须面对农村教育的凋敝。乡村的教育经费投入的严重不足，使得师资薄弱、课程资源匮乏。我们必须面对那些流浪的少年儿童，我们有责任使他们有一个幸福温暖的童年。我们甚至不得不面对在我们的国土上还存在着最原始的罪恶，如贩卖人口。

我们必须面对城市对于外来务工者实在太多的亏欠。无数外来工为城市挥洒汗水和青春，把梦想和希望都托付给这片土地，然而，他们收获的有时却是一颗苦涩的果实：他们干着那些最脏最累、城里人不愿干的活，却拿着微薄的薪水，甚至为讨要这点薪水而付出令人心酸的代价——我们必须面对农民工兄弟但求讨回血汗钱，一次次爬上高高的塔吊以死相逼的情景；他们建造了高楼和小区，装修了无数温馨的居室，自己却住在阴暗、潮湿、简陋的工棚，把对家的渴望深深埋在心底；他们吃着劣质的食品，过着贫乏的文化生活，忍受着孤独和寂寞，甚至还要遭受某些"高贵"的城里人的歧视和白眼。我常常想，如果我是他们，我会怎样来回应这一切。唉！又能怎样呢，穷苦人除了有一条命还能有什么？

我们必须面对假冒伪劣产品的泛滥和猖獗。在日常生活中，劣质奶粉、黑心棉、注水肉、陈化粮、农药菜损害了消费者的健康。据中国经济体制改革研究会副会长杨启先估算，包括三角债、假冒伪劣产品等在内，中国每年由于信用问题造成的经济损失达6 000亿元。其实，我们凭日常生活的经验就能感觉到：当前社会诚信缺失现象非常普遍，后果也十分严重。

中国的确有任长霞这样的好"官"，可他们的伟大是以一些贪官、玩忽职守的人为背景的。任长霞们是灰色天幕上的星，如果阳光灿烂，星光是无法凸现的。任长霞澄清了一个又一个冤案，解决了一个又一个悬案，她付出了爱心与心血，可她以前的那些在任者在干什么呢？我们必须面对我们体制上的缺陷，切实推进民主政治建设的进程。

我们无论在物质上还是精神上都已足够强大，我们完全有能力、有自信面对我们的历史与现实。任何掩饰和逃避都将无济于事。勇敢地面对现实，并朝着崇高的目标不断地努力，这是我们的责任。

心会看见

为生命化教育的探索者喝彩

生命教育是教育的一面旗帜，要让生命教育落实在学校生活之中，落实在课堂之中，就需要创造生命化的课堂、生命化的校园。

生命化教育的探索在八闽大地上悄悄地展开着，并逐渐影响到全国许多地方。张文质先生作为生命化教育的倡导者，他主编的《明日教育论坛》和《福建论坛》（教育版）成为生命化教育思想与情怀的传播媒介，培育和扶持一大批生命化教育的探索者。这套《生命化教育探索》丛书便是在这块充满灵性和希望的土地上结出的芳香的果实。

人类世界是由一个个生命组成的，因此，一个健康的社会，必然要将生命看得高过一切。有鉴于此，在我们的教育中，着力培植生命意识，高扬生命情怀，对于我们文化和国民性的改造，无疑是十分必要的。

让课堂充满关注生命的气息，让生命的活力充分地涌流，让智慧之花尽情绽放，让师生之间和同学之间充满真诚的关怀，是生命化教育的自觉追求。特别在学校中，禁绝一切对学生的羞辱、嘲弄、讥讽、刁难，有着极其重要的意义。因为，在一个人的人格形成期（一般为0～20岁），如果有过严重的被人欺侮或欺侮别人的经历，或者经常遭受羞辱、嘲弄、讥讽、刁难，那么就不太容易形成正直、光明和健康的人格。只有在充满温情与仁爱的氛围中，才能生长出和煦、细腻、体贴的心灵。如何既严格要求学生而又不伤害学生的自尊与自信，这的确不容易做到。这需要教师有很高的修养。

我的孩子现在上小学二年级，他几乎每天回来都会讲在学校中发生的事。我发现羞辱孩子的事简直是家常便饭。比如，一年级的孩子考试交头接耳，监考老师居然会把他们的试卷撕得粉碎。至于呵斥、讥讽、嘲弄那就更多。孩子在学校中受了委屈，我们总是开导他，告诉他老师也不容易，我们每一个人都会有情绪失控和言辞过激的时候，让他能够更多地体谅老师，帮助他化解消极的情绪和对于老师的敌意。

对于好教师的特征，已有大量研究。热情，宽容，幽默，善于对自己的情绪进行管理，能缓和学生的焦虑感，呵护学生的自尊与自信等等，都是一些重要的品质。其实，我们可以有意识地培养这些品质。

教师是一种职业。中小学教师这个职业在今天，特别在经济发达的大都市，并不是一个非常有吸引力的职业，教师的工作碎屑而艰辛，对教师过高的要求是不现实的。目前，教师的素质不高，但这不单单是教师本身的问题，在我们的社会中，各级各类人群的素质也都不高。而优质教育需要教师有高素质，面对这个矛盾，一方面我们需要等待，等待整个社会文明程度的提高，而不宜操之过急，不宜对广大中小学教师有过多的压力和过高的要求；另一方面，我们每一个教师，都完全可以给自己更多的更积极的暗示和提醒，我们完全可以学会情绪的自我管理，学会对学生的宽容，对待学生的态度和言辞都不宜过于肆意和随便，我们完全可以做得更好。在讲台上，是我们在人生舞台上的一部分，凡事也都只能“不能尽如人意，但求无愧吾心”。

本套丛书的作者都是富有爱心和教育追求的优秀教师，他们的美好心灵和教育智慧在他们的作品的字里行间有充分的体现，相信读者会从他们生动、具体的教育案例和亲身体验中深切地感受到。

衷心祝愿老师们幸福、快乐，也衷心期待有更多的老师加入到生命化教育的探索之中。

本文是为福建教育出版社出版的《生命化教育探索丛书》（张文质、肖川、黄旭主编）所写的序言。

历史的细节

我对历史情有独钟，因而对于那些“通古今之变”的学人有一种特别的景仰。我感兴趣的不是那些宏大的叙事，而是历史的细节——那些能让我们终身难忘、潸然泪下的历史细节。

通过历史细节的发掘，才有可能看到被掩埋的历史，才能还原被意识形态所剪裁的历史。在现代西方文化浸淫一个多世纪以后，20世纪中国文化精神的根本变化之一，是进步历史观的确立。进步历史观的现代性在于两点：第一，它认为历史是一个从落后向前不断进步的过程；第二，“进步”是以科学—技术的合理性为内容的，它为历史研究提供了普遍、客观的原则。通过进步历史观，中国历史向我们展现为一个可以清晰、确切把握的线性发展过程。但是，这种清晰和明确是以落后与先进二元对立的单向运动为基础的，它无疑压抑或忽视了这个线性运动之外的历史活动的丰富性。在20世纪即将结束之际，瞻前顾后，我们特别深刻地感受到历史丰富性的丧失，和因为这个丧失而处于一种无历史的困境。

无疑，我们面临着重新发现历史丰富性的使命。这个使命的必要性，既在于我们作为后来者对于过去所承担的责任，又在于我们现在的存在需要历史性的支持。德国文学家和哲学家瓦尔特·本雅明（Walter Benjamin，1892—1940）指出，进步历史观压抑历史丰富性的根源在于，它以同质而空洞的时间观念为基础，在这个基础上，过去被抽象为无时间的永恒形象，而我们被排除在历史之外，生活在单纯的现在之中。

以下是中学《历史》教科书上的几个历史细节，通过这些细节我们当对中国近代史有更为深切的认识：

1. 八国联军冲入北京后，纵火放炮，大肆抢劫。北京城内炮声隆隆，火光冲天，成了一个“强盗世界”。侵略者争相抢掠清政府的官衙库款。日军从户部抢得白银300万两，并烧毁户部以毁灭罪证。法军抢劫礼王府现银200多万两和无数金银财宝，用大车拉了7天。侵略者还以搜捕义和团为名，在大街小巷挨户破门而入，将粮食、家具和银钱钟表等全部抢走。他们还把抢来的东西拍卖，按官阶高低瓜分赃款。侵略者甚至还以杀人为乐事。一群逃难的老百姓，被法军逼进一条死胡同里，全部被机枪射杀。庄王府被焚时，1 700多人被侵略者活活烧死。大街上尸骸枕藉，满目断壁残垣。

2. 《临时大总统关于革除前清官司厅称呼致内务部令》：“官厅为治事之机关，职员乃人民之公仆，本非特殊之阶级，何取非分之名称。查前清官厅视官等之高下，有大人、老爷等名称，受之者增惭，施之者失体，义无取焉。光复以后，闻中央地方官厅，漫不加察，仍沿旧称，殊为共和政体之玷。嗣后各官厅人员相称，咸以官职；民间普通称呼，则曰先生，曰君，不得再沿前清官厅恶称。”

3. 1937年12月，日军攻陷南京。接着，日军以集体枪杀、焚烧、活埋、砍头、军犬撕咬等极其残忍的手段，对南京平民和被俘士兵进行血腥屠杀，制造了惨绝人寰的南京大惨案。

12月16日，日军将集中关押在华侨招待所的中国平民和被俘士兵5 000多人，押往中山码头，用机枪扫射后，弃尸江中，毁尸灭迹。

18日，日军将囚禁在南京幕府山的男女老幼5.7万多人，全部用铅丝捆绑，驱赶到下关草鞋峡，用机枪密集扫射，对倒在血泊中呻吟的群众，用刺刀戳死。随后，日军浇上煤油，纵火焚烧，残余骸骨被抛入长江。

日军还丧心病狂地进行“杀人竞赛”。日军少尉向井敏明和野田毅约定，谁先在占领南京时杀满100名中国人，谁就是胜者。当这两个杀人恶魔手拿砍缺了口的军刀相遇在紫金山下时，野田杀了105人，向井杀了106人。由于不知道谁先杀到100人，胜负难分，他们决定重新再赌谁先杀满150人。1937年12月，日本《东京日日新闻》以“胜利者”的口气对日军的“杀人比赛”进行了报道。日本军方认为这是“耀扬国威”的“光荣举动”。

《历史》教科书能够呈现这样一些细节，是值得肯定的。离开了细节历史就缺乏了感人的力量。我也希望我们的教师在教学中能够更多地关注这些细节。这并不是要学生去机械地记住这些细节，而是要培养学生善于从这些细节中有所发现、有所感悟，并善于用具体的事例说明思想。

有人说，历史永远是人类的导师，不管它是辉煌还是阴暗，是崇高还是卑劣，是悲壮还是滑稽，给后人留下的是愉快的记忆还是苦涩的回味，都可以启人心智，教人明理，使之更好地把握现在，选择未来。历史，无论是光荣还是耻辱，我们都必须面对，在面对中学习，尤其是从历史的教训中学习。

感受数学课堂的魅力

课堂是实施新课程的主战场，是全面推进素质教育的前沿阵地。课堂，是一个平常、普通而又神秘的地方，是一个赋予没有生命的知识以生命活力、给予不太成熟的孩子以成熟魅力、让孩子动起来、让知识活起来、让生命放光彩的场所。随着课程改革的不断深入，新课程理念与课堂教学实践正在逐步融合，新一轮基础教育课程改革给当今的小学数学教学带来了生机与活力。无论课程改革如何进行，构建有效的课堂应该成为教师永恒的工作追求。什么样的课堂才是理想的课堂？如果用一句话来概括，那就是：焕发出生命活力的课堂才是理想的课堂。

我们所生活的世界，包括我们人类自身，无非是质与量两个方面。数学就是从量的角度把握和解释世界的一种努力，所以数学是一种思想，一种解释世界的方式，一种精密的语言系统。数学是对现实世界的数量关系和空间形式的概括和反映。数学知识源于生活，但并不等于生活本身的摹本，它是对生活中的数量关系与空间形式的提炼，因此，它高于生活，概括生活，有高度的抽象性。“数学，作为人类思维的表达形式，反映了人们积极进取的意志、缜密周详的推理，以及对完美境界的追求。”（R.柯朗：《数学是什么》，湖南教育出版社，1985年版，第5页）

教学艺术是教师教学主体性和创造性的最好确证，没有对教学模式的创造性运用，教师的上课就容易成为“教教案”“教教材”，而不是“教学生”，教学就难以避免封闭性、机械性、刻板与程式化，就难以避免教师唱独角戏，就不可能顾及到学生独特的生命表现和学生提出的非常个性化的问题，学生在课堂上的丰富的精神生活、自主交往和个性展示都会受到很大的局限。优质的数学教学，一定源于对于数学的丰富而准确的理解。数学，作为人类智慧的伟大结晶，受到了普遍的尊敬和敬仰。数学是训练客观且精确的判断力的基本因素之一，数学尤其需要积极的思维活动及对结果的验证，而这会对其他学科的学习（在智力上和道德上）产生影响。正如美国数学史家M.克莱因所说的那样，“任何时候，谁想找一个推理的必然性和准确性的例子，一定会想到数学”（［美］M.克莱因：《数学：确定性的丧失》，李宏魁译，湖南科学技术出版社，1997年版，第2页）。完美的教学一定能使学生感受到人性之美、人伦之美、人道之美，感受到理性之美、科学之美、智慧之美，感受到人类心灵的博大与深邃，感受到人类所创造文化的灿烂与辉煌，能够唤起学生对于生活的热爱与柔情，唤起学生对未来生活的热烈憧憬和乐观、光明、正直的期待，能够使学生以新的眼光审视生活、洞察人生。

本书作者钱守旺老师是全国著名特级教师，虽然我们见面的机会不多，但钱老师的人品和学识却早有耳闻。多年来，钱老师始终致力于小学数学课堂教学改革的研究，虽然担任教学副校长的职务，每天事务缠身，但他始终没有离开教学第一线。他的很多文章理论联系实际，论证深刻，观点鲜明，深受一线教师的喜爱。随着课程改革的不断深入，钱老师更加理性地对传统的课堂教学进行了反思，并提出了一系列关于新课程背景下如何搞好课堂教学改革的策略。

本书的第一部分选取的他的19篇文章，观点新颖，视角独特，论证有力，材料翔实，读后令人耳目一新。从本书的第二部分可以看出，钱老师的课堂教学设计，大胆改变教材的呈现方式和学生的学习方式，努力为学生营造自主探究、合作交流的数学学习环境，从教学素材的选择到每个教学环节的设计都显示了教师高超的驾驭教材的能力。从钱老师的课堂教学实录可以看出，钱老师的课堂是智慧的课堂，更是富有活力的课堂。他的课堂既尊重教材，又超越教材；既自主探究，又适当讲授；既面向全体，又因材施教；既夯实基础，又培养能力；既关注课内，又适当延伸。在他的课堂上我们经常可以看到学生观点的交锋、智慧的碰撞，看到师生间无拘无束的情感交流，更可以看到他对基础知识扎实有效的训练。书中的"资料链接""网友连线""QQ直通车"，包括第三部分的"附录"部分都使得本书资料更加充实，对教师的指导意义更强。

钱老师的课堂教学好就好在它能让学生对于数学的学习不再感到乏味，而觉得是充满趣味和活力。《构建富有活力的课堂——谈新课程背景下的小学数学课堂教学》一书是一本融理论性、知识性、操作性于一体的非常有价值的个人专著，也是一位特级教师送给广大一线教师的厚重礼物。

缘此，我愿意把这本书推荐给广大的小学数学教师和教学研究人员，并期待着本书能够为你在课堂里一展风采带来实质性的帮助，使你在充满生机与活力的课堂教学中获得创造的愉悦和做教师的幸福！同时，也衷心祝愿钱老师在今后的课堂教学改革中再创佳绩！

本文是为钱守旺所著的《构建富有活力的课堂——谈新课程背景下的小学数学课堂教学》一书所写的序言，该书已由福建教育出版社出版。

心会看见，看见美好的一切

读周学静老师的《美丽心世界》，我一直被感动着，被美好的情怀氤氲着。你分明可以感到周老师在用生命和心灵创造教育的艺术。艺术是人类表达自我的一种方法，艺术也是我们对于生活的一种态度，即用审美的眼光看待万事万物的态度，一种永不停滞，永不自我封闭的态度。诚如让·保罗·萨特（Jean-Paul Sartre，1905—1980）所说，上帝存不存在并不重要，重要的是发现。有诗云：""锦江水滑峨眉秀，幻出文君与薛涛。"生于成都，长于成都的周学静亦是锦江水滑幻出的女子。她说："生活的海洋浩瀚无边，我们只能捧起一朵浪花；生活的整体我们无法把握，却常把一个片段铭记一生。"

美是教育的精神元素之一。美存在于美好的思想与情怀中，存在于美好的情境与氛围中。一个人的艺术创造的能力在很大程度上取决于天赋，但审美鉴赏力却与文化素养成正相关。创造一种尊重儿童、守护童心的学校文化，这是学校美育的应有之义和最切实的保障。培养学生的艺术表达的能力，也就是发展学生的个性表现力。审美对象决定审美主体。教师应该成为美的使者，将学生带入温馨、温暖与诗意的生活之境。"美是被感知的存在，在被感知时直接被感受的完满……首先是感性的完满……其次是，美是某种完全蕴含在感性之中的意义。"（杜夫海纳：《美学与哲学》，台湾五州出版社，1997年版，第24页）"唯有感觉使我们像向一个独特的存在物开放那样向审美对象开放，唯有感觉使我们在思考引起的那些破坏或至少推迟传递经验的所有问题之外，同这一对象建立接触。”（杜夫海纳：《审美经验现象学》，文化艺术出版社，1996年版，第510页）周老师是一个唯美主义者，其实，这是优秀教师的重要特质。

我一向坚定地认为，能写好文章的人，基本上都能上好课。因为，一篇文章的要素与一节课的要素是十分类似的。一篇文章无非是由主题、素材、技巧和语言四个要素构成。写文章不论长短和体裁，都必然有一个写作的目的、意图，或是要说明某个问题，或是要发表意见提出主张，或是要表达一种思想，或是要抒发真爱情感，等等。总之，须有一个中心。主题，就是指通过文章的全部内容表达出来的基本思想、意见、情感、意趣等。

学校里的教育应该是理想主义和浪漫主义的。教育的真正内涵，就是价值引导和自主建构的统一。从学生的成长过程来说，是精神的唤醒、潜能的激发、内心的敞亮、主体性的弘扬和个性的彰显。从师生共同活动的角度来说，是经验的共享、世界的融合和灵魂的感召。教育源于生活，并从生活中获得向前发展的动力。教育不光要培养一个人的生活技能，增加他的知识储备，更重要的是安顿他的灵魂，并使他的灵魂变得高尚。

好老师可以造就好学生，好学生可以成就好老师。但现在感觉累和苦的老师是绝大多数，许多教师甚至“厌教”。影响教师校园生活质量的因素有很多，主要有待遇、人际关系、劳动强度和心理压力，还有生源质量、校园环境、教师职业的稳定感、声望以及教学的自主权等。全社会要积极地倡导“解放教师”。但教育本身就是基于信念的行为，作为我们教师自己却应着力打造一个信念：只有教师自己具有积极的心态，心中有阳光，才能在别人心中撒播阳光。周学静老师所作的一切努力生动地向我们昭示了这一点。

不是每个教师一定都能成为名师，但是要努力成为一个优秀的教师，一个成功的教师，发挥出个人的潜力和优势。周学静老师多年和学生荣辱与共的经历是她的最大财富，不断的反思与实践又带给她丰富的精神积淀。“教而不研则浅，研而不教则空。”周老师认识到：“在传统的学校教育中，一直忽视让学生‘研究’，学生限于单纯的课堂，既脱离社会生活和现实情况，又排斥了孩子的所思所想，这是大弊端。”“当周围的大环境还没得以完全改变时，我们个人要改变尤其艰难。”然而我们可以从她的文字中看到她一直在成长。“我们小学老师总是在成人和孩童的世界中穿行，最要防范的就是别让自己教小学教成小学水平，我们一定要拥有一个相对独立和自由的精神世界，在这个世界里，你也是个不断成长、成熟的人。”“对老师们而言，学生的成长就是我们生命的延续。我们在成就学生的同时，也在不断地成就着自己。”这是多么宝贵的意识。

我的学兄周雪峰先生发表过一首意味深长的诗——《其实》：

人们不懂
他们总说你是蜡烛
可那一滴一滴混浊的
只是让人想哭
你还有个名字叫作春蚕
那艰难的蠕动
只能让人一次次的感受凄楚

人们怎么就不懂呢
其实，你就是一本卡通
读着读着，流着鼻涕的孩子
便忘却了北风的威严
其实，你就是一首儿歌
唱着唱着，一群天真打打闹闹

便拥进了温暖的呵护
其实，你就是一扇窗户
穿过你，所有渴求的目光
便惊喜于山外的缤纷
其实，你就是一只火把
簇拥你，那些迷茫的心灵
便认准了脚下的道路

人们终究会懂的
其实，你的日子就是一粒粒种子
从嫩绿到金黄的过程描述
其实，你的生命就是琅琅的书声
在青山绿水间
永远的激情飞扬

我想，周学静老师的《美丽心世界》为这首诗作了最好的注释。衷心地期待中国基础教育界有更多的周学静这样美丽、美好的教师。

本文是为周学静所著的《美丽心世界》一书而写的序言，本书已经由教育科学出版社出版。

在研究中成长

2006年8月，在乌鲁木齐的教育学术交流会上结识了来自广西玉林市教科所的蔡梓权先生。受蔡先生之邀,同年10月有幸到玉林与当地教育同仁交流,对以农村学校为主体和作为全国首批新课程改革实验区的玉林市教育状况和改革发展势态有一些感知,也有一些感慨。中国教育之舟在新课程改革之风的吹拂下能否扬帆远航,主要取决于广大农村地区教育工作者能否从灵魂到文化、从性格到精神、从心灵到生活、从理念到行为、从素养到角色等层面实现提升与变更。

《实践·研究·成才》一书是玉林市教育行政部门和教研部门以课题研究为载体,以贯彻和落实新课程改革理念、促进教师实现转型与成长为目标,在全市范围内开展的一次有非常意义的教育科研活动和教学改革实践的真实记录,是地方课程开发与科研人才培育成果的具体反映,是我国农村地区教育创新力、教育活力和教师生命力的可喜展示。

从这本书稿中,我读出几种元素。而且我认为,一个地方的教育水平与质量是由以下元素来体现和决定的:

教育是一种精神。教育是人们不断完善个体形象、追求更加美好生活的祈盼与追求。因此,追求美好与优质,不断反思与求索,是教育永恒的目标和发展的内在动力。安于现状,固步自封,因循守旧,得过且过,都与教育的精神背道而驰。教育要进步,学校要发展,教师要成长,就必须拥有追求卓越的精神、超越自我的态度和破旧立新的价值观，树立一个理想和目标努力追求，承担一种责任与义务敬业尽职，放飞多样个性与自信大胆探索，迸发个体与集体的主动性与创造性共同建设新课程和新教育。

教育是一种激发。在发展人和发展事业的过程中，起关键作用的往往不是知识不是方法也不是资源而是激励——对生命力的点燃和创造力的激发。直面现状而不消极以待怨天尤人，多一些肯定、尊重与赏识以增强自信自重自立自强意识，多一些理解和关注教师实现自我的需要，多一些引领让教师意识到并成为发现者、研究者和探索者，多设立一些平台、一些支点让教师均有机会去锻炼、去研究、去展示、去成功，这是教育管理者和指导者应有的胸怀和智慧，应尽的义务和责任。

教育是一种生活。生活是教育最好的老师。从一定意义上说，学生是由教师塑造的，而教师是由生活塑造的。拥有什么样的生活即养育出什么样的教师；创造什么样的生活，就塑造出什么样的教师。不要让教师的职业生活把教师束缚成只会人云亦云教教材然后布置作业的教书匠，不要让教师老是重复做一些低级的低效的甚至是无效的劳动以至于心身疲惫而又毫无成就感。教书与育人，学习与研究，发现与创造，都是教师生活不应或缺的重要组成部分。只有这种完整的教师生活才能生成具有完整人格和素养的完善的教师。让教师体面地、尊严地、快乐地、自主地生活着工作着，教育就会少一些失误而多一些成功，少一些缺憾而多一些美好。

教育是一种境界。教育境界是理念、追求、行为、素质、方式、水平、成效等元素个体或综合的展示。成功的教育总是拥有一种气质、一种个性或一种特色，从而达到一种境界的教育。先进的教育也总是摆脱了平庸与平凡、跨越了低级与低效从而上升到高一级层面的教育。追求并达到更高以至最高的教育境界，是有理想、有智慧、有使命感的教育人永恒的工作和生活目标。只要有这种信念和目标，只要有这种精神和追求，即便是基础、资源和发展程度相对短缺的农村地区教育，也一定能在追求中研究，在研究中行动，在行动中成长，在成长中达到全新的境界。

本文是为蔡梓权主编的《实践·研究·成才》一书而写的序言，该书已经由光明日报出版社出版。

为了教育的枝繁叶茂

三十年，一段不短的时间。三十年，可以平庸，也可以卓越；三十年，可以为自己自在地活着，也可以胸怀教育，情系他人；三十年，可以做傲立枝头的尊贵的果实，可以做尽情绽放的甜美的花朵，也可以做低头凝视绿荫的谦虚的叶。张国祥先生选择了后者。三十年的信仰，三十年的情愫，三十年的汗水，三十年的探索，全都凝结在这本名为《叶的情思》的教育写真集中。真情在文字中激荡，智慧在书页里闪耀。沉浸其中，我们可以领略到名师的风采，可以感受到改革的豪迈，可以找寻到思考的痕迹，亦可以真切地捕捉到教育的世间百态。

三十年的编辑生涯给了张国祥先生一双发现美的慧眼，"通讯篇"里呈现的就是他走遍辽宁每一寸角落大大小小的"发现"。那一篇篇情真意切的通讯文稿，犹如一幅幅鲜明生动的人物白描，带我们步入了一个又一个真实的教师世界。他们平凡，因为他们有的只是一名普普通通的乡村教师，有的大半辈子都在穷山僻壤中跋涉，有的几乎需要依靠借钱借粮度日……然而，他们又伟大，因为他们用自己的双手，自己的智慧，自己全身心的爱与希望，在教育这片热土上创造了各自的奇迹。难以忘怀"中国的瓦尔瓦拉"徐爱慧老师，改革的先行者、践行者张秀金校长，在厄运面前屹立不倒、用画笔书写人生的铮铮铁汉徐世政老师……由衷地感谢张先生，因为你美丽的文字，让我有幸结识这么多一线的勇士，这么多为教育而美丽的人们。

名师不可仿，但可学。很多的时候，我们看到的，也许只是那罩在他们头上的成功的光环，也许只是他们出神入化的教学技艺，也许只是他们收获的累累硕果……但千万不要忽视了，那成功背后的点滴艰辛，那技艺中蕴涵着的深厚的文化底蕴、良好的教育素养、饱满的个性、高尚的品位，那硕果里面裹藏着的一颗颗对教育的赤子之心。而这些，才是我们广大一线教师真正需要学习的。简单的模仿，很可能是东施效颦、邯郸学步。而善于借鉴别人成功的经验，不断完善品质，砥砺情操，才是成为一名好教师不可或缺的重要品质。这也正是“通讯篇”的阅读意义所在。

作为一名在教育改革浪潮中成长、成熟起来的教育宣传工作者，张国祥先生无数次亲临辽宁省基础教育改革第一线，耳闻目睹了改革的壮丽与豪迈，切身体会到改革的坎坷与艰辛。在其中，多少人抛洒热泪，多少人昂首企盼，多少人解囊献策，多少人身体力行……张先生用自己的笔记下了这一切，记下了那一行行歪歪斜斜虽略显稚嫩却始终向前的改革者的足迹。于是今天，我们能在“经验篇”中了解到大连市中山区实施小学生发展性综合评价的整个历程，沈铁五小减轻学生课业负担提高教育质量的种种改革举措，波澜壮阔的辽宁省十年“普九”工作始末……回顾走过的路，是为了更好地继续向前走。张先生的这些文字给了我们教育研究者一个相当丰富的研究素材库，一个绝妙的透视教育问题的平台；也为所有关心教育、热爱教育的人们打开了一扇门，在门外面，我们能看到教育的万千世界。我想，编辑记者工作很重要的价值就在于此吧。

我很欣赏张国祥先生一直保留着思考和探究的习惯。“论文篇”中字字句句都是他平日思考的结晶。一个爱思考的人，一定是一个经常擦拭心灵的人，也一定是一个能始终保持明敏心智的人。教育经验若不经过理智的加工，容易沦为狭隘而空洞的事实罗列。思考方是保存经验永恒价值的关键。虽然我们不能保证自己的思考如何的周全深入，但至少，我们可以选择这种不断进步的人生姿态，我们可以在积累与实践中不断发展自己的教育理念。愿我们广大教育工作者共勉！

在时代的春风中拨响教育的音符，在真实的生活里捕捉教育的精义，在偏远的土地上找寻教育的火种……这就是张先生的三十年，在行走中感悟教育的三十年。正如张先生在自序中所写的那样，“这里的每一篇文章，我都是怀着一种神圣之心来写的，不敢有半点敷衍”。这样的真诚让我感动，这样的文字更让我备感欣慰。因为它们已不再是记录事实的符号，而真正融入了岁月，见证了成长，温热了那渐渐消逝的“情”，延续了那愈久愈醇香的“思”。

是为序。

本文是为张国祥先生的著作《叶的情思》写的序言，本书已由辽宁教育出版社出版。

幸福从此溢满心房

亲爱的同学：

新学期又开始了，《生命教育》这门课程将伴随你度过充实快乐的每一天。

《生命教育》旨在帮助你更好地理解生命的意义，确立起生命质量与生命尊严的意识，使你拥有一个美好的人生。为此，本套教材以“关注生命，尊重生命，珍爱生命，欣赏生命，成全生命，敬畏生命”6个核心理念贯穿于整套教材学习主题之中。这些学习主题都是关乎我们生命的健康与幸福的。

在学习主题的设计上，我们力图落实“贴近生命的需要，揭示生命的真相，引领成长的方向，探寻生命的意义，成全生命的价值”这一课程的目标追求。因而，学习内容不仅有了解我们成长中的喜悦与烦恼，也有生命伦理与生命情怀的高扬，诸如提醒我们去怎样做一个受人尊敬与受人欢迎的人，还有一些与我们的日常生活密切相关的主题教育，如“安全教育”“预防艾滋病教育”“毒品预防教育”“法制教育”“地方病教育”“国防教育”“心理健康教育”“青春期教育”等等。我们的目的就在于通过这些主题的学习，能够激发同学们生命的潜能，提升生命的品质，感受到生命的神圣和美好，更用心地呵护生命的尊严，以便最大程度地实现生命的价值。

让课堂充满关注生命的气息，让生命的活力充分地涌流，让智慧之花尽情绽放，是本课程的教学追求。因此，在《主题阅读》

中，同学们要仔细琢磨，再三玩味，读出字里行间的意味来。在《思考与讨论》这一环节，我们试图让同学们带着问题去学习，用问题来引导教学的进程。接下来的内容，是对本课学习主题在逻辑上的展开，也就是对于上面提到的问题回答的可能的角度。在这些内容中，穿插着一些《小资料》，作为我们思想的资源。我们鼓励并欣赏你对于问题独到的理解，和对于教科书上的内容的质疑、修正、丰富和深化。《活动设计》是为了使同学们获得生命体验，从而自然地、自主地生成生命感悟。《名言锦句》意在帮助同学们深化和进一步丰富对于本课学习主题的认识。课文最后的《相关链接》为进一步拓展学习内容的索引，以便同学们的学习在日常生活中的延续。我们希望同学们能积极参与教学过程，成为对课堂有贡献的人。

我们期待着通过生命教育这门课程的学习，使课堂焕发出生命的活力，提升师生校园生活的质量，并进而树立起生命神圣的观念，在生命的根基上确立起人的内在的不可让渡的尊严。

没有人能阻止你更多地爱自己，爱自己最好的方法就是使自己变得更加完美。相信同学们会喜欢这门课程，因为，它就是为了你能幸福和健康成长，并进而热爱生活、热爱学习、热爱我们社会这个大家庭而精心创制的。

我们更坚信通过《生命教育》这门课程的学习，每一个同学都有一个无比灿烂、无比辉煌的美丽人生。最后，祝同学们学习愉快，生活充满芬芳，笑容生动而灿烂。

本文是为地方教材和校本教材《生命教育》中学版写的前言，该套教材已经由人民出版社出版。

用整个生命去备课

苏霍姆林斯基在《给教师的一百条建议》中讲述了这样一个故事。一个在学校工作了33年的历史教师,上了一堂非常出色的观摩课,邻校的一位教师问他:“你的每一句话都具有巨大的思想威力。请问,你花了多少时间来准备这堂课?”那位教师回答说:“这节课我准备了一辈子,而且,一般地说,每堂课我都准备了一辈子。但是,直接针对这个课题的准备,则花了约15分钟……”

一辈子与15分钟,一语道出教师用整个生命去备课之真谛。

众所周知,备课是教学的重要行为之一,是教师上好课的关键,如果备课无效,教学就必然无效。然而,目前我国中小学教学中仍然存在着一个非常突出的问题,那就是:教师很辛苦,学生很痛苦。“教师很辛苦”最直接的原因之一就是大量繁杂而无效的备课占用了教师的时间和精力;“学生很痛苦”就是因为课堂教学效率的低下,使得学生对于学习内容不能很好地理解和消化吸收。

按照新课改的要求,教师的备课评价应该体现学科特点、教师个性,要有利于教师的提高,有利于学生的发展。无论是哪一门课,无论是老教师,还是年轻教师,只要能按这个总要求去备课,就都是好的备课。这就要求教师备课的有效目标必须既注重学生能力的培养,又强调师生双边、多边活动的过程。事实证明,教师理论水平的差异,教学修养的高低,是否下功夫备课,备课的深入程度如何,教后的反思是否及时、认真、深刻,往往在教育教学效果、教师自身业务素质的提高上产生很大的不同。

有效的教学（Effective Instruction），要求教师备课时能够做到“备学生、备教材、备学法、备教法”。有人形象地称教案为“课前的计划书，课上的备忘录，课后的反省簿”。备课固然不能等同于写教案，但写教案却是重要的一个环节；讲课固然不能“照本宣科”，却也不能天马行空、任凭自己即兴发挥。一个教师，即使学识渊博、经验丰富，也要尽可能研究学生的年龄特征、学习偏好和已有知识基础，也要尽可能全面、深刻地熟悉教材，并且注意课的前后联系，而不是仅仅孤立地备本节课，并且要灵活而富有创造性地运用教法，这样才不会指木为林或见林失木。教师要想成为积极主动的决策者，并形成自己独特的教学风格，也有必要理解对其教学有帮助的知识基础，其中包括教学策略、学生的成长、学习动机等方面的知识。

之所以强调教师用整个生命去备课，还在于“教师的人格是进行教育的基石”（苏霍姆林斯基:《和青年校长的谈话》，上海教育出版社，1983年版，第170页）。课堂教学不只是学习学科知识，课堂经验也涉及到学生自我评价、自我超越以及怎样与他人的合作、分享和沟通。有效的教学应该有助于学生对自我进行深刻认识，对民族文化和异质文化进行更好的理解，对公平与正义，对民主与自由进行认真探索和自觉体认。

如此，花气力研究备课，实际上是“磨刀不误砍柴工”。“15分钟”的有效备课，正是名师们教学智慧的彰显，也是名师们用整个生命去备课的夫子自道。《名师备课经验》一书正是从多角度展示了名师们多年教学实践中总结出来的备课智慧:

无论是语文卷中强调“隐性备课”、注重“备学生”、“备学法”的于永正，主张“系统备课、换位备课、多次备课、板块备课”的张化万，通过点线面等多角度去钻研教材、用足教材的赵景瑞，关注预设和抓“题眼”的窦桂梅，提倡对文本进行“立体式的解读、深式的解读、有宽度的解读、有创见的解读”进行备课的闫学，以“系统论、控制论、信息论”为依据进行立体备课的盛新凤，还是数学卷中以“十年磨一课”精神备课的徐斌，强调通过与文本和学生对话进行创造性思维备课的林良富，注重“对教学过程的设计、对不同教学思路的追问、关注学生之间的交流与质疑和创造性地使用教材”的刘可钦，关注“为何而学、学习什么、怎么学、学得怎样”作为备课支点的夏青峰……每个名师的备课智慧，都体现了教者超乎寻常的功力，让人忍不住拍案叫绝。我想，这是名师们反复思考、敢于实践、追求完美的结果，也正是名师们值得我们学习的地方。

品读众多名师的备课经验，我们不难明白，在日常的教育教学实践中，教师只有自觉地、全身心地投入到钻研教材、教法，深入细致地了解学生，认真地、创造性地备课中去，不断地学习，不断地实践，不断地反思，不断地总结，不断地创造和运用创新学习的教学方法，像“准备了一辈子”的那位教师那样，下真功夫、备好每一节课，下大功夫，深刻反思教学行为和过程。这样，必然能够探索出一条符合新课改要求的“有效备课”新路。

古人云：“尽小者大，积微者著。”“敬业者，专心致志以事其业也。”（朱熹）作为教师，要敬重自己从事的事业，热爱自己的工作，以恭敬之心履行自己的职责。作为教师，一个重要的职业品质是热情与温暖。热情的原意是“神在其中”。有没有热情，使得你可以让每一天都光辉灿烂，也可以让每一天都忧郁阴暗。

“操千曲而后晓声，观千剑而后识器”，简单是由复杂来支撑的。就让我们从品读名师们的备课智慧开始，寻觅“有效备课”的路径，创造真诚、深刻和丰富的课堂，实现有效教学。

本文是作者为其主编的《名师备课经验》丛书写的序言，该丛书已经由教育科学出版社出版。

信念靠故事流传

不管是成年人还是儿童都喜欢听故事，这是为什么呢？对于这件事的细细揣摩，有利于了解我们人类的心理。第一，人是万物之灵，都有探索的需要。因为故事有情节，好的故事有引人入胜的情节，能够满足人们强烈的好奇心。第二个原因：故事是形象的，而形象相对于抽象，形象总是更能够唤起我们内心的审美愉悦。所有的艺术都是刻画形象的。任何故事都有六大要素，即时间、地点、人物、故事的起因、故事的展开和故事的结局等等。第三个原因是故事能够给我们一个自由的、移情性的理解空间，我们能够在自由的解释中放飞我们的心灵，从而获得一种内心的闲适和安宁。我想我们老师特别是语文老师要善于运用讲故事这个技巧。即使有些课里面没有，我们也要善于编故事、改写故事等等。

《左传》中说："太上有立德，其次有立功，其次有立言，虽久不废，此谓之不朽。"人是有追求永恒的内在冲动的。立德，即成为新的美好的道德典范。这就需要身体力行，率先垂范，成为能创造美好故事的人。许多伟大人物都有很多美好的故事流传于世，也有许多大家熟悉的教育故事蕴涵着教育的境界与精神。

前几日，偶然听到一同学宣读在线教师们的"牢骚"："现在的孩子们太难伺候了，打不得，骂不得，还动不动就要起诉"；"千万别当中小学老师，尤其是班主任"；"教师，就一字儿形容，'悲'"；"一不小心还会被学生们痛打一顿，或者家长痛骂一顿后扬长而去，校长还得责怪我们不会搞好和家长的关系"……听罢，不禁一丝苦笑，一丝无奈。不禁感慨，难道这就是教师自己眼中的“教师”？难道这就是学生眼中的“教师”？难道这就是我们“教师”的真实境遇？

教育，沉重而充满希望，盖因其对生命个体当下的生存状态与未来发展走向在应然层面上的润泽、点化之使命的承当。对人的整体发展的成全，对生命个体独特性完满的成全，乃教育的终极使命，亦是其不可推诿的职志。

教育的世界或灵动、多彩、流溢感动，或琐屑、繁杂、贫乏、喧嚣……教育的韵味也唯有身在教育世界中的人品咂最切。正如“一千个人就有一千个哈姆雷特”一样，一千个人就有一千种教育的情怀。《做一粒健康的种子》一书是来自教育一线的教师王桂芝女士的教育悟语，或者说生命悟语。它记录了作者与孩子们一起成长的历程，凝结了作者对回归生命本体之教育的自觉反思与真情言说，凝聚了作者对致力于个体生命成全之教育使命的执著坚守与践履。

生命，一粒种子的将来进行时，一个有待开发、滋养、点化的灵魂，一种让人敬畏、令人感动的神圣。每个人的生命都是独特、丰盈、灵动的，如何让这真实的生命存在依循其本然的轨迹自然、完满的成长，是以成全生命为其元始命意的教育必须时刻思考的问题。尤其是在当下，面对人们对生命本体的漠视与蹂躏，面对生命的负重与异化，面对生命意义的缺失与人生价值的迷惘，教育回归生命本体成为建基于生命原点之教育的必然趋向。

当前，致力于“关注生命，尊重生命，珍爱生命，欣赏生命，敬畏生命、点化生命、润泽生命”的生命化教育表达了教育界仁人志士对成全生命的承诺与努力。只是，当我们还执著于生命化教育的理论探讨，诸如概念界定、体系建构……之时，蓦然回首，惊讶地发现王桂芝女士已然走在了生命化教育实践求索的前列。《滋润》《每一朵花都有盛开的理由》《每一片叶都有向阳的需要》《面对新课程的扣问》……无一不浸入了作者深沉的生命之思；《渴望绿手指》《今夜，我们不想睡觉》《教室里多了一个蛋糕》《高原期，我们怎样走过》……无一不渗透了作者“生命与生命相互滋润”“生命与生命交流”的实践与努力。

不由得想起黄克剑先生的一句话：“教育在探索中走向明日，可寄望的明日又正赖于与之相称的别一种风致的教育。既然明日教育可堪称之为生命化的教育，这教育的新机的赢得便须有缘于此的一代人以全副生命相许。”

“以全副生命相许”总是赋予这种探索以沉重、悲怆、悲壮之感。不能不说，王桂芝女士是在以全副生命相许、以全副生命践履守望生命的诺言。然而这种“以全副生命相许”却全然没有我们想象中的沉重与悲壮。有的只是感动、温馨、诗意，是个性的张扬与生命之光的流溢，是与孩子们一起成长的收获与思考……我想，这也正是王桂芝女士的教育境界所在，即诗意的栖居。

王国维先生有言：古今之成大事业、大学问者，必经过三种之境界。“昨夜西风凋敝树木，独上高楼，望尽天涯路”，此第一境界也；“衣带渐宽终不悔，为伊消得人憔悴”，此第二境界也；“众里寻他千百度，回头蓦见，那人正在灯火阑珊处”，此第三境界也。教育又何尝不是如此呢？

对于“什么是好的教育”“怎样践行教育的理想”“教师职业的价值何在”“如何实现教师的人生价值与意义”等等诸问题，也许，我们都有过“昨夜西风凋敝树木，独上高楼，望尽天涯路”的迷惘与无助；也许，我们也有着“衣带渐宽终不悔，为伊消得人憔悴”的坚定与执著。渐渐地，我们对教育所怀抱的理想、信念与激情，在教师职业的“平淡”“琐屑”“单调”“辛劳”中被一点点消磨、吞噬。于是，少有人能臻至“众里寻他千百度，回头蓦见，那人却在灯火阑珊处”的豁然之境。

《做一粒健康的种子》一书，以教育叙事的手法，带领我们走入一个个真实的教育情境。作者在对日常教育教学点点滴滴地娓娓道来与认真反思中,不仅带我们领略了人生的、教育的三种境界,更是对教育极致境界的超越。或者说,是对教育极致之境的另一种解读,即“点点滴滴都是诗”。在作者的眼中,生活着是美丽的,与孩子们一起成长着是温馨、感动、诗意的。教育因而成为诗意的“栖居”,教师因而成为诗意的存在。一如诗人艾青所说:“为什么我的眼里常含泪水?因为我对这土地爱得深沉……”

作者之所以能臻至教育的极致之境,之所以能如此惬意地和孩子们一起“枕着诗意栖居”,正在于作者“对这片土地爱得深沉”!

夏丏尊先生说“教育如果没有爱,就如同池塘没有水”,冰心先生则说“有了爱就有了一切”。二人异曲同工地道出了教育的真谛,王桂芝女士则以实际行动诠释着、践履着教育的真谛。

在爱的名义下,全书还有三种精神一以贯之,即:坚持,反思,以学生为本位,以孩子们的生命需要为本位。

众所周知,做教师忙,做班主任更忙,做毕业班的班主任尤其忙。而作者正是在如此的忙碌与疲惫中,依然遵守着“坚持”的承诺。坚持写作,坚持对教育行为的反思,坚持与孩子们一起成长的激情,坚持“细数阳光”……“贵在坚持”是一种执著之美,更是一种信念与意志之美,而这正是人的真正力量所在,也是对自我的超越。因为坚持,所以超越。

苏格拉底曾经说过“未经审察的人生是没有价值的”,柏拉图则更进一步指出“思本身即是最高之生命”。作为肩负“传道、授业、解惑”的教师,学会并善于“思”是成长为“反思型教师”并进而提高教育教学质量的有效路径;作为每一个生命个体,我们亦应当审慎地检视生活,在“思”中追求生活的完美,在“思”中追求生命的完满。

不能不说,作者是一个有着细腻的心灵、明敏的心境和丰富的情感世界的人。其对教育点滴的每一次捡拾无一不浸透着作者自觉、真切、深刻的反躬自问与重新检视。尤其是《病中杂感》一文，作者“病里偷闲”依然带病坚持对自己的审视与对教育的反思，不能不让我们为之折服、为之感动。

常常感动于作者与学生之间的和谐、亲密、惬意、真诚、感动、诗意……这一切皆因“理解万岁”。而“理解万岁”的背后则是作者对“以人为本、以学生为本、以孩子们的生命需要为本”之教育信条的敬畏与践行。浓重的生命情结、强烈的生命意识、真切的生命守望，我想，这应是作者之所以能“与孩子们一起诗意栖居”的根本缘由。

“孩子们”，一个多么温馨亲切的称谓。作者的眼中没有“学生”，作者的心中只有“孩子”。每每，作者不是以教师、班主任的身份来管理学生，而是以为人父母的心态来倾听孩子们的心声、滋润孩子们的心田、点化孩子们成长的方向。《孩子，我不知能为你做些什么》《悲哀，还是幸福?》《考场前的叮嘱》……让我们一次次沐浴“春晖”之无私无尽，一次次感受慈母对孩子的那份牵肠挂肚。这不仅使我想起马克思·范梅兰的那个经典描述：教师最好的角色就是对父母的替代。王桂芝女士的实践是其最好的诠释。

教师的工作是琐碎而又艰辛的。然而怎样将平凡而十分重要的工作生发出美丽，相信教师朋友们会从这本书中获得启示。我的学生胡乐乐、魏远远、王琪、毛卫群参与了本书的点评，他们是那样的优秀，令我感到自豪和骄傲。在这里，我向我的教师同事们致以最良好的祝福，并将台湾诗人蒋勋先生这首《祝福》送给你们：

祝　福

(台湾)蒋勋

感受着生命的悲哀，

还可以欢笑的，
请受我深深的祝福。

感受着生命的空虚，
还愿意奋进的，
请受我深深的祝福。

感受着生命的卑微，
还予人以尊严的，
请受我深深的祝福。

感受着生命的欺罔，
还待人以真诚的，
请受我深深的祝福。

感受着生命的寂寞，
还可以温暖他人的，
请受我深深的祝福。

感受着生命的残酷，
还愿意相信善良的，
请受我深深的祝福。

本文是为王桂芝《班主任日记》一书而写的序言，该书已经由开明出版社出版。

每一个人都可以成功

我们每一个父母都希望孩子能够成人的同时，也能够成才。这一愿望是美好的。父母重视孩子的成长，是一个优秀的传统，也是我们的学校教育取得成功的重要资源。没有任何一个孩子是他自己主动要求出生的。既然我们将一个生命带到了这个世界上，我们就欠了这个孩子一些东西。这其中最主要的就是良好的教育。

孩子的成功是我们人生成功的重要方面。所谓“成功”，就是充分发挥个人潜力。我们作为父母，我们有培养好孩子的潜力，孩子有发展得十分优秀的潜力。《神奇的学习》一书向我们充分展示的正是这种潜力。

如何使有潜力的孩子脱颖而出，这在班级教学，特别是班级规模普遍偏大的今天，一直是一个难以解决的问题。在这种情况下，家庭教育作为学校教育的补充，作为因材施教的最可能和最现实的途径，就有着十分重要的价值。

中外教育学者大量的研究一再证明：影响学生学业成绩的第一位因素是家庭文化背景，简单地说，就是家长的文化修养和教育孩子的态度与方式，其次才是教师素质，第三才是学校的课程资源和硬件设施。

张忻炀在学业成绩上超常规成长很显然得益于他的父亲坚持不懈、持之以恒的教育。而且，张会祥先生的教育方式是非常符合学习规律的。用他概括出的顺口溜来说，即是“学习如盖楼，封顶后装修”，让孩子先纲要性地、结构化地掌握事物的内在逻辑联系，抓大放小。这正如人们筛沙子，先用眼孔较粗的筛子，然后再用眼孔细密的筛子，才能事半功倍。相反，则无疑会事倍功半。

对于一个字，能够再认是一个水平和要求，能够默写又是一个水平和要求。很显然，后者比前者要求更高，如果一开始要求太高，就会使孩子遭遇过重的学习压力，也不利于孩子学习的轻装前进。而当孩子识字量比较大，能够广泛阅读了，经常地接触那些字词，默写的问题也自然而然地解决了。中文学习是这样，外语的学习其实也是这样。

任何一个人的成功，总会有一些过人之处。张忻炀的成功，是张氏父子的成功。十岁的张忻炀能够考上大学，无疑是一种成功，是张会祥先生家庭教育方式的成功。我不主张拔苗助长，但如何提高学习效率，如何减少学习的浪费，却是值得认真研究的。张忻炀的成长为我们提供了一个难得的个案，这也为我们反思我们中小学教育——从学制到课程，从教法到学法——提供了一个很好的参照。

学习的浪费是生命的最重要、最可惜的浪费之一。我们教育中的确存在"少慢差费"的问题。譬如，初中语文中苏轼的《记承天寺夜游》，全文才84个字，可老师们大多是用两节课来教。"小步子教学"对于学习困难的学生而言，也许是一个有效的教学策略，但对于学习能力较强的学生来说，就不见得合适。更主要的是，不利于培养学生开放的思维和纵横捭阖的能力。

张忻炀的成长得益于良好的学习习惯与学习策略的培养，这也是《神奇的学习》一书带给我们的最宝贵的启示和最值得借鉴的地方。相信广大教师和家长能够从中获益，从而使我们的孩子成长得更快更好。

本文是为张会祥所著的《神奇的学习》一书所写的序言，该书已经由光明日报出版社出版。

欣赏另一种教育真实

自觉不自觉地，我们的教育改革总是把西方尤其是英美等发达国家当做自己的蓝本。教育要面向现代化，要面向未来，就必然地要面向世界。教育需要这种姿态——放眼世界的开放姿态。

不过这种姿态应该是严肃的而不是猎奇的，是深入钻研的而不是浮光掠影的，是立足本土的而不是食洋不化的。

遗憾的是，我们许多人，甚至包括一些活跃在基础教育界的"教育专家"，采取的态度不是前者而是后者。不信，请去浏览一下媒体上关于国外尤其是西方教育的文章，多少人没有亲眼目睹过或认真研究过国外的真实的课堂教学，仅凭二手资料，甚至是一些寻章摘句式的资料，就放言西方的教育如何如何。更为奇怪的是，一些同样的英美教育案例，这个"专家"是一套说法，另一位"专家"又是一套说法，到底哪些是国外教育的真实描述？实际上，这很可能是某些人基于特定目的而自己编造出来的。这样的文章、这样的故事听一听、笑一笑也就罢了，可是许多人却坚持要用它们来指导我们的教育实践，要让我们的中小学课堂以它们为依归。不但如此，这样的研究和见解还成了中小学教育界的强势话语和不容置疑的思想。

结果，许多人在谈到国外教育和我们的素质教育的时候，都异口同声地认为：要游戏，要轻松，要快乐，不要讲解，不要学习负担，不要考试。似乎快乐和游戏就是国外教育的唯一，就是素质教育的真义。

结果,这种貌似理想的教育观念虽然成为时尚话语,却无法在中小学的日常实践中转变为现实,它绝大多数时候只是学校的口号和文章中的摆设。

不幸的是,这种结果导致大多数教师形成了一种观念:国外的东西是美丽的,但只是空洞的美丽,来到中国肯定要水土不服。因此拒绝学习和转化国外优秀的教育理念、方法就成了他们的潜意识。

没有什么办法可以改变这种观念和意识,除了让他们直面真正的国外课堂教学,除了让他们去玩味真实的国外教师的教学细节,除了让他们透过这些教学细节去梳理真实的国外教育理念——这就是《英美精彩课堂》这本书尝试着要做的事。

它没有高深的理论,它不追踪这个思潮或那个思潮,它只把英美教师具体的教学思路、教学方式、教学过程和由此引发的思考呈现出来。我们认为,在教育方面,思想和操作是血与肉、盐与水的关系,蕴藏于教学策略处的思想,转化为课堂细节的理念,才是有生命力的。这样的思想,这样的教学,只有见之于已经充分专业化的教师的创造。

这本书里的教师,恰好就是这样的一群。

他们设计的每个教学环节,甚至于课堂中的一个小道具,都可能是某个教育理念的具化。

它呈现了英美课堂中的游戏活动,但这些游戏,是教育的游戏,是探究的游戏,是挑战思维的游戏,是与学科教学目标和本质相融的游戏。

它呈现了英美课堂中的活动教学,但这些活动,不是为了活动而活动,不是为了培养虚空的情感态度的活动,它的内容和环节都富有教育意味,它的展开都尊重了学生的心理需要,同时又与知识的逻辑密切吻合。

它呈现了情境教学,但这里的情境,是教育的情境,是从生活中来又超越生活的情境，它是生活情境的提炼，是对生活情境的美化或者批判，因为教育是使个体经验提升的过程。

一句话，它为你打开的是国外具体的教育图景，这些图景，将或多或少地改变你对英美课堂的印象和认识，修正你对英美教育的想象和偏见。

打开它，你就打开了通向另一种教育真实的窗户。

我相信这本书会触发广大教师对于良好教育的思考，对于有效教学的思考。

是为序。

本文是为杨桂青主编的《英美精彩课堂》一书所写的序言，本书已经由教育科学出版社出版。

在平和中找寻做教师的幸福

初读刘可钦，没有华丽的词藻，没有亮丽的语言，没有惊天动地的故事……但我们却无法拒绝一种感动，为那平实中的温暖，为那平淡中的坚守，为那平和中的智慧，亦为那点点滴滴润物细无声的爱……

也许有人会说，刘可钦是幸运的，阳光照耀着她，雨露润泽着她，鲜花环绕着她，掌声激励着她……但我要说，刘可钦的可贵，正在于当一切的幸运来临之时，她依然微笑着默默地行走着，平和而从容地自我超越，真诚而宽厚地爱着每一个孩子，矢志不移地追寻着做教师的幸福。

和很多教师一样，年轻的刘可钦也曾在传统的教学中日益成熟，也曾以自己教出成百上千听话的“高分”学生而骄傲，但面对着那所谓的“成熟”与“成功”，刘可钦的心却渐渐地失落了，困惑了，迷惘了，倦怠了。她在“初为人师”一节中曾这样反问自己：“难道当老师就是上上课、钻研钻研解题技巧、给差生补补课以便在考试中取得好成绩吗？自己的情绪为什么越来越低落呢？这样年复一年地干下去，究竟有什么意义呢？”可以说，这样的反思才是刘可钦叩问教育真谛的开始。随后的北师大进修唤回了她久违的走上讲台的冲动，而主体性发展教育实验则给了她一个得以重新审视自我、审视教育的舞台。在那个舞台上，刘可钦用自己全部的激情、全部的灵感、全部的智慧、全部的心血跳出了全新的舞步，并以其鲜活的教学体验勇敢地向过去一切陈旧的不合理的“经典”教育观、师生观、教学观提出了理性的质疑和批判性的反思，将主体性教育思想完美地融入到自己教学生活的点滴之中。

“什么是教育？那就是一个成人做了有利于孩子发展的正确的事情。”刘可钦对教育本质的理解虽然通俗易懂，却不可谓不深刻。我想，这便是一位教师在多年的历练与反思之后对教育最平易最贴近心灵的追问。是啊，任何良善的教育，其出发点和归宿都只有一个：那就是孩子的发展。

对待孩子，刘可钦是老师，是慈母，是朋友，又是引路人。在她眼中，每个孩子都是有着自己独特个性和闪光点的活生生的个体，每个孩子都需要得到充分的理解、尊重与关爱。无论是爱画画却不爱数学的小然，数学课上偷看小人书的丁丁，创造有减法的加法表的小飞，还是年龄太小跟不上大伙的雯雯，先天不足行走困难的小兵……在刘可钦笔下，他们都是那么的可爱，那么的重要。“爱是什么？爱就是要真正走入孩子的心灵。”当学生迟到的时候，她从不会批评，而是说：“你瞧，我们都在等你呢。”“我们都在为你担心呢！”检查学习效果时，她很少说：“不明白的请举手！”而是让“听明白的点点头”“完成任务的笑一笑”……刘可钦就是这样用她的全部能量小心呵护着孩子们的自尊，认真聆听孩子们心灵深处的声音，用无限的信任与宽容诠释着她对爱的理解。她总是坚信，每一个孩子都是想学好、能学好的孩子，每一个孩子都有积极调整自己行为的能力。而作为老师，其全部的生命价值就在于为每个孩子提供足够多的思考、选择、创造、展示的机会，帮助每个孩子成长为“最佳的我”。

对待数学教学，刘可钦是艺术家，是思考者，又是开拓人。在她眼中，数学是魅力无穷的，课堂是妙趣横生的，教学是充满着理趣、情趣、乐趣，弥漫着浓郁的生活气息，渗透着奇妙的创造之美的。“教师有责任使学生信服数学是有趣的。”这便是刘可钦全部教学智慧浓缩之精华所在。她坚持不懈地反思、学习、创造，只为将数学课程变为“思考的数学”，而不是“操练的数学”；变为“有趣的数学”，而不是“令人生厌的数学”；变为“学习者获得不断成功的数学”，而不是“可怕的、使人失去信心的数学”；变为贴近学生生活的“现实的数学”，而不是将学生的生活世界抛在一边的抽象的数学；变为带着“文化味”、闪耀着思想火花的数学，而不是作为解题工具的数学。在书中的课堂教学赏析案例中，我们可以更深刻地体会到一堂好课的真正内涵。一堂好课，绝不意味着繁杂的教学方式、高超的教学手段，也不意味着多么丰富多彩、激动人心的教学活动。一堂好课，便是师生之间一次真诚的晤对，便是智慧火花迸发、灵感涌现的一个个瞬间，便是一幅生动饱满的课堂生活剪影。而此等的“朴实无华”，也正是刘可钦所追求的“返璞归真”的教学境界。

人的一生像一条河，而刘可钦已是“渐行渐宽”。20多年的历练已洗净了她所有的浮躁、倦怠、困顿、偏激……跃然纸上的，是一个睿智而达观、真诚且宽容的好老师、好校长。正如她开篇所说的那样，“我已过四十不惑的年龄，希望自己也能像这条渐行渐宽的河，深沉平稳地流着，给别人，也给自己创造着幸福，不舍昼夜……”我想，刘可钦已经做到了。也愿天底下所有的老师们，都能如此平和而幸福地行走在教育之路上，将自己最真的爱撒遍每一个孩子的心房。

课堂教学的反思与升华

什么样的课才算一堂好课？我认为有三个一级指标：真诚、深刻和丰富。所谓“真诚”，意味着师生之间坦诚率直，彼此都尽情地表露瞬间的感情和态度，意味着教师的一言一行都是出自内心真实的感受，所表达的一切都是从心灵深处流溢出来的切肤之感，没有矫揉造作、故作姿态，没有“为赋新词强说愁”的无奈与空洞，有着自然、真切与和谐之美。实践证明，一个教师若能以真诚的自我对待学生，坦率地表达自己的真实思想、情感，真诚地承认自己的缺点和不足，做到言行一致，表里如一，学生就会向教师敞开心扉，向教师说出自己真实的思想和感受，真正做到心心相印。师生之间这种以诚相待、彼此不断地进行的多方面、深层次的沟通和交流，是建立良好师生关系的基础，从而也是使教学生机勃勃地开展的前提。只有充满真诚的教学，才能给人以温暖的感觉，才能有感染力与亲和力。

所谓“深刻”意味着能够给予学生匠心独运、别一洞天之感，能够唤起学生的惊异感和想象力，能够使学生茅塞顿开、豁然开朗。当然，所谓“深刻”，总是相对的。这首先需要教师对教学对象有充分的了解，使教学的目标是学生通过努力可以达到的，引领学生探索和思考的问题是处于学生的“最近发展区”的。而所谓“丰富”，就是能够让学生的心灵荡漾在博大、温暖、充实的精神氛围之中，就是对于问题理解的多元与彻底，就是言说的厚重和表达的多样。

雷玲女士主编《好课是这样炼成的——品读名师经典课堂丛书》(包括《语文卷》和《数学卷》),为什么样的课才算一堂好课做了最好的注释。更为有价值的是该丛书正是要通过众多一线教师对名师经典课例的听课、思考、品悟,以及名师自身对课例的教学反思,启发老师们真正领悟什么是通过千锤百炼磨出来的好课。同时,在这个过程中,聚众人之精华,不断提升每一个参与者的自身素质,启迪着我们怎样去上好一堂课。

首先,教学是需要精心准备的,包括对提哪些问题、在何时提问、提问哪些学生、期望得到怎样的答案、学生可能回答的情况及处理办法等都要有明确的通盘设计。实际上,名师经典课堂都是精心打磨出来的。只有教师做到成竹在胸、"胸中有沟壑",教学才能有主攻目标,有针对性,所谓"生成",也才有可能是富有意义的,课堂也才真正会有实效,学生才会真正学有所获。

其次,正如编者指出的,"点滴的细微决定着教学的成败,丝毫的细节决定着课堂效率与质量。关注细节,其实就是关注新课程的理念是否落实到位,就是关注教学行为能否根据新课程的要求重新塑造;关注细节,就是追求教学的高品位,就是追求教学的智慧;把握细节,更是提升教师教学智慧的必经之路"。加拿大著名课程专家大卫·杰弗里·史密斯(David G.Smith)教授说:"教师所关注的并不是教——即通常所谓的灌输条理分明的知识,而是保护使每个学生找到适合自己的道路的环境条件。"([加]大卫·杰弗里·史密斯:《全球化与后现代教育学》,教育科学出版社,2000年,第273页)因此,课堂教学中微不足道的细末之处,往往反映着教师的教学水平,折射着教师的教学思想,表达着教师的教学风格,体现出一位教师的实力和功力。注重细节其实反映出教师的敬业精神和专业素养。

第三,教学活动虽然受许多变数的影响,但还是有一些规律性的东西可以遵循的。英国著名课程理论家劳伦斯·斯滕豪斯(L.Stenhouse)教授在论及人文学科课程实施时,认为应遵循以下五条程序原则:课堂上应提出有争议的问题,教师应秉持中立准则,教学的主要方式应是讨论而不是讲授,教师要保护不同观点,并对课堂学习的质量和标准承担责任。(施良方:《课程理论——课程的基础、原料与问题》,教育科学出版社,1996年,第186页)

正如本套丛书所告诉我们的:教学活动永无止境,怎样创造"以较小的投入获得较高的教学功效"的教学方法,是名师高人一筹之处。其实并没有捷径。"熟生巧,巧生华。"在教学过程中,或许我们会取得成功,或许我们会有失败,但只要我们认真钻研教材、挖掘教材,热爱学生,苦心寻求激发学生兴趣的手段,教学的趣味性自然会生发出来,就能达到教学的理想境界。

无论您是刚入杏坛的年轻教师,还是声名远播的优秀教师,细细品读这套丛书,相信您总会有喜出望外的收获。

漫步在教师的精神家园

阅读是教师的立身之本，是教师提高自我素质、实现全面成长和专业化发展的重要路径。苏霍姆林斯基说："读书、读书、再读书——教师的教育素养的这个方面正是取决于此。要把读书当做第一精神需要，当做饥饿者的食物。要有读书的兴趣，要喜欢博览群书，要能在书本面前坐下来，深入地思考。"作为一名教师，要喜欢阅读，主动、积极地去读，把阅读当成生命的存在状态；要善于阅读，通过阅读积淀学养，开启人性，滋养精神，丰厚底蕴。

"善读"首先必须要"善选"。目前市场上各种读本纷涌，文章铺天盖地，一则教师的业余时间有限，不可能一一读完，二则各种文章鱼龙混杂，如果读到不好的文章，不仅于己无益，反而浪费了时间和精力。因此，教师阅读应该建立在选择的基础上。

那么，教师究竟应该读什么？怎么读？如何引导教师形成良好的阅读习惯，并让这些习惯潜移默化地影响到学生？怎样为教师创造一个开阔、自由的精神空间，使他们在繁忙的工作之余能感受到教育生活的诗意与温馨？

由顾明远、吴国平等先生主编的《现代教师读本》正是基于对这些问题的探索与努力的丰硕成果。

《现代教师读本》分为《教育卷》《人文卷》《科学卷》《艺术卷》和《生活情趣卷》，每卷一个主题，涉及教育、科学、自然、艺术、文学、政治、历史、哲学、美学等广泛领域。《教育卷》由五部分组成，即"现代教育理念""学校——精神家园""课程的今天与明天""教育的霞光”和“教师的天职”。该卷作为教师的专业读本，精选了大量有助于教师理性思考并蕴涵或阐发现代教师专业精神与教育理念的文章，其中既有中外教育著作中的名家名篇，又有来自普通中小学教师的教育随笔。这些选文用平实的语言，将教育的道理娓娓道来，似与读者抵掌而谈，令人不知不觉渐入佳境，悠然自得地徜徉其中，进入与作者对话的语境。通过与选文作者真诚的交流、碰撞，不仅能拓宽我们的视野，而且也为我们开启了思考问题的多个维度，并引领我们在不同的声音里找寻教育的真理之光。

如果说《教育卷》重在培养教师的专业素养的话，那么《人文卷》则另辟蹊径，意在提高教师的人文素养，让教师成为有人格尊严和独立思考意识的人。教师的教育对象是人，只有教师具备了一定的人文素养，才能从真正意义上理解人，在挖掘学生潜能的同时尊重学生的自由和价值，才能树立较好的教育理念，对社会上流行的种种现象和思潮进行相对正确的评判，并将其纯化。

该卷所选文章或雄浑深沉，或简约淡雅，或激情洋溢，但毋庸置疑，每一篇都蕴涵着浓烈的人文情怀，充溢着思想之美、语言之美，散发出人性的光芒。阅读该卷就好像在人类思想的海洋里遨游，我们的心被灵秀的诗意所浸透，被富有哲理的文字所折服……

《科学卷》引领教师走进美丽的理性花园。《真理面前半步也不退缩》一编让我们领略到科学家在探索真理的道路上自强不息、勇往直前的胆量与勇气。《科学实验只能从现象出发》一编为我们展示了科学研究方法论的风采和魅力。在《负担过重必然导致肤浅》一编中，达尔文、诺贝尔、爱迪生、居里夫人、爱因斯坦等大师们的不朽之作闪烁着智慧之光，阅读它们使我们的心智变得更加敞亮。《民主制度与科学革命的关联》一编带我们走近了20世纪诞生的6位外国科学家，他们的思想是人类宝贵的精神财富。《把中国建成科学强国》一编汇集了8位华人、华裔科学家的文录。对于中国人而言，他们的经验、教训、方法论具有极强的现实针对性。

探寻科学家们心灵成长的轨迹，了解他们的治学与为人处世之道，我想，他们对真理的苦苦追求，对科学事件的独特感悟以及开拓创新的科学精神和实践意识，定会对我们有所启示。

打开教师的艺术心灵之窗，使教师具有丰富的艺术修养是《艺术卷》的目的之所在。艺术与人生相伴相随，它是人生哲理的形象表达，是生活的审美表现，蕴涵着人对真善美的诚挚追求。美和艺术能使人的心灵得到净化，使人的境界得到升华，这对于我们每一个人尤其是教师来说太重要了。《艺术卷》从艺术的几个门类如绘画、书法、音乐、戏剧、电影、舞蹈、雕塑、建筑等入手，所选的文章大多是大家的名著，但又都具有深入浅出、面目亲切的特点。它们如雨露，如甘霖，滋润着干涸的心落，给我们以悦心明智的启迪，牵引着我们去追寻真实的生命状态，感受艺术的魅力，令人回味无穷。

《生活情趣卷》别有一番风味。用心品读该卷是一种美妙的享受。该卷选编了古今中外大量富有生活情趣的文章，这些文章有的通过故事引领读者领略多彩的人生风景，有的通过理性的概括传达人生经验，有的通过心灵体验表达对生活的感悟……它们诠释着同一个主题，那就是：人应该怎样生活。它们在使我们感觉耳目一新的同时，也激活着我们的思维，我们在阅读后定会有所收获。

德国诗人荷尔德林说："人，诗意地栖居在大地上。"有生活情趣的人，才能过有诗意的生活，才能情感充沛，精神饱满，潜心投入，信心十足，不断追求卓越。由衷地希望我们能拥有诗意的生活！

"一沙一世界，一花一天堂。"（威廉·布莱克）该套丛书中的每一卷在内容和风格上都各有千秋，并相互烛照，共同构成了教师素养的丰富内涵。阅读该套丛书，就如同置身于我们的精神家园，这里处处充盈着浓浓的人文气息，散发出理性与智慧的光芒。

这是一套献给教师的书。古人说“数简隐书忘世味，开卷有益为人师”。在繁忙的工作之余，轻轻地开启它们，伴着迷人的书香，让我们漫步在自由的精神家园，用思想来提升教育的品质，用智慧来书写教师人生。

生命与教化之间的哲学叩问

——读刘铁芳的《生命与教化——现代性道德教化问题审理》

我们已然身处现代性道德教化的境遇之中。我们的现代性道德教化究竟是一条怎样的"路"？我们是否有了一条清晰的"路"，还是始终摇摆不定，甚至迂回曲折？哪些因素在遮蔽着我们的路？在一个商业浪潮滚滚而来、谈论道德常被视为迂腐、利益关怀远大于道德关怀的时代里，在一个随着伦理价值的相对主义的走向带来的道德虚无主义并不稀见的社会里，我们深深地关切道德之真，关切社会的伦理秩序。关切道德之真，而首先遭遇的问题就是：我们究竟该以何种方式来关切道德之真？怎样把握"现代性"？在多元化、开放性的现代社会如何确立道德教化的实践理路？

捧起刘铁芳博士的新著《生命与教化——现代性道德教化问题审理》（湖南大学出版社，2004年4月），首先映入眼帘的，就是扉页上这些充满现实忧虑和人文情怀的哲学叩问。当代中国社会在现代性道德教化历程之中究竟发生了什么？是否带给了国人生存品格的转变，带给了国人何种程度的变化？所有这些问题都是全新的而且重要的课题。该著以《生命与教化》为题，围绕个体生命与道德教化的内在关涉，意在探讨当下中国社会现代性道德教化的处境以及面临的基本问题，这在改革开放背景下的中国无疑是一个颇具挑战性的敏感话题。

本书从文化—心理层面，以"个体生命的价值与尊严"为核心，以每个人的自由而全面发展为最高理念，用中西比较的方法，深入总结、反思中国传统道德教化的理路和特征，总结、反思自近代以来中国现代性道德教化的两种不同的形式及其与传统的关系。

本书指出，遮蔽"个人生命"是传统的威权性教化的要害，个人被淹没在"民"之中。"五四"新文化运动以启蒙为中心的教化形式是对威权性教化的否定。但随着救亡运动的兴起，又确立了以革命为中心的教化形式，并且在很长一段时间里都延续着这种教化形式，这是一种基于规训的教化形式。认真反思这一教化形式，确立以个体的道德理性自觉为基础、以培养个体"自尊自重之精神、担当责任之观念、独立自营之能力、判断是非之智识"四种基本品质为目标的新的教化理路和形式，从而超越传统，是回应现代性道德教化问题的根本方向。

作者进而提出并剖析了"对话与独白两种基本的话语策略"，认为以凸显人的尊严为基本旨趣的现代性道德教化，应遵循"对话性"的教化策略，改变传统"独白性"的教化品质，从文化—心理层面开辟道德教化的新思路和新形式。作者一再强调：对正义的关注比对美德的关注更为基本和迫切，个体道德必须建立在个体智识之上，个体德性的生成生长必须是基于个体心智视野的敞开与个体智识的提升，反对奴性道德和道德蒙昧主义。

本书面向历史与传统，不回避问题，也不简单否定，努力持守一种审慎辩证的思想姿态，在对现代性道德教化的本真梳理中透视当下现实，在有理有据的细密论证之中，对于那些敏感话题作出坚实而有力的探讨。作者作为诗化教育学的倡导者和实践者，在本书的写作中坚持了他个人一贯的语言优美之风格。清晰流畅的文字里，激荡着思想的汇响，闪烁着智慧的光芒，使读者在充满理智挑战之中，洋溢着捧卷玩味的乐趣。

本书资料丰富，思路清晰，立论有据，论述深入，观点明确，总结各家观点，重新审视文献史料，创造性地提出了自己的独到见解，许多论述发人深省，很有学术冲击力，是一本难得的教育学术佳作。

在阳光中成长

——读《一路有阳光——刁荣普阳光教育手记》有感

伴着冬日温暖和煦的阳光，在一股股暖流中读完了这本由一个个珍珠般晶莹剔透的反思小段所串成的珍珠项链《一路有阳光——刁荣普阳光教育手记》。

文字读完了，而书还在继续；书读完了，而书中的故事还在继续；故事读完了，而故事所展现的世界还在继续，世界中所蕴涵的精神还在继续。

在这个阳光的世界里拾捡珍珠的时候，常常感慨：这是一本怎样温暖的书啊！这本书为我们带来了一个怎样美好的世界呀！这个世界为我们展现了一幅怎样美好的生命状态和生活样式啊！这种美好而高品质的生活状态背后又是一种怎样高贵、光辉的人性和怎样高尚博大的胸怀啊！

是的，这是一个阳光流溢的教育世界，这是一种有着丰富意蕴的阳光精神，这是一种积极向上、充满希望和力量的阳光文化。在这里，一切都那样的纯真、纯净、美好；在这里，一切都那样的温情、温暖、温馨；在这里，一切都那样的神奇，那样得令人愉悦、令人心旷神怡……于是不由得陶醉其中。于是，就这样放任身心久久地沉浸在这个由四川省首届“十佳女校长”刁荣普老师为我们营造的阳光流溢的教育世界。

沉浸在这个阳光的教育世界里，是一种身心的净化；沉浸在这个阳光的教育世界里，是一种精神的洗礼；沉浸在这个阳光的教育世界里，是一种心灵的澄澈；沉浸在这个阳光的教育世界里，是一种人性的升华……

是的，这是一个魔幻般的世界，这里有一种精神、一种文化、一群人儿具有魔法般神奇的力量。这种力量可以将忧伤变成快乐，可以将痛苦变成幸福，可以将烦恼变成纯美纯真的感动……这种力量可以驱逐人性中的一切黑暗和污垢，使人变得光明、单纯而清澈；这种力量可以突破人性中一切的狭隘和局限，使人变得宽厚、高尚、博大，使人能真真切切地求真、向善、立美；这种力量可以扫去一切的失落、无助，使人永葆蓬勃向上的活力，并对一切都充满希望和信心……

这就是阳光的力量，这就是爱的力量！

是的，这还是一个童话般神奇而美好的世界。行走在这里，时时处处都会有惊奇和惊喜；行走在这里，自己也不由得保有了一颗童心，仿佛回到了童年。

这里没有办公室，“没有公事公办的态度，没有冷漠的面孔，没有拒人以千里的感觉”。这里，有的是可以自由出入的“阳光书屋”，有的是可以倾诉心事的“育心堂”和“谈心角”，有的是热爱生命、感悟生命的“生命墙”。

这里没有规规矩矩高悬在门楣上的班牌儿，有的是标识班牌的卡通形状的阳光娃娃的笑脸，在孩子们最容易看到的位置相迎每一个娃娃。

这里没有道德的说教或形式化的条文，有的是孩子们乐在其中的“道德银行”中的“道德储蓄”，有的是将“捡垃圾”看做“捡快乐”的阳光德育理念，看着孩子们乐此不疲地争相拾捡“快乐”，不由得泪光盈盈……

这里到处都是“笑娃娃”，他们把微笑传播给每一个人；这里到处都是“阳光使者”，到处都是“阳光天使”，他们把“阳光”播撒并传递给每一个人。

一个多么美好的童话般的世界啊，那样的纯、那样的真、那样的净、那样的美……宛如人间仙境，宛如教育的桃花源。

这就是童心的力量，这更是阳光的力量，更是爱的力量！

是的，这还是一个温馨祥和的家园。在这里，“校长阿姨”每天早晨都会在学校门口将微笑和阳光送给每一个孩子；在这里，无论是遇到困难还是收获成功，“校长阿姨”都会像对待自己的孩子一样蹲下身来倾听孩子们的心声，都会紧紧地握住孩子们的手或拥抱他们，给她心爱的好“儿子”或好“女儿”以慰藉、以希望、以力量、以家的温暖和温情。

是的，这就是阳光的力量，这就是爱的力量！

“阳光与生命同在，阳光无处不在。”沉浸在这个世界，常常在想，刁荣普老师真的是一轮太阳。阳光所及之处，处处鸟语花香、明媚舒畅，一派欣欣向荣、和乐温暖的景象；沉浸在这个世界，竟觉得自己心中也悄然升起了一轮太阳。目光变得那样柔和，心态变得那样平和，想要发光，想要微笑，想要将爱播撒……

是的，这就是阳光的力量，这就是爱的力量！

“有了爱就有了一切。”冰心老人的声音再次在耳边响起。

于是，我理解了刁荣普校长所践行的阳光教育。正是她对孩子们母亲的情怀般入骨的爱，正是她对教育事业宗教般虔诚的情怀，正是她对人性的力量的信任与张扬，她的教育世界里才一派阳光明媚——“这才是培养心灵纯粹而高尚的人的地方。”是的，不仅如此，在这个阳光的教育世界里，孩子们定能心怀阳光，在阳光沐浴中健康幸福地成长；在这个阳光的教育世界里，教师们定能心怀阳光，在阳光的心境中分享与孩子们共同成长的快乐。

基础教育不仅要对学生的升学考试负责，更要对学生一生的幸福人生负责。基础教育要带给学生希望、力量，带给学生内心的光明、人格的挺拔与伟岸，带给学生对于自我、对于生活、对于未来和对于整个人类的自信,以便使每一个学生都能够成为自由社会的建设者和幸福人生的创造者。我想,以刁荣普校长为核心的阳光团队所虔诚追求的阳光教育,不正是"为学生的幸福人生奠基"的教育吗!

跋：路漫漫

这里收集的文字大都发表过。由于众所周知的原因，大家在报刊上看到的我的文字都是经过加工的，删掉了一些文字，没有了锋芒，没有了棱角，每每令我遗憾。我非常能够理解报刊编辑同仁的苦衷，报刊要生存，要发展，他们不能不小心加谨慎。书中的文字才是比较原汁原味的。套用一句时尚的表达：我的思想我做主，我的文字我负责。无论是思想，还是表达，都与编辑无涉。

我在创作教育随笔系列时，原本打算出三本，所以在2005年初出版《教育的智慧与真情》时，该书自序即为《用一生写三本书》。两年过去了，写了近百篇随笔，又可以结集出版了。一看用《教育的使命与责任》这个书名更恰切，这样，《教育的情趣与艺术》这个书名就只能留待下卷了。我的教育随笔也就由三卷本变成了四卷本。

没有使命感的教育是盲目的，没有责任担当的教育是轻薄的。"我们不停地跑，争取领先，但是总有一刻需要停下来想一想：这条路是通向梦想还是通向深渊？"真正的教育不仅应该具有效率和效益，更重要的是要具有灵魂，具有坚定而明确的价值追求。使命与责任赋予教育以高度和灵魂。我认为教育的使命和责任就应该是"为学生的幸福人生奠基，为自由社会培养人"。

"人是悬在由他自己所编织的意义之网中的动物。"只有能过精神生活的人，才更有可能发现生命的意义。我和忙碌奔波的庸常大众一样地吃喝玩乐，一样地过着日常生活。但我经常有一种精神的优越感，那就是我会经常思考“生命的意义”的这个问题。这种思考本身的价值就在于使自己的每一次选择，每一次筹划，都在朝向自己追求的那个永恒目标的逼近之中，而尽可能少地游离于朝向目标的努力之外，因为人生毕竟是十分有限的。过了不惑之年的人大概都会感叹“日月逝矣，岁不我与”（《论语·阳货》）。如何在喧嚣中保持自己人格的独立，保持自己心灵中的那一份珍贵的、谁也无法将之驱逐的宁静，如何在“乱花渐欲迷人眼”的纷繁世界中，找到自己的位置，这成为我生活中不能回避的问题。

我所倾力追求、不懈努力的其实就是融入了世界其他民族先进文化的教育学的中国风格、中国气派与中国情怀。在全球化的今天，这并不是画地为牢的偏狭，我所做的努力的意义，相信我们的后人是会感受得到的。评价一个人，不是看他没有能贡献什么，而是看他贡献了什么，这是列宁的思想，我很认同这个观点。

在我们短暂的一生中，如果能留下一点具有永恒意义的文字，那就很值得自豪了。而只有那些饱含着学、识、才、情的文字，才有可能在历史的长河中熠熠生辉。每一个人的智慧都是很有限的。每个人大概都只能在外在与内在的种种局限中做一点“有缺憾的工作”。

这本集子中的很多文章，都请伍铁平先生指正过。伍先生从文章的立意到措辞，乃至标点符号都提出了宝贵的意见。我庆幸人生中有这样的良师。常言道：“滴水之恩，当以涌泉相报。”对于年近八旬无欲无求的伍先生，我真的难以为报，唯有为他老人家的健康和长寿祈祷。

许锡良教授是才华横溢的新锐学者，去年在他的博客上发表了他褒奖和鼓励我的三篇文章。他的博客旗帜鲜明地宣称：“以生命在场的心态，以公民的身份，以求真的精神，发出大众的声音！”为了表达我对他由衷的敬意和谢忱，征得他的同意，我将他洋溢着真情的《肖川先生来看我》一文作为本书的序，以此见证同道之间纯洁的友谊，相信有心的读者不难理解我们之间的惺惺相惜。学问之乐,亦在于斯。

肖川

2007年1月16日,北京师大

附录

肖川作品索引：

1.《教育与文化》，肖川著，湖南教育出版社，1990年。

2.《中国秦汉教育史》，肖川、何雪艳著，人民出版社，1994年。

3.《世界近代中期文化教育史》，肖川、何雪艳著，中国国际广播电视出版社，1996年。

4.《小学生文库》，肖川主编，北京师范大学出版社，1999年。

5.《打破神话——解读〈学习的革命〉》，肖川、王文宝主编，中国青年出版社，1999年。

6.《教育的理想与信念》，肖川著，岳麓书社，2002年。

7.《主体性道德人格教育》，肖川著，北京师范大学出版社，2002年。

8.《教育的视界》，肖川著，岳麓书社，2003年。

9.《教师：与新课程共成长》，肖川主编，上海教育出版社，2004年。

10.《教育的智慧与真情》，肖川著，岳麓书社，2005年。

11.《办好学校的策略》，肖川等著，南京师范大学出版社，2005年。

12.《基础教育课程改革关键词》，肖川、张文质著，福建教育出版社，2005年。

13.《名师备课丛书》，肖川主编，教育科学出版社，2006年。

14.《生命化教育丛书》，与张文质、黄旭共同主编，福建教育出版社，2006年。

15.《现代教育思想精要》，肖川主编，开明出版社，2006年。

16.《造就自主发展的人》,肖川等著,四川教育出版社,2006年。
17.《名著精品》,肖川审校,岳麓书社,2006年。
18.《生命教育》(地方课程和校本课程教材),肖川、张文质共同主编,人民出版社,2006年。
19.《教育的使命与责任》,肖川著,岳麓书社,2007年。
20.《打造有魅力的学校》,肖川等著,湖南教育出版社,2007年。

肖川学术演讲主题:

1. 教育的方向和方法
2. 理解"教育"的关键词和核心命题
3. 生命教育的价值、目标与实践策略
4. 教师的幸福人生与专业成长
5. 教学与写作
6. 有效教学的策略
7. 新课程背景下学生学习方式的转变
8. 办好学校的策略
9. 以务实的精神对待学校德育
10. 为了孩子幸福的人生——今天我们怎样做父母

图书在版编目(CIP)数据

教育的使命与责任/肖川著.—长沙:岳麓书社,2007.4(2021.7重印)
ISBN 978-7-80665-880-2

Ⅰ.教… Ⅱ.肖… Ⅲ.教育学—研究 Ⅳ.G40

中国版本图书馆CIP数据核字(2007)第042382号

JIAOYU DE SHIMING YU ZEREN

教育的使命与责任

作　　者:肖　川
责任编辑:戴　茵
书装设计:刘　峰

岳麓书社出版发行
地址:湖南省长沙市爱民路47号
直销电话:0731-88804152　0731-88885616
邮编:410006

版次:2007年4月第1版
印次:2021年7月第8次印刷
开本:890×1240　1/32
印张:11.75
字数:283千字
印数:56 001—60 000
书号:ISBN 978-7-80665-880-2
定价:37.00元

承印:长沙鸿和印务有限公司

如有印装质量问题,请与本社印务部联系
电话:0731-88884129